~~$26,000~~

$4

Sección de Obras de Antropología

HACIENDO LA LUCHA

Elena Celedonio, Ameyaltepec, 1984. *Aves en el monte.* Tinta china en papel de amate blanco.

CATHARINE GOOD ESHELMAN

HACIENDO LA LUCHA

Arte y comercio nahuas de Guerrero

FONDO DE CULTURA ECONÓMICA
MÉXICO

Primera edición, 1988

Fotografías de Rafael Doniz

Av. de la Universidad, 975; 03100 México, D. F.

ISBN 968-16-2464-5

Impreso en México

PRÓLOGO

A lo largo de los útimos años he estado estrechamente vinculada con el curso que tomó la investigación antropológica de Catharine Good Eshelman cuyo producto es este libro. Por lo tanto, en el prólogo, retomaré los principales puntos de esta investigación que hemos discutido repetidas veces y cuyo análisis e interpretación me han resultado apasionantes por el entusiasmo que me comunicó Catharine Good así como por la experiencia de conocer Ameyaltepec, Guerrero, en las celebraciones de la fiesta de la Santa Cruz en mayo de 1980.

Una de las artesanías conocidas de México son las bellas pinturas sobre papel de amate que representan flores, pájaros o escenas de la vida del campo. Su temática y su colorido alegre los han hecho atractivos para un amplio público en el país y para los turistas extranjeros. ¡Quién no conoce la imagen de los vendedores de estas pinturas, indígenas nahuas de Guerrero, que ofrecen su mercancía en los centros turísticos o en la capital congregándose en ciertos lugares frecuentados por su clientela de maestros, estudiantes, antropólogos y demás aficionados a las artesanías! El aspecto exterior de estos vendedores, su uso del idioma náhuatl para comunicarse entre ellos y para hacer las cuentas de sus ventas, les dan una apariencia humilde que disimula el hecho de que estos comerciantes son en realidad sumamente hábiles y perfectamente adaptados al medio comercial urbano y turístico en el cual se mueven. Algunos de ellos emprenden viajes desde su lugar de origen, en el noreste del estado de Guerrero, no sólo a los lugares cercanos como Acapulco, Cuernavaca y el D. F., sino que su radio de acción se extiende desde los centros turísticos del mar Caribe hasta la frontera norte con Estados Unidos. Resultan ser comerciantes emprendedores y seguros de sí mismos que disponen de una amplia red de infraestructura en los centros más importantes que les permite dedicarse a estas actividades. No sólo venden las pinturas de amate sino también collares de piedras semipreciosas, máscaras de madera pintadas y pequeñas imágenes de cerámica pintada como animales, candelabros, etcétera, lo cual aumenta considerablemente sus ingresos. El origen de la artesanía del amate pintado se remonta a no más de dos o tres décadas, y se deriva de la cerámica pintada en colores de tierra de uso doméstico (ollas, jarritos, cántaros, etcétera) que parece haberse usado desde tiempos muy antiguos en la región noreste de Guerrero de donde proceden estos comerciantes artesanos.

Años atrás Catharine Good se planteó el estudio de la producción y comercialización de estas artesanías en lo que prometió ser una investigación antropológica relativamente sencilla. Para ello escogió Ameyaltepec, comunidad perteneciente a la mencionada región del noreste de Guerrero situada aproximadamente a una hora de camino de terracería de Xalitla, sobre la carretera federal Iguala-Acapulco. Pero conforme se iba adentrando en la investigación, se dio cuenta de que detrás de la venta de estos productos artesanales, se escondían condiciones culturales y socioeconómicas mucho más complejas e interesantes de lo que había sospechado al inicio. Al mismo tiempo se empezó a apasionar cada vez más por la realidad concreta de la vida en esta comunidad y el contacto con la gente. A partir de sus visitas iniciales a Ameyaltepec se produjo un proceso de integración de la antropóloga al medio de su investigación que la convirtió de mera observadora, en partícipe interactuante. En lugar de la fría actitud del observador académico, le fue posible entablar un diálogo vivo con los habitantes de Ameyaltepec, logrando un dominio admirable del idioma náhuatl en este proceso de comunicación.

El presente libro es el producto de tal proceso gradual y prolongado de investigación. Pienso que precisamente porque no se llevó a cabo como proyecto puramente académico, le ha sido posible a Catharine Good compenetrarse a un nivel tan profundo con las circunstancias de vida de los habitantes de Ameyaltepec y percibir la interrelación que existe entre los distintos sectores de su organización interna con la articulación hacia el exterior a través del comercio. Esta visión sólo se adquiere mediante un proceso largo de tiempo y de interacción activa. Son condiciones de trabajo de campo que desgraciadamente se cumplen en muy pocos casos y que, a mi modo de ver, constituyen un mérito especial de este libro. Otro mérito lo constituye la metodología al aplicar un enfoque holístico que toma en cuenta todas las esferas de la vida: la económica, la organización social y la vida ceremonial.

El presente estudio abarca una descripción de las principales actividades económicas del pueblo aparte del comercio de las artesanías, y de sus instituciones sociopolíticas y ceremoniales incluyendo el sistema de cargos. Este análisis lleva a la autora a la conclusión de que Ameyaltepec se rige en su interior por una serie de relaciones sociales que la distingue de la sociedad nacional, y que, en lugar de debilitarse a causa de la exitosa comercialización de las artesanías y el ingreso acentuado de dinero al pueblo, ha resultado más bien fortalecida en los últimos años. Según afirma Catharine Good, este sistema de relaciones recíprocas "está embebido en todas las esferas que nosotros acostumbramos a tomar como unidades de análisis independientes: la economía, la organización social, la psicología, la vida ritual, etcétera. Un enfoque que no englobe todas estas áreas no puede dar cabida a la reciprocidad como *sistema,* aunque puede encontrar ejemplos aislados de estas relaciones. La percepción de ella como sistema coherente se requiere de trabajo de campo prolongado, porque son relaciones que se extienden por años, entre 'préstamos' iniciales y 'pagos' finales. . ."

La descripción del funcionamiento de este sistema tiene interés para la discusión antropológica más amplia. Se conocen numerosos ejemplos de comunidades indígenas de Los Andes donde las relaciones recíprocas han conservado patrones culturales de una gran antigüedad histórica (Cf. Murra, 1975); en Mesoamérica este tema no ha recibido la debida atención en la investigación etnohistórica y antropológica, sobre todo en lo que se refiere al altiplano central y el occidente.

Además de tratar la organización interna del pueblo, Catharine Good se ha planteado la cuestión de la integración de Ameyaltepec en una configuración regional más amplia, que se refiere a una serie de pueblos nahuas de esta parte del noreste de Guerrero, delimitada por la carretera de Acapulco por el oeste, la cuenca del río Balsas por el eje norte-sur y el río Amacuzac por el este (Cf. mapa 1). La comparación de la situación de Ameyaltepec con la de dos pueblos vecinos, Xalitla y Maxela, que también se dedican a las mismas actividades pero se encuentran en un mayor grado de aculturación a la sociedad nacional, resulta sumamente reveladora y muestra perspectivas de comparación para futuras investigaciones.

Conforme Catharine Good entendía más a fondo las características específicas de la comunidad estudiada, vio la necesidad de analizar también, aunque fuera tangencialmente, la dimensión histórica del área geográfica-cultural del cual Ameyaltepec forma parte. Hasta el momento no se ha publicado ninguna investigación de archivo sobre esta región indígena de Guerrero, pero el interés que tienen las manifestaciones culturales de ella hoy en día plantea la importancia de conocer su evolución a lo largo de los últimos siglos.

Se trata de un enclave nahua en el noreste de Guerrero de cuya presencia sabemos por lo menos desde el siglo XIII. Durante la época mexica pertenecía a la provincia tributaria de Tepecoacuilco; la cabecera fue el pueblo de Oapan sobre el río Balsas, lugar donde se estableció una encomienda en el siglo XVI. En los pueblos a orillas del río Balsas convivían los nahuas con población matlatzinca y chontal mientras que la región más amplia colindaba por el sureste con los tlapanecos y los mixtecos. Allí se situaba en los siglos XV y XVI el señorío tlapaneco de Yopitzinco retirado en su mayor parte en la áspera sierra, que los mexicas nunca pudieron conquistar. La zona nahua actual comparte muchos rasgos etnográficos con la región tlapaneca, que constituye otra zona muy tradicional y poco estudiada cultural y lingüísticamente. La vida ceremonial de los pueblos nahuas de esta región muestra un particular interés. Ya otros investigadores han apuntado la gran riqueza en elementos simbólicos que caracteriza a la celebración de la fiesta de la Santa Cruz el 2 de mayo en lugares como Zitlala u Oztotempa (Sepúlveda, 1973; Suárez Jácome, 1978; Olivera, 1979). La Santa Cruz aparece como diosa joven de la tierra y del maíz adornada de guirnaldas de flores, y un conjunto de ceremonias tiene lugar en los cerros cerca del poblado, o en una gran barranca en el caso de Oztotempa. Se trata de ritos indígenas que conservan una continuidad con los ritos prehispánicos de pedir la lluvia a los dioses de los cerros como guardianes del agua en la estación más seca del año. La fiesta de la Santa Cruz forma parte de un ciclo de ritos que comienza varios días antes y se prolonga con ritos semejantes en agosto y septiembre, vinculados con el ciclo agrícola del maíz de temporal (Broda, 1973; Ms.). Catharine Good ha reunido datos etnográficos sobre estas fiestas que, sin embargo, caen fuera del propósito de este libro. Sus datos sobre la vida ceremonial de Ameyaltepec quedan, por lo tanto, en espera de futuras publicaciones.

Son temas de particular interés en cuanto a la historia colonial: la articulación de la región con las minas de Zumpango del Río en el siglo XVI (pueblo minero perteneciente a la misma región), y asimismo su articulación con Taxco a partir del siglo XVII. Al parecer, los pueblos de esta parte de la cuenca del río Balsas nunca fueron congregados durante la época colonial. Según afirma Catharine Good, tampoco tenemos noticia del asentamiento de grandes haciendas en la región, esto quizás se debió a la pobreza del suelo y a su poca aptitud para la agricultura. Ello explicaría de manera convincente el relativo aislamiento de la zona, aunque éste al parecer se acentuó sobre todo en el siglo XX dado que el antiguo camino real cruzaba el río Balsas por esta región, mientras que la moderna carretera federal de Acapulco la toca sólo tangencialmente en Xalitla.

Al profundizar sobre la historia oral de Ameyaltepec, Catharine Good descubrió que sus habitantes fueron anteriormente comerciantes de la sal. En el trato de la sal viajaban regularmente a la costa chica de Guerrero situada a varios días de caminata a través de la sierra; camino en el cual iban intercambiando productos agrícolas. Parece muy probable que el espíritu emprendedor de comerciantes que caracteriza a los artesanos de Ameyaltepec hoy en día se deriva de esta tradición de haber sido antiguamente tratantes de sal. Queda por comprobar en el futuro la antigüedad del comercio de la sal en esta parte de Guerrero.

Los métodos específicos empleados por la autora del presente libro son, según hemos apuntado, la modalidad prolongada del trabajo de campo y de convivencia en el pueblo; el uso del idioma náhuatl para la recopilación de los datos; el enfoque holístico que toma en cuenta los diferentes aspectos de la vida social; el estudio de la configuración regional más amplia de la cual Ameyaltepec forma parte y la combinación del análisis antropológico con el planteamiento histórico para estudiar esta región indígena en su articulación con la sociedad mayor (imperio mexica, sociedad colonial e independiente respectivamente). Muy legítimo me parece el esfuerzo de integrar el enfoque sincrónico con la perspectiva histórico-regional. Muchos estudios monográficos en la antropología social han carecido de este enfoque, aunque al parecer recientemente se destaca un creciente interés de combinar la observación en el campo para la investigación de archivo; el resultado son algunos estudios sumamente estimulantes. (Cf. Wasserstrom, 1983; Farriss, 1984).

Este enfoque que combina la antropología social, la etnografía y la historia, le permite a Catharine Good plantear como tema latente implícito en el discurso del libro, la cuestión del mantenimiento vigoroso de la identidad étnico-cultural del grupo nahua estudiado que, sin duda, tiene sus raíces históricas remotas. No se trata en ningún momento de plantear la sobrevivencia de nahuas de cultura prehispánica sino más bien de hablar de un proceso de continua adaptación y reelaboración de mecanismos culturales desde el punto de vista indígena. El estudio de Catharine Good tiene como tema central la adaptación exitosa de un grupo indígena a estrategias que la vinculan con la sociedad nacional sin por esto perder su identidad propia, con la cual se da una identificación positiva y creadora.

El presente libro plantea a nivel histórico el tema de la vinculación entre comercio y etnicidad indígena de Mesoamérica. El comercio en productos surgidos de la vida interna de las comunidades indígenas como lo son ciertas artesanías constituye una forma tradicional de crear riquezas y ha contribuido también en otras regiones a conservar la etnicidad sobre una base económica próspera. Quizás los artesanos-comerciantes de la región bajo estudio no deben compararse con comunidades del altiplano central (como, por ejemplo, los pueblos mestizos de Morelos, altamente aculturados; o los indígenas mazahuas u otomíes empobrecidos del Estado de México) sino más bien con comunidades del sur: los comerciantes zapotecos del Istmo de Tehuantepec, Oaxaca, o con los prósperos indígenas comerciantes de comunidades guatemaltecas como Chichicastenango, Quetzaltenango, Chimaltenango, etcétera, que han generado una pequeña clase media, y sin embargo, han mantenido plenamente su identidad étnica indígena.

Como dice la autora, la técnica subyacente de este libro es optimista y halagadora, puesto que no se trata de la cultura de la pobreza de un grupo indígena en vía de desaparición, sino del logro de una adaptación exitosa de gente que disfruta de la actividad a que se dedica y la cual les ha permitido crear riquezas considerables en las décadas pasadas. La presente investigación demuestra que en ciertos casos es posible —aunque sean las excepciones— crear un nicho económico favorable a la sobrevivencia cultural de un grupo indígena. Sin embargo, queda la interrogante acerca de qué tan precario es este "nicho" que los comerciantes-artesanos de Ameyaltepec se han ganado gracias a sus propios esfuerzos e iniciativas. Les ha sido posible mantener esta adaptación exitosa debido a la circunstancia (¿casual?) de que esta comercialización haya quedado relativamente libre de la interferencia de intermediarios mestizos y de organismos oficiales que hubieran acaparado las ventas de los productos, como ocurre en la mayoría de los casos de otras artesanías indígenas de México.

Instituto de Investigaciones Históricas JOHANNA BRODA
Universidad Nacional Autónoma de México
Ciudad Universitaria
20 de enero de 1985

Bibliografía citada

Broda, Johanna, "Ciclos agrícolas en el culto: un problema de la correlación del calendario mexica", en Anthony F. Aveni y Gordon Brotherston (comp.), *Calendars in Mesoamerica and Peru: Native Computations of Time:* 145-165. Proceedings 44 International Congress of Americanists, Manchester, BAR International Series 174, Oxford, 1983.

Ms. "Cosmovisión y observación de la naturaleza: el ejemplo del culto de los cerros", en Johanna Broda, Stanislaw Iwaniszewski y Lucrecia Maupomé, *Arqueoastronomía y Etnoastronomía en Mesoamérica.* Instituto de Investigaciones Antropológicas e Instituto de Astronomía, UNAM, México (en preparación).

Farris, Nancy M., *Mayan Society Under Colonial Rule. A Collective Enterprise of Survival.* Princeton, Princeton University Press, 1984.

Murra, John, *Formaciones económicas y políticas del mundo andino.* Lima, Instituto de Estudios Peruanos, 1975.

Olivera, Mercedes, "Huémitl de Mayo en Zitlala: ofrenda para Chicomecoatl o para la Santa Cruz?" en Barbro Dahlgren (ed.), *Mesoamérica: Homenaje al doctor Paul Kirchhoff:* 143-158, SEP-INAH, México, 1979.

Sepúlveda, María Teresa, "Petición de lluvias en Ostotempa", *Boletín del* INAH, Época II, 4, 9-20, INAH, México, D. F., 1973.

Suárez Jácome, Cruz, "Petición de lluvia en Zitlala, Guerrero", *Antropología e Historia: Boletín del* INAH, Época III, 22:3-13, INAH, México, 1978.

Wasserstrom, Robert, *Class and Society in Central Chiapas.* Berkeley, University of California Press, 1983.

AGRADECIMIENTOS

Tengo una enorme deuda con los habitantes de Ameyaltepec, Guerrero, y también con los nahuas de los otros pueblos de la cuenca del río Balsas. No señalo individuos o familias específicas ya que todos dieron algo de sí mismos en una forma excepcional. Su ayuda, apoyo y cariño me han sido indispensables no sólo para la investigación que produjo este libro sino en muchos otros aspectos de mi vida.

Muchas personas contribuyeron a la formación intelectual que sirvió de base para diseñar la investigación y realizar el trabajo de campo. Entre ellos quiero mencionar a mis profesores de la Universidad Iberoamericana Ángel Palerm, Carmen Viqueira y Arturo Warman, y también a los profesores y participantes del "Otoño Andino" de Cornell University, sobre todo a John Murra, Craig Morris, Billie Jean Isbell, y Donald Solá. Johanna Broda brindó un apoyo intelectual y personal constante durante toda la investigación. Las conversaciones que mantuve con ella me ayudaron mucho en la interpretación de los datos de campo y en el análisis de los datos históricos; sus críticas y comentarios fueron de mucho valor en el proceso de dar al texto su forma final.

El apoyo de los amigos tuvo gran importancia en el transcurso de la investigación; en muchas formas sostuvieron mi ánimo en alto en momentos de desesperación y me ayudaron a desarrollar algunas de las ideas expuestas aquí. Quiero agradecer especialmente a Jacqueline Mosio, Frances Barraclough, Ester Gonzales, Esperanza Monroy, Thomas Bird, Santiago Olade y Alfredo Montero. Robert Burns me ayudó a formular tanto el planteamiento teórico como la metodología de la investigación; discusiones con él en el curso del trabajo de campo y en el periodo de redacción fueron muy útiles para elaborar diversos aspectos del argumento.

Quiero mencionar otras personas cuya aportación contribuyó a mejorar el trabajo final. Paul Schmidt me dirigió a investigar varias fuentes sobre la arqueología y la etnohistoria de Guerrero. Karen Dakin corrigió la ortografía de los términos del náhuatl citados aquí. Ester Gonzales y Jacqueline Levot colaboraron en la redacción y en el trabajo de mecanografía; sugerencias de ellas sirvieron para clarificar muchos puntos en el texto. Eva Grosser y Eduardo Molino ayudaron a pulir la redacción final de este libro para su publicación.

INTRODUCCIÓN

El tono de este libro es optimista y alentador, puesto que trata del proceso de adaptación económica y cultural exitosa de un grupo indígena nahua. Aquí se documenta la forma en que los habitantes de Ameyaltepec, Guerrero —y de varios pueblos vecinos— alcanzaron un nivel de prosperidad material sin precedentes, y a la vez conservaron y enriquecieron las bases de su organización socio-económica tradicional. Todo esto lo lograron a través de la producción y comercialización del papel de amate pintado y también mediante la venta de otras artesanías.

Durante los veinticinco años transcurridos desde los comienzos del trabajo en amate en la región, el nuevo arte ha llegado a ser ampliamente conocido tanto en México como en el extranjero. El rústico papel dibujado con motivos de pájaros, flores, animales silvestres o con escenas de la vida rural, se encuentra ahora en cualquier rincón del país. Todo visitante de fin de semana en Cuernavaca, Taxco, Tepoztlán, Acapulco y quienes frecuentan el "Bazar del Sábado", la plaza de Coyoacán, la Lagunilla u otros mercados del Distrito Federal, habrán visto a los ambulantes indígenas ofreciendo sus cuadros pintados en colores brillantes, junto con otras artesanías. Están "haciendo la lucha" como ellos se refieren al comercio, y son tan familiares estos personajes que ya forman parte integrante del paisaje de éstos y de muchos otros centros turísticos. Tanto el amate pintado como los vendedores itinerantes vienen de Ameyaltepec o de alguna otra comunidad de un grupo de ocho pueblos nahuas ubicados en la cuenca del río Balsas, en el noreste del actual estado de Guerrero.

Al iniciar esta investigación en 1977, planteé un marco analítico limitado y proyecté un periodo de trabajo de campo de aproximadamente diez meses. En aquel entonces mi intención era, simplemente, analizar el efecto de la comercialización del amate pintado sobre las comunidades productoras. Sin embargo, una vez comenzado el trabajo de campo, se me hizo evidente muy pronto que la región geográfico-cultural era más rica y que el tema escogido era más complejo y significativo de lo que había sospechado. Decidí entonces ampliar el enfoque del análisis y dedicar un periodo mucho más largo al trabajo de campo. Tanto la evolución del proceso de la investigación como el planteamiento de su argumento central se detallan brevemente a continuación.

Como punto de partida me basé en los planteamientos teóricos acerca de la economía campesina elaborados por Wolf (1966), Warman (1972-1976), Stavenhagen (1969, 1976) y el trabajo de otros investigadores que siguieron esta línea en el campo (Alonso, *et al.* 1974; Helguera, *et al.* 1974; Stavenhagen, *et al.* 1976). Conceptualicé la comercialización del amate pintado en el mercado turístico como una articulación específica entre la formación económica capitalista y un grupo de comunidades caracterizado por relaciones de producción "campesinas", que son cualitativamente distintas de las capitalistas. Esta vinculación entre sectores con relaciones de producción diferentes es necesariamente asimétrica, y consideré la comercialización de artesanías como una probable vía de extracción de excedentes. Pensé que esta actividad iba a ser una forma de explotación entre muchas otras a través de las cuales el modo de producción capitalista dominante exprime y saquea al sector campesino.

La intención inicial era comparar las particularidades de la comercialización del amate —entendida como una articulación entre la economía campesina y el modo de producción dominante— con otras articulaciones distintas; entre ellas, las siguientes: la agricultura comercial, la venta de fuerza de trabajo en el medio rural, la venta de fuerza de trabajo en los centros urbanos y el bracerismo (Stavenhagen, *et al.* 1976). Me proponía tratar un caso de producción y venta de artesanías porque éstas han recibido menos atención en la literatura sobre campesinos que las relaciones asimétricas arriba mencionadas. Escogí este problema también porque la comercialización de artesanías es una adaptación económica diferente a las que yo había estudiado anteriormente en comunidades campesinas mestizas en los estados de Morelos y de Tlaxcala.

La investigación se había limitado en aquel entonces a un caso de producción artesanal llevada a cabo por grupos domésticos dentro del medio rural campesino, destinada a un mercado turístico.[1] Escogí el papel de amate pintado por ser ésta una artesanía nueva, netamente comercial, y el pueblo de Ameyaltepec, para trabajo de campo intensivo, por ser el lugar donde nació este oficio.[2] Además de la inquietud por explorar sobre el

[1] Esto contrasta con los casos de producción artesanal para el consumo local interno de la economía campesina; y con la producción artesanal organizada en talleres grandes, donde intervienen relaciones salariales o maquiladoras (el *putting out system*) con pago a destajo; también difiere de los casos de producción artesanal de unidades domésticas insertas plenamente en la economía capitalista, que no pertenecen a comunidades campesinas o indígenas.

[2] Una parte de los resultados de esta investigación se publicó en *América Indígena,* núm. 2, abril-junio de 1981, número especial sobre artesanías. En la época prehispánica se practicaba la pintura sobre papel amate; sin embargo, he dicho que el amate pintado es un arte nuevo. En su forma actual apareció en Guerrero recientemente, sin relación directa con la pintura prehispánica, y se da dentro de un contexto socio-económico completamente nuevo.

terreno el problema analítico comparativo arriba esbozado, consideraba valioso documentar el desarrollo histórico del amate pintado como una forma de expresión artística importante.[3] El enfoque teórico inicial, por limitado que fuera, daba lugar para encarar otro problema relacionado; es decir, me proponía evaluar también cómo la comercialización de la artesanía repercutía en la organización socio-económica de la comunidad productora. Fue a través de esta línea de interrogación como llegué a formular la problemática que se convirtió en el meollo de la investigación y de la presente argumentación.

Ameyaltepec es un pueblo indígena nahua y, para medir las consecuencias de recurrir a la comercialización de artesanías dentro de su estructura interna, era preciso penetrar más a fondo en la organización de la comunidad misma. Había que comprender en qué consistían las relaciones "tradicionales" y definir los rasgos que caracterizan a estos nahuas como grupo étnico, antes de poder considerar su modificación o deterioro. Era necesario explorar el conjunto de las relaciones económicas, sociales, ceremoniales e ideológicas que les son propias como indígenas. Había que identificar aquellos rasgos que diferencian a los habitantes de Ameyaltepec y de los pueblos vecinos dentro de la formación económica capitalista nacional, y a la vez, había que considerar los elementos que los distinguen de otras poblaciones indígenas o campesinas mestizas.

El problema central de la investigación era evaluar la capacidad de los nahuas de Ameyaltepec para seguir reproduciendo sus relaciones socioeconómicas indígenas a la luz de las múltiples relaciones que los vinculan con la formación económica dominante por medio del comercio. Al seguir esta línea de cuestionamiento, vi claramente que el caso era algo distinto de lo usual. Resulta que este grupo nahua no sólo mantiene, sino que fortalece sus relaciones étnicas, a pesar de sus tratos comerciales; no está en vías de desaparición ni de asimilación por la cultura nacional. Pero tampoco es una sociedad aislada, sino que está en contacto estrecho con el modo de producción capitalista.

Fue necesario, entonces, estudiar toda una constelación de factores interrelacionados que habían permitido esta evolución y reorientar la investigación para examinar una aparente "anomalía": explicar a través de qué mecanismos un grupo indígena logra defenderse y prosperar, tanto econó-

[3] El papel de amate pintado ha sido tratado en varios artículos cortos o libros sobre artesanías de relativamente escaso valor analítico. En el mejor de los casos, estas fuentes suelen señalar el trabajo de unos cuantos pintores individuales o de un solo pueblo, en vez de colocarlo dentro de un contexto cultural, regional. O bien, hablan del amate pintado principalmente como fenómeno artístico a nivel impresionista, sin darle un trasfondo histórico o situarlo en su contexto socio-económico. Algunos de estos escritores dieron datos erróneos (Rodman, 1980; Saldívar, 1978; Stromberg, 1976 y 1982).

mica como culturalmente, en el México de la segunda mitad del siglo XX. Para entender este proceso era indispensable analizar las fuerzas, tanto internas como externas, que contribuyeron a que los habitantes de Ameyaltepec lograran una articulación tan especializada y exitosa con respecto a la formación económica dominante.

Al emprender esta tarea, me di cuenta de que el planteamiento teórico inicial, en términos de economía campesina, no era adecuado para entender la dinámica de Ameyaltepec como pueblo indígena tradicional. Si bien había permitido enfocar algunos aspectos de las relaciones de producción internas precapitalistas y analizarlas en función de su articulación con el modo de producción dominante, este marco teórico no daba elementos suficientes para profundizar en las particularidades de esta comunidad en tanto indígena, cuyas relaciones socioeconómicas internas resultan ser sustancialmente diferentes de las campesinas mestizas. Concluí que fueron precisamente estas relaciones específicas peculiares de los nahuas las que permitieron que este grupo étnico lograra acomodarse dentro del modo de producción capitalista de una manera tan oportuna.

Quiero volver a subrayar que nunca concebí Ameyaltepec como un lugar aislado y estático; en estas páginas describo muchos cambios internos que son consecuencia directa del desarrollo del comercio de las artesanías. Es interesante observar que estos cambios representan, esencialmente, innovaciones dentro de un modelo tradicional, y por eso son un caso de etnogénesis. El hecho de que estos pintores/comerciantes sean indígenas no es simplemente un detalle folklórico, más bien parece ser la fuerza movilizadora y determinante en el proceso. Su etnicidad no sólo no les obstaculizó, sino que les sirvió de recurso para sobrevivir frente a las presiones del capitalismo y los llevó a descubrir una estrategia económica ventajosa para ellos, tanto material como culturalmente.

Esta situación difiere de lo que comúnmente se plantea a nivel téorico con respecto al futuro de las comunidades indígenas en el mundo contemporáneo; un panorama en el que se prevé la destrucción de las culturas tradicionales frente a la expansión inexorable del capitalismo. Cabe advertir que en ningún momento tomé el caso de Ameyaltepec como representativo, o como prueba de que el trabajo de otros colegas fuera equivocado. Más bien, considero que el caso es importante precisamente porque es tan distinto de lo que se ha descrito acerca de otros lugares, donde el indígena ha resultado victimado y empobrecido dentro de la formación económico-política dominante. Dediqué varios años al trabajo de campo para poder analizar y documentar el mayor número posible de facetas del caso, para estar segura de que la interpretación es correcta, y para poder hablar con cierta autoridad, apoyada sobre una sólida base de información empírica. Sin abandonar los propósitos iniciales de la investigación, le di un cambio para acercarme a los nuevos objetivos. Seguía trabajando el tema de la artesanía, tanto el de la organización de la producción y comercialización de la cerámica y del amate pintado, como su desarrollo histórico y artístico; pero a partir de entonces le di mayor importancia a la organización económica, social y ceremonial interna de Ameyaltepec y a la forma en que ésta se veía afectada por el comercio. Exploré toda una serie de factores económicos, sociales e ideológicos que, en conjunto, han permitido y facilitado la reproducción de las relaciones tradicionales de esta comunidad.

También dirigí mi atención al desarrollo histórico de este grupo nahua, ya que, obviamente, una adaptación tan feliz no sucedió sin antecedentes muy propios y particulares. Por medio de entrevistas y registros de historia oral descubrí que habían experimentado colectivamente con una variedad de estrategias económicas anteriores a la venta de papel de amate pintado; éstas les sirvieron para desarrollar y afinar habilidades artísticas y comerciales que aprovecharon posteriormente. Explorar en secuencia las adaptaciones económicas que los indígenas de la zona han intentado en la época moderna, me permitió llegar a una comprensión más precisa y coherente del proceso que culminó en la favorable situación actual.

Por otra parte, era necesario situar a Ameyaltepec dentro de la configuración regional mayor, ya que pertenece a una área geográfico-cultural nahua. Esta última está integrada por quince pueblos indígenas ubicados en la cuenca del río Balsas; ocho de estas comunidades han entrado al negocio del papel de amate pintado y las otras siete han seguido estrategias económicas distintas. Todavía persiste un alto grado de integración en esta zona, que fue una unidad política definida en la época preeuropea y colonial temprana. Era de mucho valor analítico comparar y contrastar la evolución de estas quince comunidades, las cuales presentan características socio-económicas específicas que varían según la articulación de cada una de ellas con el modo de producción dominante.

Durante toda la investigación fue prioritario recopilar datos etnográficos sobre Ameyaltepec, y en la medida de lo posible, sobre los demás pueblos de la zona. Hay una carencia absoluta de información sistematizada sobre la cultura indígena de esta región del estado de Guerrero, que ofrece una riqueza etnográfica digna de documentar. Considero que, en general, es necesario contar con una firme base de datos empíricos antes de poder entablar un debate serio sobre la naturaleza de las relaciones de producción "campesinas", sobre la importancia del factor étnico, sobre la dinámica de la expansión del modo de producción capitalista, y otros problemas teóricos. Así que, además del análisis y de las líneas interpretativas propuestos aquí, espero que el presente trabajo dé lugar a que haya nueva materia prima disponible sobre una zona muy poco estudiada, que pueda ser aprovechada por otros investigadores y teóricos.

Presentación del texto

La organización de los datos y la secuencia de su presentación en el presente libro obedecen a la lógica del propósito central: documentar el proceso mediante el cual los nahuas de Guerrero se lanzaron a una empresa artesanal-comercial en gran escala, mientras conservaban y elaboraban las bases de su cultura tradicional. A la vez, en la medida de lo posible, he intentado darles voz a los nahuas de Guerrero, citándolos ampliamente en el texto en las partes Segunda, Tercera y Cuarta. He tratado de proporcionarle al lector acceso directo al modo de pensar de los informantes y a su forma particular de expresarse en castellano.

La Primera Parte se inicia con una explicación detallada de la articulación entre Ameyaltepec y el modo de producción dominante, que se da a través de la producción y la comercialización de las artesanías. Se explora también el manejo del comercio, la obtención de dinero proveniente de éste y en qué lo gastan, así como las técnicas de adaptación que permiten la sobrevivencia cultural de los nahuas en el medio urbano mestizo. En la Segunda Parte se describe la estructura social interna del pueblo de Ameyaltepec, cuya fuerte cohesión es fundamental para la reproducción de las relaciones étnicas, las cuales a la vez apoyan y sostienen a los indígenas en su empeño comercial.

El análisis cuidadoso de las relaciones económicas internas de esta comunidad es el objeto de la Tercera Parte; éstas siguen siendo esencialmente no-capitalistas, a pesar de la intensa actividad comercial que se desarrolla en el medio turístico. Aquí demuestro cómo la estructura económica tradicional ha podido adecuarse a las nuevas condiciones creadas por los ingresos del comercio, y cómo ésta ha impedido la penetración de relaciones económicas capitalistas. En la Cuarta Parte se ubica el pueblo de Ameyaltepec y su reciente estrategia económica dentro de un contexto histórico y dentro del marco regional. Es necesario entender el acomodo actual como parte de una larga serie de adaptaciones defensivas frente a cambiantes presiones políticas y económicas mayores desde la época preeuropea. Esto se ha dado no solamente en una comunidad sino en toda esta región cultural indígena de Guerrero.

El trabajo de campo

El papel de amate pintado llamó mi atención por primera vez en 1974 y a partir de entonces empecé a tratar a los vendedores guerrerenses con cierta frecuencia en Cuernavaca, Morelos. A invitación de ellos hice mi primera visita al pueblo de Ameyaltepec[4] en marzo de 1975 y regresé varias veces en los años posteriores mientras elaboraba el anteproyecto de la investigación. En esta época aún no había un camino de acceso al pueblo, y no habían llegado las obras de electrificación a la zona. Ameyaltepec es una comunidad de alrededor de 1 200 habitantes situada en la ladera del cerro más alto de la región. Desde allí la vista domina la cuenca del río Balsas, y una infinidad de montañas y colinas de la Sierra Madre guerrerense. Pero fuera de este panorama espectacular, Ameyaltepec está ubicado en un medio geográfico hostil; la topografía es sumamente accidentada, hace un calor agobiante, y en la larga época de sequía el paisaje adquiere un aspecto casi desértico.

El trabajo de campo enfocado en los problemas arriba definidos comenzó en el verano de 1977, y ha continuado hasta la fecha. Durante estos años he permanecido en el pueblo de Ameyaltepec por periodos variables de entre una y dos semanas por mes, incluyendo varias estancias más largas. Puesto que el estudio del comercio implicaba trabajo de campo fuera de la comunidad, con mucha frecuencia acompañaba a personas del pueblo dentro de los centros urbanos, tanto en sus actividades de aprovisionamiento de mercancía, como en sus viajes de ventas. Esto permitió que conociera con íntimo detalle sus movimientos y actividades en Taxco, Iguala, Chilpancingo, Jojutla, Cuernavaca y la ciudad de México; en dos ocasiones visité la frontera norte con ellos. También acompañé a los nahuas de Ameyaltepec a las ciudades y pueblos del estado de Guerrero con los cuales mantienen lazos ceremoniales y/o relaciones políticas y económicas. Todos los datos presentados aquí se han recogido en más de cinco años de trabajo de campo, utilizando las técnicas de observación participante, al convivir con los indígenas tanto en su pueblo de origen como fuera de él, en el ejercicio del comercio y en el desempeño de su vida ritual.

Además del trabajo intensivo en el pueblo de Ameyaltepec, he visitado doce de los quince pueblos de la región y he permanecido varias temporadas en los pueblos que parecían más significativos en comparación y en contraste con Ameyaltepec. Estos pueblos son Xalitla, Ahuehuepan, San Agustín Oapan, Tula, San Francisco Zumatlán, San Juan Tetelcingo (véanse mapas 1 y 2). Con excepción de San Agustín Oapan, no fue posible dedicar periodos prolongados a estas comunidades, debido a limitaciones de tiempo y de recursos; sin embargo, se hará un futuro trabajo de campo en ellos. La otra tarea importante que planeo es elaborar una reconstruc-

[4] El nombre Ameyaltepec significa "en el cerro del manantial". Se deriva de *A(tl)* "agua" y *MEYAL*-"fluir"; o de *A-MEYAL(li)*-"manantial"; *TEPE(tl)*-"*cerro*"; *C* o *CO*-locativo que significa "en" o "lugar de". *A-meyal-tepe-c.* (Eva Grosser, comunicación personal.)

ción etnohistórica de esta región; que se remonte a la época preeuropea y colonial temprana, a través de material de archivo.

A principios del trabajo de campo hablé solamente en castellano; sin embargo, con el tiempo y bajo la presión de los habitantes de los pueblos, logré aprender el náhuatl, el único idioma que se habla dentro de estas comunidades. En los primeros dos años de la investigación la mayoría de la información se obtuvo mediante conversaciones en español con las personas de la cultura local que manejan esta lengua europea, o con el apoyo de los que informalmente me ayudaron como intérpretes. Por la insistencia de los habitantes de Ameyaltepec y de los otros pueblos de la región y por su obvia preferencia de hablar su idioma materno, el náhuatl iba desplazando al castellano como lengua hablada en el trabajo de campo. A partir de 1980, la mayor parte de la comunicación y de las entrevistas se realizaron en náhuatl, y empecé a relacionarme directamente con informantes monolingües. En caso de duda o necesidad de aclaración he utilizado el castellano, ya que considero la comprensión correcta de la información y los conceptos de importancia primordial. El diario de campo se llevaba en español y las citas directas de las entrevistas reportadas en el presente texto fueron originalmente tomadas y apuntadas en español o en náhuatl, pero traducidas por esta autora con especial cuidado con el fin de conservar su forma propia de expresarse.

Se puede caracterizar la acogida que tuve por parte de las comunidades de la cuenca del río Balsas como la más receptiva, abierta y cálida posible. Los informantes de todas edades y de ambos sexos fueron sumamente dispuestos y cooperativos y, también, demostraron una capacidad de análisis y reflexión fuera de lo común. Participaban en forma activa, con cariño, agudeza, y con un buen sentido del humor en el trabajo de campo, mientras una "foránea" aprendía su idioma e intentaba comprender y participar en su forma de vida. El proceso de recolección de los datos en la investigación ha sido ocasión de una gran satisfacción personal y diversión para todos.

La mayoría de los datos expuestos aquí fueron recopilados entre 1977 y 1982; asimismo, se ha incorporado nueva información y puntos aclaratorios obtenidos en el año 1983. Por razones prácticas se limitan las cifras para el análisis del comercio al periodo anterior a las devaluaciones de la moneda nacional en febrero y agosto de 1982. Sin embargo, la descripción y las conclusiones sobre el comercio siguen siendo válidas hasta la fecha.

Cuernavaca, Morelos
8 de abril de 1984.

PRIMERA PARTE

PRODUCCIÓN ARTESANAL Y COMERCIO

I. ORÍGENES Y PRODUCCIÓN

El antecedente artesanal inmediato del papel de amate pintado es la alfarería tradicional de San Agustín Oapan y Ameyaltepec, cuya producción se remonta hasta la época preeuropea y aún continúa. En estos dos pueblos las mujeres siempre han elaborado piezas de barro de uso doméstico; coladeras para nixtamal, cántaros grandes para almacenar agua, cántaros para acarrear agua en burros, o con mecapales, fruteros, cantimploras y platos hondos para servir comida. También hacen piezas para uso ceremonial —incensarios, floreros, candeleros, platos y jarros especiales para las ofrendas— y hacen tradicionalmente en Oapan pequeñas figuras humanas y animales que se usaban como juguetes.

Ameyaltepec y Oapan forman parte de una gran zona alfarera en el noreste del estado de Guerrero. Además de las piezas de su propia producción, las familias de estas comunidades usan la cerámica de otros pueblos, especialmente los molcajetes y los cántaros para agua de Tuliman, cuyo barro es más resistente que el suyo, así como las ollas y cazuelas de Tixtla y Zumpango del Río (véase mapa 2). Para diferenciar la loza de todos estos lugares hay que conocer los detalles del color, la forma y los adornos particulares de cada una; lo que caracteriza la cerámica de Ameyaltepec y Oapan son los motivos ornamentales pintados a mano en cada pieza. Los alfareros utilizan tintes naturales de tierra para elaborar diferentes tonos de café, rojo óxido, blanco y negro, y con estos colores decoran su cerámica con dibujos líricos de pájaros, plantas, flores y animales silvestres. El trabajo de fabricación de las piezas es exclusivamente femenino pero tanto hombres como mujeres pintan los diseños.

Además de utilizarse en los pueblos para necesidades domésticas, la loza tradicional ha circulado en diferentes ámbitos dentro del estado de Guerrero. Los alfareros de Ameyaltepec y Oapan hacían trueque con los artesanos indígenas de los pueblos vecinos, cambiando el barro por velas y bateas de madera de Ahuelican; hamacas de San Marcos Guacatzingo; comales y chiquihuites de San Miguel Tecuixiapan; sillas, mesas y objetos de madera de San Francisco Zumatán, etcétera (véase Cuarta Parte, capítulo XVII). En los meses de sequía, cuando se intensificaba el trabajo del barro, los habitantes de Ameyaltepec y Oapan cambiaban la loza por fruta —limón, mango, guamúchil, sandía, mamey— proveniente de pueblos mestizos con huertas y sistemas de riego; entre ellos, Apipilulco, Atlixtac, Tonalapa del Río, Santa Teresa, Tonalapa del Sur; este trueque se sigue practicando

Acontli. Cántaro para almacenar agua, decorado con motivos geométricos y flores. San Agustín Oapan, 1984.

Cristino Flores Medina, Ameyaltepec, 1984. *La alfarería.* Seis escenas de la producción, transporte y venta de la loza. *Véase* Primera Parte, Capítulo 1.

hasta ahora. También llevaban sus piezas a las ferias de Cuaresma y a las plazas semanales, sobre todo a Iguala, Taxco, Chilpancingo, Chilapa, Zumpango del Río, Tixtla, y eventualmente Acapulco. En estos lugares también practicaban el trueque, cambiando el barro por comida, y ofrecían parte de su producción a cambio de dinero.

Así había una amplia circulación de alfarería de Ameyaltepec y Oapan en el estado cuando se inició la política gubernamental de estímulo al desarrollo turístico de México a partir de 1940; ésta tuvo un efecto decisivo en Guerrero. El efecto del turismo moderno sobre las estructuras económicas y sociales del país, y sus consecuencias sobre las poblaciones locales, han recibido relativamente poca atención como tales hasta ahora en la literatura antropológica. Sería útil enfocar una mayor investigación sobre este fenómeno, pero aquí sólo se abordará el tema con relación al estudio del papel de amate pintado.

Varios factores, tanto a nivel mundial como nacional, influyeron para dirigir el turismo internacional hacia México a partir de 1940. El advenimiento del fascismo germano-italiano, la segunda Guerra Mundial y la consiguiente reconstrucción de Europa interrumpieron la corriente tradicional del turista norteamericano hacia el Viejo Continente. Ello coincidió con una devaluación del peso mexicano en 1942 y el principio del periodo de relativa estabilidad social que conoció el país después de las reformas del cardenismo. Por otro lado, la decisión de los gobiernos de Ávila Camacho (1940-1946) y Miguel Alemán (1946-1952) de promover enérgicamente la industria turística como fuente de divisas extranjeras inició el *boom* turístico en México. Por otra parte, la prosperidad económica sin precedente de los Estados Unidos después de la segunda Guerra Mundial contribuyó al fenómeno de crear una fuente permanente y cercana de turistas de clase media.

El estado de Guerrero, en particular, se convirtió en una atracción para el turismo internacional. Durante los años 30 y 40 floreció la industria de la plata en Taxco, impulsada primero por Guillermo Spratling y posteriormente por los hermanos Antonio y Coco Castillo, Antonio Pineda, Héctor Aguilar, Sigi Pineda, Margo de Taxco, y Jana Thomas. En 1946 el gobierno de Miguel Alemán empezó a promover el desarrollo de Acapulco como centro turístico de prestigio internacional. Tanto la ciudad de Taxco, con su ambiente colonial y su platería, como el puerto de Acapulco, con sus playas y nuevos hoteles de lujo, recibieron oleadas de turistas extranjeros a finales de la década de los 40 y durante los años 50.

Mientras los turistas del exterior "descubrían" México, los indígenas de Ameyaltepec y Oapan descubrían un nuevo mercado para su cerámica. En las décadas de los 40 y 50, empezaron a vender el barro pintado a los turistas en Acapulco, Taxco, Iguala y Chilpancingo, y extendieron sus operaciones comerciales a Cuernavaca y la ciudad de México. Desarrollaron una producción alfarera netamente comercial para cultivar este nuevo mercado: alcancías, ceniceros, floreros, macetas y máscaras. Sobre estas piezas pusieron una decoración cada vez más elaborada e introdujeron el uso de colores químicos industriales, exclusivamente para vender a los turistas. Es importante destacar que los alfareros han seguido produciendo a la vez su línea tradicional para uso propio y para trueque; esta producción no fue desplazada por la exitosa comercialización del barro, sino que quedó *protegida* del mercado turístico por el desarrollo de la nueva línea comercial.[1]

Mientras ofrecían su cerámica al turista los nahuas de Ameyaltepec y Oapan observaron que eran las figuras líricas pintadas en ella lo que atraía a los compradores. En los años 50 empezaron a experimentar con los mismos dibujos sobre otros materiales. El salto definitivo se dio alrededor de 1960, cuando los artesanos de Ameyaltepec transfirieron sus diseños estilizados al áspero papel de amate y lograron un producto que fue un éxito comercial inmediato por varias razones. La feliz combinación de los motivos tradicionales del barro con el rústico papel de amate era sumamente agradable desde el punto de vista estético; además era un artículo de buen gusto según el criterio del extranjero. Tanto los viajeros como los vendedores indígenas apreciaron las ventajas del papel de amate como vehículo para los dibujos: a diferencia del barro, el papel de amate ocupa poco espacio, es de escaso peso, y es durable y fácil de transportar. Así fue como se inició una nueva expresión artística y un comercio dinámico.

El papel de amate proviene de San Pablito Pahuatlan, Puebla, donde los indígenas otomíes han conservado la técnica prehispánica de fabricación del papel de corteza del árbol *amatl*. La producción del papel de amate estaba ya generalizada en la época preeuropea y constituía un artículo de tributo importante durante el Imperio de la Triple Alianza. El papel perduró hasta la fecha entre los otomíes, quienes lo siguen utilizando para la vida ceremonial y ritual de la comunidad. Tanto los usos mágico-religiosos como el proceso de producción del papel de amate han sido documentados por varios escritores (Von Hagen, 1944; Christensen, 1979). En la década de los años 50, los otomíes de San Pablito empezaron a vender ropa típica, manta bordada, trabajos de chaquira y figuras recortadas de papel de amate[2] a los turistas en los mismos lugares donde acudían los alfareros guerrerenses.

[1] No es posible profundizar aquí sobre la producción alfarera de la zona; es un tema tan complejo que merece ser elaborado en detalle. Menciono la cerámica sólo como antecedente directo del amate pintado, dejando su análisis para un trabajo posterior.

[2] El proceso de inventar variantes comercializables de una artesanía antigua se dio también entre los amateros otomíes. Es un caso paralelo al del barro de Oapan y Ame-

Abundan las versiones sobre la manera en que los alfareros de Ameyaltepec y Oapan comenzaron a dibujar sobre el papel de amate. Después de entrevistar a pintores de los pueblos de Guerrero y personas de origen urbano involucradas en la artesanía en el momento de su inicio, emerge el siguiente cuadro. A finales de los años 50 se habían establecido varios contactos entre los nahuas de Guerrero y el papel de San Pablito. Algunas relaciones se hicieron espontáneamente en los lugares donde los artesanos de estos pueblos iban a vender sus respectivas mercancías. Otros contactos fueron auspiciados por personas de afuera, quienes pagaban a artistas de Ameyaltepec para pintar muebles, telas, cerámica fina y decorar edificios. En este periodo hubo varios intentos de experimentación en la transferencia de los motivos del barro a otros materiales, entre ellos el papel de amate.

Independientemente de la forma en que los pintores empezaron a trabajar en el papel de amate, el hecho importante es que fue a través de su propia iniciativa que empezaron a promoverlo como negocio y a venderlo al turista como lo habían hecho antes con la cerámica. En un lapso de cinco años se generalizó el oficio de pintar sobre el papel de amate en Ameyaltepec y Oapan, y los nahuas de algunos pueblos vecinos observaron su éxito y siguieron su ejemplo; estos pueblos son Ahuehuepan, Ahuelican, Analco, San Juan Tetelcingo, Xalitla y Maxela (véanse mapas 1 y 2).

Circula la versión, sin fundamento, de que Xalitla es el pueblo donde se inició el oficio de pintar sobre el papel de amate (Stromberg, 1976), lo cual es poco probable en virtud de que este pueblo carece de la tradición alfarera que fue su antecedente inmediato. Los entrevistados de Ameyaltepec, de Oapan y también de Xalitla me han explicado que se le atribuye el origen del amate pintado a Xalitla por el simple hecho de que dicho pueblo está ubicado sobre la carretera federal a Acapulco. Los pobladores de Ameyaltepec y Oapan se trasladaban a Xalitla con su trabajo artesanal para subir a los camiones foráneos, y observadores ajenos a la región concluyeron erróneamente que ése era su lugar de origen. Hoy Xalitla es el pueblo productor de amate pintado más conocido por la única razón de ser el pueblo de acceso más fácil para comerciantes e investigadores de origen urbano.

La nueva artesanía, resultado de transferir los dibujos primitivos de la loza tradicional al papel de amate, tuvo una entusiasta acogida en un mercado turístico en rápida expansión. Los originarios de Ameyaltepec y Oapan —y posteriormente los de otros pueblos— reconocieron el potencial del

yaltepec; a la vez que mantienen el uso religioso tradicional del papel de amate dentro de la comunidad, los amateros de San Pablito han hecho innovaciones en el proceso de fabricación del papel y en la elaboración de las figuras recortadas para vender a los turistas (Christensen, 1979).

amate pintado y por su cuenta buscaron la forma de desarrollar el oficio tanto en términos artísticos como comerciales. En realidad la venta del papel de amate pintado sirvió como punto de partida para dar impulso a un extenso y complejo negocio indígena que ahora incluye otras artesanías. Esto ha sido un logro económico y social extraordinario para los nahuas de la región. Antes de emprender el análisis del comercio y sus efectos a largo plazo sobre la estructura interna de Ameyaltepec, cabe explorar más a fondo la organización de la producción de papel de amate pintado, ya que fue a través de la venta intensiva de estos dibujos que se establecieron las bases de toda la empresa posterior.

Existen dos clases de trabajo en amate reconocidas por los mismos artistas, de acuerdo con su contenido pictórico: los cuadros de "pájaros" (con dibujos decorativos de aves, flores y animales) y los de "historia" (con escenas que representan la vida de los pueblos). Los cuadros de "pájaros" son los más emparentados artísticamente con los motivos tradicionales pintados sobre barro. Los primeros experimentos en papel cartulina y en papel de amate carecían de una composición unificada; consistían en las mismas figuras de flores, pájaros y animales silvestres estilizados —conejos, tigres, venados, zorros y otros— distribuidos al azar en el papel. En los primeros años los artistas solucionaron el problema de estructuración de un dibujo sobre una superficie plana; emplearon la figura de un árbol en medio del cuadro, colocaron las aves en las ramas y agregaron los otros animales debajo del árbol. Todos los artistas adoptaron esta manera de organizar los motivos en el papel y, una vez resuelta la búsqueda de una composición coherente, empezaron a elaborar nuevas formas sobre estos motivos tradicionales. A pesar de que los amates de "pájaros" tratan una temática limitada, ha habido una gran variedad y un desarrollo constante en los diseños tanto a nivel de los artistas individuales como de los estilos propios de los diferentes pueblos.

Los amates de "historia" nacieron posteriormente, a finales de la década de los 60, como resultado directo del trabajo gráfico sobre una superficie plana. La vida del pueblo es siempre el tema de estos cuadros, en los cuales se pintan ceremonias, fiestas, rituales y escenas de trabajo agrícola y doméstico. Las representaciones son fieles a la realidad hasta en los detalles más pequeños de la indumentaria, la construcción de las casas, el arreglo de las ofrendas, el atuendo de las danzas tradicionales, etcétera. Los artistas combinan elementos de los "pájaros" con los de "historia", más sofisticados y originales en su contenido y composición. Estos cuadros tienen una importancia etnográfica considerable porque a través de ellos los artistas dan una representación gráfica variada de su visión del mundo. Los artistas de Ameyaltepec y de los demás pueblos se inspiran en sus ceremonias, en sus fiestas, o en su trabajo. Los amates de "historia" presentan imágenes positivas y alegres de la vida comunitaria, en las que valorizan su tradición étnica; no aparecen escenas de conflicto o de violencia y tampoco se ven retratos individuales, paisajes solitarios ni cuadros de bodegón. La actividad humana colectiva de sus pueblos es el principal tema de estos pintores; a través de su arte celebran y disfrutan la vida, expresándose siempre en los términos de su propia experiencia cultural.

No hay espacio aquí para analizar detalladamente el contenido del amate pintado y su evolución como género artístico, ni para comentar este trabajo desde una perspectiva estética. Son temas sumamente importantes, a los que espero dedicar en el futuro una consideración seria y cuidadosa. Centro aquí la atención en el amate pintado como una artesanía altamente comercializada para el mercado turístico. Dentro de tal contexto hay que hacer mayor hincapié en la organización de su producción y de su comercialización que en las consideraciones artísticas, las cuales se elaborarán en un trabajo aparte.

La labor de pintar sobre papel de amate se lleva a cabo en las casas familiares, con la participación de casi todos los miembros de la unidad doméstica que funciona como la unidad de producción y consumo básico. Tanto los hombres como las mujeres trabajan en el amate y se dan dos pasos distintos en el proceso: primero se esbozan los diseños sobre el papel de amate con pincel y tinta china y después se rellenan con pintura acrílica comercial. Dada esta división del proceso en dos etapas, es frecuente que dos (o a veces más) personas intervengan en el mismo cuadro para terminarlo. Esbozar exige más práctica que rellenar y los niños empiezan desde temprana edad a colorear los dibujos hechos por los mayores. A los diez o doce años empiezan a experimentar con sus primeros diseños originales y muchos adolescentes de catorce o quince años ya son pintores con un estilo propio naciente. Los amates de "pájaros" son los más comunes y los más fáciles de dibujar; los mismos pintores consideran que las "historias" requieren de mayor destreza y concentración. En casi todas las casas de Ameyaltepec hay personas que se dedican a pintar amate, con diferentes grados de seriedad e intensidad.

Los artistas dependen de las relaciones de mercado para conseguir la materia prima; los otomíes fabricantes del papel van a los pueblos guerrerenses para vender las hojas de amate. Hay un papel café oscuro, hecho de la corteza exterior del árbol, y hay un papel blanco, hecho de la corteza interior que es más fino, más escaso y más caro. Los pintores compran los pinceles, la tinta china y la pintura en las tiendas de materiales para artistas de cualquier centro urbano. Los precios de todos los materiales han ido subiendo constantemente: el papel de amate triplicó su precio entre 1976 y 1981, y dobló su precio entre 1981 y 1984. El frasco pequeño de pintura dobló su precio entre 1976 y 1981, y triplicó su precio entre 1981 y 1984. El costo global de materiales por una hoja de amate café pintada subió de aproximadamente doce pesos en 1976 a cerca de treinta pesos en 1981, y a noventa pesos en 1984. A pesar de que hay un consumo relativamente alto de estos materiales, no ha habido un intento de colectivizar su compra ni tampoco de adquirir cantidades mayores para almacenarlas en previsión de alzas futuras. Cada familia consigue sus materiales individualmente, en cantidades pequeñas, conforme a lo que vaya necesitando para el ciclo de producción promedio de un mes.

En Ameyaltepec el ritmo de producción varía mucho según la composición de la unidad doméstica, la experiencia de los artistas y la calidad de la obra, entre otras consideraciones. Un pintor que se dedica a dibujar un día entero sin interrupción podría terminar un promedio de cuatro amates de "pájaros" o un amate de "historia" de una calidad comercial corriente. Sin embago, casi nadie trabaja en esta forma; en realidad el pintar amate es una actividad que se va adecuando a otras exigencias, como muchas formas de producción artesanal en el medio rural. Los pintores interrumpen su trabajo constantemente para llevar a cabo distintas tareas cotidianas, como preparar la comida, cuidar a los niños, alimentar a los animales caseros, cortar leña y acarrear agua. Pintan amate en el tiempo "libre", cuando hay unas dos horas disponibles, y dejan de pintar cuando surge cualquier otra responsabilidad. Puesto que varias personas de la casa pintan amates, unos miembros pueden seguir y acabar una obra interrumpida. Este trabajo se presta para ser hecho a un ritmo fragmentado porque los materiales no requieren de ninguna preparación, son fáciles de guardar y de sacar de nuevo, y porque cada dibujo requiere de relativamente poco tiempo.

El tiempo dedicado a los amates varía también de acuerdo con las actividades del ciclo agrícola anual. En la época de lluvias la labor artística se realiza durante la noche, en los días en que no es necesario ir al campo, o la desarrollan las personas que no son requeridas en el trabajo agrícola. En la época de sequía los pobladores de Ameyaltepec invierten más energía en el oficio artesanal, sin dejar de reservarse el tiempo necesario para participar en el activo calendario ritual del pueblo, cuyos acontecimientos se reflejan después en el arte.

Con tantas variables es difícil cuantificar la producción del amate pintado o sacar promedios estadísticos, pero viéndola en términos de ciclos de producción se la puede describir de la siguiente manera. La pauta general para una unidad doméstica es dedicar entre tres semanas y un mes a acumular una cantidad comerciable de amates pintados, que suele ser un mínimo de veinticinco hojas, pero puede ser más de cincuenta o hasta cien, según el tipo de dibujo, la calidad del trabajo y el número de personas que pintan. Después, un miembro solo o hasta la familia entera se va a un centro turístico, donde tardará entre una semana y diez días en vender su obra.

Antes de analizar el comercio en detalle, es útil recalcar algunos rasgos de la organización de la producción del amate que influyeron en la fácil adaptación lograda por los indígenas al elegirla como estrategia para ganar dinero. Los materiales del amate pintado son de acceso abierto y de costo relativamente bajo; cualquier familia que desee iniciarse en el negocio puede comprar materiales y empezar a producir. Hay diferencias de talento naturales entre individuos, pero la capacidad artística es parte de una herencia cultural común, y aun los pintores menos dotados producen una obra aceptable en el mercado comercial.

Todos los miembros de la unidad doméstica participan en la producción del amate pintado, lo cual refuerza la integridad de ésta como unidad básica de producción y consumo. La nueva empresa no ha generado subgrupos especializados en la producción artesanal dentro de las familias, ni en el pueblo. Los que pertenecen al grupo doméstico de Ameyaltepec siguen cooperando y coordinándose para pintar como lo hacen con la agricultura de subsistencia y las demás actividades. El ritmo de producción y la comercialización son controlados independientemente por cada familia, de modo que la actividad se intercala hábilmente dentro de las obligaciones sociales y ceremoniales del pueblo, adecuándose a las demandas fluctuantes de mano de obra en el trabajo agrícola. El oficio artesanal no interrumpe sino que se acomoda con facilidad a todas las actividades familiares y comunales. Los pintores reconocen esta flexibilidad como una gran ventaja en comparación con otras actividades que podrían aportarles dinero.

Es importante destacar en este contexto que los habitantes de Ameyaltepec y Oapan tuvieron una experiencia artesanal anterior con el barro; la introducción del oficio de pintar en papel de amate requirió cambios mínimos dentro de los patrones ya establecidos en la zona desde tiempo atrás. El hecho de que los propios indígenas inventaran el trabajo de pintar amate permitió que ellos mismos buscaran la forma de integrarlo a la organización tradicional, tanto a nivel familiar como de la comunidad. Aun cuando la producción de amate se intensificó mucho más que la producción de la cerámica, fue articulada dentro de las estructuras tradicionales sin desbaratarlas. Estas características específicas de la organización de la producción del amate pintado contribuyeron a su éxito, pero lo que es más importante todavía es el hecho de que los artistas y/o sus familiares controlaran el comercio de su obra.

II. EL COMERCIO INDÍGENA

Desde el principio, los pintores de Ameyaltepec ejercieron el control sobre la venta de su trabajo artesanal y lograron evitar la penetración de intermediarios particulares o institucionales en la comercialización de su producción. De este modo han derivado el máximo beneficio económico del arte que crearon, y dieron otro paso más: la venta primero del barro y después del amate pintado les sirvió como base para desarrollar un comercio dinámico que ahora incluye otras artesanías complementarias y que se extiende a toda la República Mexicana. Se hizo evidente en los primeros meses de trabajo de campo que el enfoque de la investigación debía englobar la evolución y el manejo del comercio y no limitarse sólo a la producción artesanal.

A finales de los años 50 los artesanos de Ameyaltepec y Oapan concentraron la venta de su cerámica en lugares ya conocidos por ellos como Taxco, Acapulco, la ciudad de México y Cuernavaca, pero en cuanto notaron la aceptación entusiasta del amate pintado expandieron e intensificaron el comercio con el turismo. El arte de pintar sobre amate empezó en Ameyaltepec, pero en el transcurso de cinco años se generalizó en otros pueblos de la región, donde conjuntamente se llegaron a producir miles de hojas cada año. La rápida comercialización de estos dibujos provocó la saturación del mercado y el desplome del precio, lo cual varía según la suerte, la habilidad del vendedor y la calidad del trabajo. En 1963-1965, cuando era nuevo el oficio, se vendían los amates de pájaros (el único diseño entonces) de 250 a 300 pesos la pieza.[1] A finales de los años 60 los precios empezaron a caer y llegaron a su punto más bajo en 1975-1976, cuando una hoja de amate pintado con "pájaros" se vendía de 20 a 30 pesos, y una de "historia" de 50 a 70 pesos. Desde entonces ha subido ligeramente el precio nominal: en 1980 era de 60 a 100 pesos la hoja pintada de "pájaros" y de 100 a 200 pesos la de "historia"; y en 1981 se vendían los dibujos de "pájaro" de 300 a 400 pesos, y los de "historia" de 1 500 a 3 000 pesos. Esta recuperación del precio nominal se debe principal-

[1] En esta época la cotización del dólar estadunidense era de 12.50 pesos mexicanos. En el curso de 1976 la cotización del dólar se estableció alrededor de 23 pesos mexicanos; en febrero de 1982 llegó a 48 pesos; en septiembre el dólar pasó oficialmente a 70 pesos y en diciembre de 1982 subió a 150 pesos. Debido a las devaluaciones constantes de la moneda nacional se dan algunas de las cifras en términos del dólar para que los datos mantengan su vigencia pese a las fluctuaciones de la moneda mexicana.

Achihuiltepalcatl. Platos de barro decorados con motivos de plantas creciendo. San Agustín Oapan y Ameyaltepec, 1984.

mente a la inflación y a las alzas de los materiales, y no representa un incremento en el precio real.

Los pobladores de Ameyaltepec salen a vender artesanías en toda la República y ofrecen su trabajo en cualquier lugar frecuentado por turistas. Viajan constantemente a ciudades fronterizas como Tijuana, Nogales, Ciudad Juárez, Matamoros, Tapachula; a ciudades del interior como Puebla, Monterrey, Oaxaca, Guadalajara, Chihuahua, Mérida; a centros turísticos de lujo como Cancún, Cozumel, Isla Mujeres, Mazatlán, Puerto Vallarta, Ixtapa-Zihuatanejo, Cabo San Lucas y otros. La amplitud de sus operaciones comerciales se debe a dos factores: el amate es fácil de transportar y, dada la intensidad de su comercialización, crece el interés de los vendedores por ganar nuevos mercados. Otros pueblos de la zona siguieron el ejemplo de los pintores de Ameyaltepec y Oapan y entraron al oficio del amate; éstos son Analco, Ahuehuepan, Ahuelican, San Juan Tetelcingo, Xalitla y Maxela (véanse mapas 1 y 2). Ha habido cada vez más competencia entre los vendedores de diversos pueblos y esto ha impulsado la búsqueda de nuevos horizontes, clientelas y mercancías. Los mismos comerciantes indígenas han ido creando su propio mercado, tanto en extensión geográfica como en esferas comerciales. Las salidas que descubrieron para sus artesanías son variadas, pero se pueden señalar tres mercados principales: turístico, particular y de intermediarios.

Mercado turístico. Su cliente de preferencia es el turista que se encuentra en la calle; todos están de acuerdo en que es mejor vender directamente al consumidor final porque así se perciben las mayores ganancias. El mercado inicial fue principalmente el turismo norteamericano, pero en los últimos años hay flujo creciente de turistas japoneses y europeos, quienes también compran los dibujos y tienden a pagar mejores precios que los norteamericanos. Por otra parte, el amate pintado ha llegado a tener una buena aceptación entre los mexicanos, quienes ahora representan casi el 50% del mercado. La venta directa al turista se da más en las ciudades con un alto índice de turismo extranjero y nacional, sobre todo en Acapulco, Taxco, Cuernavaca, y en la ciudad de México; allí el mercado es ilimitado, ya que se da una afluencia constante de viajeros. En tales lugares la presencia de los mercaderes es casi permanente; ofrecen su mercancía en playas, restaurantes, cafés, zonas arqueológicas, tianguis, en las afueras de los museos y los hoteles, o en cualquier lugar frecuentado por los turistas donde el ambulante logre acceso.

Mercado particular. Otro mercado que se ha venido desarrollando cada vez más está constituido por una clientela local de los grandes centros urbanos, sobre todo en la ciudad de México. Algunos de los comerciantes guerrerenses se han relacionado con sus compradores a través de los años y vuelven a vender a la misma persona o al mismo grupo de personas.

Encuentran muchos de estos clientes al descubrir la forma de introducirse en las oficinas de empresas particulares o de dependencias gubernamentales, donde venden a las secretarias, a los funcionarios y a otros empleados. También acuden a escuelas y universidades para vender a los maestros y a los estudiantes, y a veces van a barrios de clase media para vender a grupos de amas de casa, sobre todo en reuniones sociales. Tratan de relacionarse también con personas de procedencia extranjera residentes en México. Los abordan en sus lugares de trabajo —consulados, embajadas, oficinas de agencias internacionales—, colegios o biblotecas y en sus "clubes" deportivos y lugares de diversión. Para trabajar este mercado es necesario establecer relaciones personales con los compradores, y el comerciante indígena visita a sus clientes con cierta frecuencia. Procura manejar la relación para que el cliente lo introduzca en su círculo de amistades, vecinos y parientes, y así multiplica sus contactos comerciales. Para este fin los vendedores de Ameyaltepec intentan conocer los detalles de la vida personal del cliente; rápidamente se informan sobre su edad, su estado civil, su lugar de origen, su profesión y su domicilio particular. Se enteran de la renta que paga, del sueldo que gana, tratan de conocer a sus familiares, compadres y compañeros de trabajo; esta información queda grabada en la mente y la comparten entre ellos. El éxito de este negocio depende mucho de la personalidad del vendedor y de su capacidad de hacer "amistad" con los compradores. Moverse en este ambiente requiere de una muy buena memoria y de cierta agresividad; el comerciante de más éxito en este mercado recuerda qué clase de trabajo le gusta a tal cliente, cuándo cobra su sueldo para buscarlo ese día, dónde vive la esposa, o la novia, o los hijos. Aparte del obvio interés económico, los que trabajan esta clientela demuestran una gran satisfacción derivada del trato personal con personas de distintas nacionalidades y con diferentes formas de vida.

Mercado de intermediarios. La venta de amate y de otras artesanías a intermediarios es una faceta del negocio de algunas familias, pero en general los originarios de Ameyaltepec le dan una importancia secundaria. Este mercado está constituido por individuos, instituciones gubernamentales como FONART, empresas particulares, tiendas o representantes de compañías exportadoras. Los comerciantes de Ameyaltepec tratan con ellos en circunstancias particulares; entregan mercancía a tiendas en ciudades fronterizas, o en lugares a donde van por periodos cortos (de 3 o 4 días) y donde no conocen el medio turístico. Venden a algún intermediario al cabo de una temporada de ventas para deshacerse de la mercancía que les quedó después de colocar la mayor parte al menudeo y a mejor precio. También venden a intermediarios cuando se encuentran lejos y tienen que regresar pronto al pueblo por alguna urgencia. Si no conocen personas de confianza con quienes puedan dejar la mercancía, la sacrifican "para no ir cargándola". Si encuentran un intermediario dispuesto a pagar un buen precio lo cultivan como cliente, pero nadie de Ameyaltepec vive exclusivamente de este mercado.[2]

El manejo del comercio familiar

En Ameyaltepec todas las familias participan en la venta de artesanías como una manera de ganar dinero, y para la gran mayoría es la única fuente de ingreso monetario. Con el objeto de convalidar las observaciones y conclusiones del trabajo de campo y presentar datos cuantitativos sobre las estrategias comerciales de los habitantes de esta comunidad, organicé datos específicos sobre el comercio manejado por una muestra del 33% de las familias del pueblo. La información recopilada incluía varios aspectos del negocio, algunos de los cuales se analizan en los capítulos siguientes: los mercados preferidos; las mercancías ofrecidas; el número, la edad y el sexo de los vendedores; las ganancias aproximadas; y las estrategias comerciales empleadas. Escogí las familias de la muestra con el criterio de incluir diferentes niveles económicos y diversas composiciones de los grupos domésticos del pueblo. Esta muestra consiste en 56 casos con hombres jefes de familia y 10 casos con mujeres solas jefas de familia. En conjunto, las 66 familias representan la tercera parte de los 196 grupos domésticos registrados en Ameyaltepec en 1980 (véase Segunda Parte, capítulo v).

En el cuadro siguiente se ven los mercados hacia los cuales se dirigen las familias de la muestra: "turista" se refiere al mercado compuesto por viajeros extranjeros y nacionales a quienes llegan como vendedores ambulantes en la calle; "particular" se refiere a la clientela cultivada a través de relaciones personales, con mayor incidencia de ventas repetidas a las mismas personas; "intermediarios" se refiere a la venta al mayoreo en la cual entregan mercancía a un agente que la vuelve a comercializar.

El cuadro 1 demuestra que todas las familias —el 100%— venden al turista y que éste es el mercado exclusivo de 34 familias —el 51%. Ninguna de las familias depende completamente de ventas a particulares o a intermediarios, pero 32 familias —el 49%— combinan ventas a los turistas con ventas en los otros mercados. Al sumar las tres clasificaciones en las que los vendedores frecuentan los otros mercados vemos que 28 familias —el 43%— venden también a particulares y 25 familias —el 38%— venden eventualmente a intermediarios. Se puede apreciar en este cuadro que las familias de Ameyaltepec logran variar su mercado hasta tal

[2] Ésta es la diferencia clave entre Ameyaltepec, los otros pueblos tradicionales de la región, y Xalitla y Maxela. Los pintores de estas dos comunidades ya mestizas han llegado depender de los intermediarios para vender su obra (véase Cuarta Parte, capítulo III).

Cuadro 1. *Combinaciones de mercados trabajados por los comerciantes de Ameyaltepec en 1980*

Mercado	*Número de familias*		*Total*	
	Jefe hombre	*Jefe mujer*	*Núm.*	*Porcentaje*
Turista exclusivamente	28	6	34	51
Turista y particular	5	2	7	11
Turista e intermediario	3	1	4	6
Turista y particular e intermediario	20	1	21	32
Total	56	10	66	100

grado que 21 familias —el 32%— llegan a los tres mercados. La preferencia por las ventas directas al consumidor final es muy clara en la muestra; todas las familias —el 100%— las realiza a través de sus relaciones tanto en el mercado turístico como en el mercado particular.

El cambio comercial más significativo se dio cuando los indígenas de Ameyaltepec empezaron a complementar la venta del amate y del barro producidos en casa con la de otras artesanías compradas por ellos para revender. Una vez establecido el patrón comercial con el amate, introdujeron nueva mercancía como una manera de compensar el derrumbe del precio del amate. Entre estas artesanías complementarias las principales son máscaras de madera tallada; collares, colgajos, aretes y otra joyería de piedra semipreciosa; y piezas grandes de piedra tallada en forma de piezas arqueológicas y figuras prehispánicas. La introducción de estas mercancías mejoró sustancialmente el nivel de ingresos y provocó algunos cambios importantes en las relaciones de mercado. Conforme progresó mi investigación se hizo evidente que en cierto grado el amate pintado ha sido desplazado durante los últimos años. Para evaluar la importancia de estas otras artesanías, agrupé las familias de la muestra según la mercancía que venden y esta información se presenta en el cuadro siguiente. "Amate" y "Barro" se refieren a las artesanías producidas por ellos; "Joyas" se refiere a los collares y otra joyería de piedra semipreciosa; "Máscaras" se refiere a las máscaras de madera tallada; y "Piezas" a las figuras grandes de piedra tallada.

En el cuadro 2 se ve que el papel de amate pintado sigue siendo el denominador común principal del comercio; de las 66 familias de la muestra, 61 familias —el 92%— cuenta con él para parte de sus ingresos. De las artesanías compradas la más importante es la joyería de piedra semipreciosa que venden 57 familias —el 86%—, seguida por las máscaras de madera que venden 14 familias —el 21%—, y luego por las piezas de piedra grandes que ofrecen 10 familias —el 15%— de la muestra.

El estudio de las familias de la muestra de acuerdo con las combinaciones de artesanías que comercializan nos revela otra característica de su negocio, que se ha hecho cada vez más complejo y sofisticado.

Cuadro 2. *Mercancías vendidas por familias de Ameyaltepec*

Artesanía	Número de familias		Total	
	Jefe hombre	Jefe mujer	Núm.	Porcentaje
Amate	52	9	61	92
Barro	14	3	17	26
Joyas	50	7	57	86
Máscaras	13	1	14	21
Piezas	10	—	10	15

Cuadro 3. *Artesanías vendidas por familias de Ameyaltepec en 1980*

Combinaciones de mercancías	Número de familias		Total	
	Jefe hombre	Jefe mujer	Núm.	Porcentaje
Amate/barro	4	3	7	10.5
Joyas	3	2	5	7.5
Amate/joyas	25	3	28	42
Joyas/piezas	2	—	2	3
Amate/barro/joyas	5	1	6	9
Amate/barro/máscaras	2	—	2	3
Amate/joyas/máscaras	6	—	6	9
Amate/joyas/máscaras/piezas	6	1	7	10.5
Amate/barro/joyas/máscaras /piezas	3		3	4.5

En el cuadro 3 se puede apreciar que las nuevas artesanías han asumido un papel muy importante, ya que sólo 7 familias —el 10.5%— venden exclusivamente amate y barro; esto deja 59 familias —casi el 90%— que complementan mercancía de fabricación local con otras artesanías. En Ameyaltepec se reconoce que no es buen negocio depender demasiado del amate, por su bajo precio es factible dedicarse exclusivamente a esto sólo para las familias con una producción muy alta, o con un trabajo de tan buena calidad que puedan pedir un precio mucho mayor que los corrientes. En este cuadro se puede observar que los comerciantes de Ameyaltepec intentan diversificar su mercancía lo más posible: 5 familias —el 7.5%— dependen de un solo producto, y 23 familias —el 35%— venden tres o más diferentes artesanías.

No hay una diferencia significativa en la mercancía ofrecida entre las familias con mujeres jefas del grupo doméstico y las familias con hombres jefes del grupo. Tampoco se descubrió una correlación significativa entre el número o el tipo de artesanías vendidas y los mercados frecuentados por los vendedores, por lo cual no se han incluido tales datos aquí. Tanto la estrategia comercial como la mercancía se escogen conforme a los gustos y preferencias de los comerciantes y sus familias, sobre la base de lo que ellos consideran que les resulta más lucrativo.

Las artesanías revendidas

Exploré la procedencia de las artesanías complementarias para entender la red de relaciones comerciales que mantienen los nahuas de Ameyaltepec. Esto sirvió para situar la investigación dentro del marco más amplio de la producción artesanal guerrerense estimulada por el turismo. La presentación de algunos de los datos recopilados sobre estos artículos permite una mejor apreciación del alcance y la complejidad de las relaciones económicas que han crecido en torno a este comercio indígena.

Máscaras. El florecimiento de la producción de máscaras y figuras de santos de madera tallada es un fenómeno paralelo al desarrollo del papel de amate pintado y está estrechamente relacionado con él. Estos objetos de madera son fabricados por nahuas de la misma región de la cuenca del río Balsas, principalmente por los del pueblo de San Francisco Zumatlan. En esta comunidad se ha trabajado la madera desde hace generaciones, produciendo sillas y mesas para trueque y venta; además algunos maestros se dedicaban a labrar máscaras para uso en las danzas tradicionales de la región y santos de madera para los altares caseros de su comunidad y de los pueblos de los alrededores. A principios de los años 70 los vendedores de amate ofrecían a los turistas una que otra máscara propia, y éstas se vendieron muy rápidamente a un precio alto. Como era de esperar, esos comerciantes inmediatamente fueron a pedir más máscaras a los maestros de San Francisco. Yo observé la llegada de estas máscaras a Cuernavaca por primera vez en la primavera de 1975, cuando eventualmente un vendedor se presentaba con tres o cuatro piezas. Dos años después, esto se había convertido en una inundación de máscaras, hasta que en 1980 ya se vendían por centenares en todas partes del país.

En pocos años se ha visto una evolución marcada en la técnica de trabajar la madera y en el diseño. Se está dando una producción de máscaras cada vez más elaboradas y fantásticas, y también de figuras de santos parecidas a las imágenes usadas en los altares caseros indígenas o en las iglesias y capillas de sus pueblos. Ahora, en San Francisco Zumatlan, casi todas las familias se dedican a tallar figuras de madera para vender al turista, y empieza a haber una producción de máscaras y figuras de madera en los pueblos vecinos, principalmente en San Agustín Ostotipán. Según una fuente (Dorothy Codry, comunicación personal; Codry, 1980); hay una tradición de producción de máscaras semejante a la de San Francisco en los pueblos de Totolzintla y Tlacozoltitlán (véanse mapas 1 y 2) pero esto no se ha podido comprobar todavía en el campo.

A diferencia de los pintores de papel de amate, los indígenas de San Francisco Zumatlan y San Agustín Ostotipán no salen a ofrecer su propio trabajo. Más bien lo venden a los comerciantes de Ahuehuepan, Oapan y Ameyaltepec, quienes colocan los santos y las máscaras junto con el amate y las demás artesanías. Los que tallan la madera se dedican a la producción de objetos para el turismo; ellos consideran que esta especialización es más rentable que arriesgarse a entrar en el terreno comercial dominado por los amateros.

Algunos aspectos de este caso le dan una importancia especial en el contexto de la investigación sobre el papel de amate pintado. En primer lugar, el trabajo de madera tallada de San Francisco Zumatlan es otro ejemplo[3] de una innovación sobre antiguas habilidades artesanales, recientemente explotadas para el mercado turístico. Por otra parte, las máscaras y los santos se inspiran en objetos de uso ceremonial tradicional de la zona, modificados al gusto del cliente. He podido seguir y documentar este caso desde el inicio y quisiera sugerir aquí —aunque se necesitaría más trabajo de campo para confirmarlo— que la producción de máscaras podría representar una alternativa económica que ayudara a conservar la etnicidad de los indígenas de San Francisco Zumatlan y sus vecinos, de la misma manera que el amate pintado lo ha sido para los habitantes de Ameyaltepec y sus pueblos vecinos.

Piedra. En los últimos diez años la venta de la joyería de piedra semipreciosa ha complementado, y en algunos casos ha suplido, la venta de amate como fuente principal de ingreso monetario para las familias de Ameyaltepec. Al investigar esta artesanía durante el trabajo de campo descubrí que se venden dos clase de objetos de piedra semipreciosa: una joyería importada de Asia y una joyería producida por artesanos nacionales.

La fuente principal de la joyería importada es la familia Gómez,[4] una familia mestiza que vive en Iguala. Hace unos quince años, el patriarca de esta familia trajo aretes, dijes, collares, pulseras y objetos de piedra importados de China, Hong Kong, India, Corea del Sur y las Filipinas. Empezó a vender al mayoreo en Iguala pequeñas cantidades de dicha joyería a los comerciantes de amate, quienes en aquel momento buscaban una manera de aumentar sus ganancias. Los mercaderes de Ameyaltepec y Ahuehue-

[3] Ya se han señalado los casos de las figuras de papel de amate picado de San Pablito Pahuatlan, la cerámica comercial de Ameyaltepec y San Agustín Oapan y el papel de amate pintado.

[4] Gómez es un seudónimo.

pan descubrieron un mercado para tales objetos y empezaron a comprarles a los Gómez en cantidades cada vez mayores. Las piedras más comunes que venden son el ojo de tigre, la sodalita, el cuarzo rosa, la cornalina, el jade, el granate, el coral, la madreperla, la malaquita de África, la amatista, la turquesa, la venturina y el marfil. Los hijos y yernos del señor Gómez (quien es mudo, por lo cual entre los indígenas conocen a todos los Gómez como "los mudos"), también entraron al negocio, y actualmente en Iguala son siete familias emparentadas las que surten esta joyería al mayoreo. Venden la joyería en sus propias casas, donde todos los días hay filas de indígenas —ahora de seis de las comunidades amateras— esperando comprar su mercancía. Ha llegado a ser un comercio en el cual los "mudos" mueven decenas de miles de pesos de capital indígena a diario. Últimamente los "fayuqueros" de Tepito se han convertido en una fuente alternativa para esta joyería importada.

La producción de joyería de piedra de origen mexicano se está dando principalmente en Taxco e Iguala. Desde el auge de la industria de la plata en Taxco, en los años 40, se ha trabajado la piedra para surtir los talleres de platería; hay una colonia de lapidarios donde en los últimos diez años han empezado a fabricar collares de piedra para vender directamente a otros intermediarios, además de los plateros. Algunos de estos lapidarios taxqueños emigraron a Iguala, donde siguen trabajando la piedra; otros mestizos recién llegados a estas dos ciudadades también han empezado a trabajar la piedra en los últimos cinco años. La mayoría de los lapidarios son mestizos de origen campesino que por diversas razones se vieron obligados a abandonar el cultivo de la tierra en sus pueblos.

La única inversión que necesitan hacer es la compra de un pequeño taladro eléctrico con el cual labran los collares, cuenta por cuenta, y la materia prima. En Iguala suelen trabajar piedra mexicana —jaboncillo, alabastro, ágata, granito o serpentina— comprada de 25 a 36 centavos de dólar el kilo. En Taxco trabajan tanto la piedra mexicana "corriente" como la piedra "fina" semipreciosa, importada en bruto, que llega a costar de 18 a 22 dólares el kilo.

Tanto en Taxco como en Iguala, en la mayoría de los casos, los lapidarios mestizos viven en condiciones económicas muy precarias. La mayoría de ellos trabajan en sus casas, que son viviendas de cartón provisionales en colonias urbanas marginadas; con todas las características de este medio: carecen de agua potable, drenaje, servicios sociales y médicos básicos. Los indígenas comerciantes, quienes constituyen su mercado principal, están en condiciones económicas mejores que los que trabajan la piedra y reconocen este hecho tanto los habitantes de Ameyaltepec como los mismos lapidarios, quienes tratan a sus clientes indígenas con respeto.

Piezas. Los comerciantes de Ameyaltepec más exitosos en términos de ingreso monetario han entrado a la venta de figuras de piedra tallada que suelen ser copias de piezas arqueológicas. Es un trabajo lapidario nuevo —tiene cuando mucho siete años— que empezó a desarrollarse en Taxco, aunque ahora se ejerce en Iguala, Cocula (Guerrero) y Jojutla (Morelos). Los artesanos que producen las piezas son mestizos y dedican a esta actividad tiempo completo, en condiciones similares a las de los trabajadores de collares.

La fabricación de las figuras grandes es efectivamente escultura en piedra labrada a mano con taladro eléctrico; cada pieza lleva mucho más tiempo que los collares y requiere de más habilidad. Estos artesanos trabajaron al principio con catálogos del Museo Nacional de Antropología y con libros de arqueología, copiando piezas mayas y olmecas en piedra. Han empezado a desarrollar un estímulo propio, pseudoprehispánico, con muchas variaciones que demuestra una originalidad artística. Otros han dejado de hacer las reproducciones de piezas arqueológicas para labrar la piedra en forma de animales estilizados, vasijas, platos, floreros y otros adornos. Los lapidarios de mayor capital trabajan piedra fina —la sodalita, el ojo de tigre, la malaquita de África —pero la mayoría trabaja piedra nacional como la jicorita, la "piedra roja", el jaboncillo, la serpentina. Los comerciantes de Ameyaltepec invierten cantidades considerables de dinero en estas piezas que compran al contado por lotes de 12 a 20 figuras. Son aproximadamente 25 las familias del pueblo que venden estas piezas en forma regular, y varias otras venden algunas piezas sueltas en forma eventual.

III. LA ESTRATEGIA COMERCIAL NAHUA Y SU ADAPTACIÓN AL MEDIO URBANO

El tema del comercio indígena debe incluir el análisis de las estrategias comerciales desarrolladas, o sea, profundizar diversos aspectos de los principios organizativos que se emplean en esta empresa. También es preciso explorar las formas específicas en que los nahuas de Ameyaltepec se adaptaron como grupo étnico al comercio ambulante, sobre todo a las temporadas lejos de su comunidad que éste requiere. Presento primero los datos sobre el manejo de la actividad comercial y después sobre el modo en que colectivamente se coordinan para sobrevivir culturalmente en el mundo mestizo.

No obstante el hecho de que en los últimos años introdujeran otras artesanías compradas, en general los originarios de Ameyaltepec todavía preservan el patrón comercial original: acumulan en el pueblo la producción de amate (o de barro) durante tres o cuatro semanas, y después alguien sale a los centros urbanos por un periodo que varía según la suerte del vendedor. Independientemente de la clase de mercancía que lleven, actualmente dedican un promedio de seis a diez días por episodio comercial, y luego de colocar las artesanías regresan al pueblo para iniciar un nuevo ciclo. Es importante recalcar que a pesar de su activo comercio, no han abandonado la agricultura tradicional ni las otras actividades de subsistencia, y todos siguen cumpliendo con sus obligaciones ceremoniales y de servicio a la comunidad. Durante los meses más ociosos del ciclo agrícola, algunos se trasladan a la ciudad por temporadas más largas; afortunadamente, estos meses —de diciembre a mayo— coinciden con la época de turismo más intenso.

Moverse en las áreas urbanas y encontrar a los clientes requiere de capacidades distintas que las de ejercer el arte de pintar. En los centros turísticos los mercaderes indígenas utilizan idiomas extranjeros, entre ellos el español; tienen que buscar y encontrar a los compradores y negociar para obtener el mejor precio posible por su mercancía. En Ameyaltepec hombres, mujeres, niños y ancianos participan en el comercio, pero cada unidad doméstica desarrolla su propia estrategia de ventas conforme a la composición familiar y las preferencias individuales. A veces sale una persona sola y otras veces la familia entera; algunos vendedores concentran su energía en un solo centro urbano a donde siempre regresan mientras que otros prefieren viajar y vender en diferentes ciudades de la República. Estos últimos tienden a vender más a "particulares" y tienen que ser más agresivos para abrir nuevos mercados. A fin de representar esquemáticamente la variedad de los patro-

Rodrigo Chino Morales, Ameyaltepec, 1982. *Coyote y tres emplumados.* Se observan las tres mariposas, el animalito estilizado debajo del cacto y el motivo de las cenefas verticales derivado de la cerámica. Tinta china en papel de amate blanco.

CUADRO 4

Vendedores principales de la familia	*Número de familias* *V**	*D***	*V*	*D*	*Total* *Núm.*	*Porcentaje*
	Jefe de familia hombre		*Jefe de familia mujer*			
un hombre	12	10	—	—	22	33
varios hombres	8	—	—	—	8	12
hombres y niños***	3	1	—	—	4	6
hombres y mujeres	3	3	—	—	6	9
familias enteras (hombres, mujeres, niños)	1	11	—	—	12	18
una mujer	—	3	4	3	10	15
varias mujeres	—	—	—	2	2	3
mujeres y niños	—	1	—	—	1	1.5
niños solos	—	—	1	—	1	1.5
Total	27	29	5	5	66	100

V* — Viajan a diferentes lugares de la República para vender.
D**—Venden en un centro turístico determinado.
Niños*** — Menores de 13 años.

nes comerciales, he organizado los datos de la muestra conforme al número, la edad, el sexo de los vendedores y las estrategias preferidas para llevar a cabo su negocio.

Como se ve en este cuadro al sumar los dos primeros grupos, tenemos 30 familias —el 45%— en que los hombres adultos suelen llevar todo el negocio. En las 36 familias restantes de la muestra —el 55%—, las mujeres y/o los niños participan significativamente en el comercio; y en 14 familias —el 21%—, las mujeres y/o los niños manejan todo el comercio. La participación de los niños en la venta es importante; 18 de las 66 familias —el 27%— dependen de menores de 13 años para una parte significativa de los ingresos del comercio (estas cifras consideran adultos a los adolescentes de 13 a 18 años, cuya aportación comercial es sustancial).

Se ve también en el cuadro 4 que las familias están divididas con respecto al sitio preferido para vender: la mitad concentra su actividad en un solo lugar, y la otra mitad opta por viajar a diferentes centros urbanos. Se puede observar aquí que las mujeres que manejan el negocio viajan con la misma frecuencia que los hombres y cuando varias personas de un mismo grupo doméstico andan vendiendo, es común que uno de ellos se quede en una ciudad mientras otros se van más lejos y prefieren tener a varias personas ofreciendo la mercancía simultáneamente en diferentes lugares. Las familias enteras que salen en grupo decidieron quedarse en su sitio, en un solo lugar, en 11 de los 12 casos incluidos en la muestra; esto sucede porque es más cómodo estar en un lugar fijo con niños pequeños.

En Ameyaltepec consideran que es importante enseñar a los niños a vender desde temprana edad; se los llevan a los seis o siete años a las ciudades para que observen el negocio y aprendan un poco de español. Su contribución económica compensa los gastos mayores de transporte, alojamiento y comida que ocasiona su presencia en el viaje. Al principio, estos niños acompañan a sus padres o hermanos mayores en la venta; con el tiempo se les da un poco de la mercancía familiar para que ellos mismos la ofrezcan bajo vigilancia de un adulto. A los nueve o diez años ya aprendieron las técnicas básicas del negocio y muchos de los niños son vendedores tan competentes y aún más perseverantes que los mayores. En Ameyaltepec, consideran que para ejercer el comercio ("hacer la lucha" como dicen ellos en español) se requiere un talento particular como para cualquier otra actividad. Si un niño no aprende a vender, no lo castigan ni lo regañan, respetan las diferencias entre individuos y dirán simplemente que "no le gustó ese trabajo". Sin embargo, la mayoría de los niños siente el comercio como un juego y, en general, todos participan con ganas y entusiasmo en esta forma de ganar dinero. Los niños y jóvenes son bastante exitosos como vendedores; hay niños y niñas de diez y once años de edad que venden miles de pesos de mercancía al mes, reinvirtiendo a su criterio, entregando una parte de las ganancias a su familia y guardando parte para ellos mismos. A los trece o catorce años, los jóvenes salen independientemente de los padres y empiezan a establecer su propio negocio. Algunos muchachos de quince o dieciséis años viajan solos o de a dos tan lejos como a la frontera norte o a la península de Yucatán, con mercancía de un valor considerable, sin que sus padres se preocupen, por ser esto lo más usual para ellos.

Los nahuas de Ameyaltepec manejan su mercancía en forma individualista; no hay ningún intento de colectivizar la producción artesanal, ni la adquisición de mercancía, ni la venta. Sin embargo, se han dado formas propias en que se ayudan mutuamente y minimizan los riesgos, a través de las cuales logran diversificar su mercancía, entrar a territorios nuevos y abrir mercados diferentes.

Es común que alguien pida a otra familia o individuo que le enseñe a vender una mercancía distinta a las que maneja o a relacionarse con otra clase de clientela, o a introducirse en un nuevo lugar. En estos casos, acompaña al comerciante "maestro" en calidad de observador, con mercancía propia, mientras el primero ayuda al novato a colocar la suya y le explica las técnicas de este nuevo aspecto del negocio. Por ejemplo, un matrimonio que vende amate y collares, puede pedirle a un amigo o pariente que vende máscaras y piezas de piedra, que adiestre a un hijo suyo en el manejo de esta mercancía. Cuando alguien quiere entrar a un territorio nuevo buscará quien lo lleve en varias ocasiones, hasta que se sienta con la confianza suficiente para ir solo. O bien, por ejemplo, uno que quiere desarrollar la clientela particular (conocida entre ellos como "vender en las oficinas"), buscará a alguien que conozca este ambiente para que lo lleve mientras aprende las estrategias y empieza a hacer sus propios contactos comerciales.

La movilización de las redes de amistades o familiares para comercializar parte de la mercancía, representa otra estrategia de venta. Un comerciante en un centro turístico no sólo vende su propia mercancía, sino también la que otras personas y familiares le encomienden. Existen varios arreglos entre las partes que van desde un entendimiento mediante el cual el que vende se queda con una parte de las ganancias, hasta aquellos en los que toda la ganancia es entregada a la persona proveedora de la mercancía. Esta forma de operar es común y da acceso a mercados adicionales sin tener que dominarlos personalmente. Así, aun los que nunca se ausentan del pueblo, participan indirectamente en el negocio y cualquier persona que pinte unos amates o que junte algún dinero para invertir puede encontrar quien esté dispuesto a vender su mercancía. Esta dinámica funciona de manera similar a la de la movilización de redes sociales para obtener mano de obra, animales y objetos prestados, para actividades de subsistencia o fines rituales. La nueva relación comercial se integró plenamente en el sistema de obligaciones recíprocas que une a las familias y a los individuos, y representa otra forma de ayuda mutua.

El mercader nahua en la ciudad

En el curso del trabajo de campo, seguí a los comerciantes hasta los centros turísticos y en varias ocasiones los acompañé en sus viajes a lugares lejanos. Conocer sus movimientos y observar la forma en que ellos perciben y analizan sus experiencias en una sociedad ajena me proporcionó elementos adicionales para comprender el proceso mediante el cual conservan su identidad étnica. Descubrí que la gente de Ameyaltepec ha desarrollado una serie de mecanismos sociales e ideológicos adecuados para amortiguar el efecto de la "cultura nacional" sobre ellos; no están tan inmersos ni son tan indefensos frente al mestizo ni a la cultura dominante como lo suponía al principio.

Los vendedores que se encuentran en un centro turístico determinado se congregan en una o dos pensiones u hoteles baratos, conocidos por todos los de la comunidad, donde rentan cuartos contiguos. Las familias enteras que tienden a quedarse en una ciudad determinada toman habitaciones "privadas"; los demás comparten el costo de varios cuartos "colectivos" donde llega también cualquier paisano de paso, en tránsito de una ciudad a otra. Es frecuente que entre todos logren ocupar en forma casi permanente una ala entera o un piso completo de un hotel pequeño. Inmediatamente reorganizan el espacio y decoran las habitaciones a su criterio y gusto: disponen altares provisionales con imágenes de santos, velas, flores, incensarios; cuelgan hamacas para los niños y traen petates para acomodar a personas adicionales; tienden mecates para colgar la ropa en vez de guardarla en los armarios; ocupan cántaros de barro (o cubetas) con jícaras para almacenar agua en el cuarto. Así esta vivienda adquiere rápidamente el aspecto de una casa del pueblo.

Cuando hay mujeres (y si logran la cooperación de la administración del edificio) a veces consiguen braseros de carbón, traen molcajetes y chile criollo, y preparan allí su comida. Cuando les es posible, conservan elementos de su dieta tradicional por la que tienen una preferencia notoria frente a la "comida de ciudad". Cuando no guisan en el lugar donde se hospedan, comen en uno o dos puestos de mercado, también conocidos por todos, donde preparan comida estilo ranchero de su gusto.

Durante el día los mercaderes circulan a solas o en pares en busca de clientes, pero cada noche regresan a su propio ambiente. En los alojamientos provisionales conviven compadres, familiares y amistades establecidos temporalmente en la ciudad, pero todos siguen observando las costumbres, cortesías y normas de conducta tradicionales. Viven en este pequeño microcosmos como si fuera su pueblo; de hecho conceptualmente para ellos sigue siendo *tochan* —"nuestra casa"— lejos de casa.

En Ameyaltepec es frecuente escuchar conversaciones sobre diferentes ciudades, en las que se intercambian datos sobre los hoteles y restaurantes, sobre las tarifas de los taxis y autobuses, sobre las plazas y las cuotas que se cobran por vender, sobre la policía local y su comportamiento con el ambulante. En estas informales sesiones analíticas, comparan experiencias en lugares tan separados geográficamente como Cancún, Tijuana, Oaxaca, Monterrey, Guadalajara. Los que emprenden viajes a regiones donde no hay muchos paisanos suyos, también procuran moverse en ámbitos comunes o conocidos. A menudo en el viaje se encuentran por casualidad con otros del pueblo y sacan provecho de este contacto para compartir información sobre sus planes y movimientos, sobre la venta del momento, para comentar las actividades de otros paisanos que hayan visto respectivamente y para transmitir recados personales. Ya que usan los mismos hoteles y comedores, los empleados mestizos de éstos les sirven de fuente de información. Aun sin encontrarse con alguien del pueblo, los hoteleros y restauranteros de cada sitio les informan sobre quiénes han estado allí últimamente, sobre la mercancía que traían y cómo les fue en la venta, sobre el rumbo que tomó cada uno al salir de allí, y también transmiten recados. Los que van y vienen del pueblo llevan noticias a las familias de los vendedores que andan lejos de casa; así, aun los que no salen de la comunidad se enteran de los movimientos y de la suerte de los demás, donde sea que estén. Las redes de comunicación son tan eficientes que, en caso de urgencia, en un día pueden localizar a alguien del pueblo en cualquier rincón de la República.

En los centros urbanos las mujeres siguen usando su indumentaria tradicional, sin abandonarla por ropa de corte urbano. Los originarios de Ameyaltepec siempre hablan en náhuatl para comunicarse entre sí, a pesar de que algunos de ellos dominan el castellano. Conversan abierta y animadamente en náhuatl delante de cualquier mestizo, sea hotelero, cliente, dueño de restaurante u otros. No hacen ningún intento por ocultar su origen indígena; al contrario, explican con orgullo a cualquiera que les pregunte que hablan "el mexicano" (así nombran el náhuatl) y frecuentemente regañan al citadino por hablar sólo el español mientras que ellos hablan dos idiomas. Consideran el uso de su lengua como una ventaja comercial porque les da la posibilidad de consultarse entre sí delante de los clientes sobre las transacciones sin que éstos los entiendan. Sin embargo, el hecho de ser indígena no es manejado por ellos como gancho, es decir, no se presentan a sí mismos como elementos folklóricos para vender mejor.

Los mercaderes de Ameyaltepec han aprendido a moverse hábilmente en diversos contextos urbanos y logran dominarlos para sus propios fines comerciales. Hablan bastante bien el castellano y algunos han aprendido frases del inglés o el francés para tratar a los turistas extranjeros; últimamente algunos empiezan a comentar la necesidad de adquirir conocimientos elementales de japonés porque han observado que los turistas japoneses son muy gastadores. Usan el metro, los camiones urbanos y foráneos, los taxis, y algunos han regresado de Mérida en avión después de haberse cerciorado de que no es necesario presentar un pasaporte para un vuelo nacional. Manejan los teléfonos para llamadas locales y de larga distancia, cambian monedas extranjeras sin dificultad, aceptan cheques personales (de clientes conocidos) y cheques de viajero de los turistas. Sin saber leer ni usar mapas, llegan a conocer muy bien las calles y colonias de las principales ciudades de la República; pueden localizar de memoria residencias y lugares de trabajo de decenas de clientes particulares en todo el país. A diferencia de la imagen estereotipada del indígena miedoso, tímido, perdido en la ciudad, sin lugar a dudas los miembros de este grupo nahua se mueven con mucha seguridad y confianza en este medio.

A la venta, al ejercicio del comercio lo llaman "hacer la lucha" y obviamente la razón por la cual andan en eso es la necesidad de dinero. Sin embargo, para los mercaderes de Ameyaltepec el comercio es una ocasión de aventura, una oportunidad para ejercer su ingeniosidad, y en cierto sentido les sirve como una especie de "deporte". Manifiestan un gran entusiasmo hacia el negocio; a casi todos les gusta vender, a pesar de que a veces tengan mala suerte y experiencias desagradables. Para ellos el viajar y la búsqueda de clientes es parte del juego; no les causa temor el estar solos, moverse en un ambiente desconocido o estar físicamente lejos de su pueblo. Aceptan el fracaso con aplomo y entienden las vicisitudes del destino comercial; a veces hay venta, a veces no la hay: nunca se sabe cómo andará la suerte de un día para otro.

Su habilidad para "domesticar" el mundo mestizo facilitó su adaptación al comercio, y tienen la capacidad de sentir familiares y conocidas las partes más lejanas y extrañas. Físicamente los nahuas de Ameyaltepec han establecido una serie de islas propias en varias ciudades, y una red de comunicaciones eficiente para sus propósitos. Conceptualmente, colocan a las personas y a las experiencias dentro de su propio sistema cognitivo, el cual es suficientemente flexible como para acomodar fenómenos diversos. En realidad, estos nahuas son seres humanos muy mundanos y sofisticados: estudian, reflexionan y evalúan lo que observan y lo que les sucede en sus viajes y tratos comerciales. Además, comparan y comentan estas experiencias para llegar a explicar ciertas situaciones concretas que se les han presentado. También comparten entre sí sus conclusiones sobre las características de personas de diferentes nacionalidades, sobre nuevos logros de la tecnología, sobre el manejo del negocio, sobre las ventajas y los problemas de la vida urbana o de la vida en otros países. Los originarios de Ameyaltepec tienen una curiosidad insaciable, y un tema inagotable para todos es el comportamiento humano en general; siempre les interesa conocer las costumbres y normas en las relaciones afectivas, familiares y sociales de otras personas, aprender alguna novedad sobre diferentes creencias religiosas, o saber algo nuevo sobre cualquier negocio. Entienden que ellos son diferentes étnicamente tanto de los extranjeros como de los mexicanos de la ciudad, pero no se sienten inferiores por este hecho. En realidad usan la vida de su pueblo y sus costumbres como norma para procesar información y entender a los demás; interpretan lo que observan en términos de su sistema de valores culturales. Su éxito comercial se debe precisamente a esta actitud mental tan abierta y flexible que les permite moverse en un mundo complicado, variado, en el que tienen experiencias y relaciones económicas muy diversas.

IV. LOS INGRESOS Y SU DISPOSICIÓN

QUEDA por tratar el importante tema del ingreso monetario que los nahuas de Ameyaltepec perciben del comercio. Las ganancias varían según los productos que cada familia venda, los mercados que trabaje y el tiempo que dedique al comercio en forma activa; fluctúan también de acuerdo con la habilidad del comerciante, la época del año, y en parte, dependen de la suerte. A pesar de la existencia de tantas variables, fue posible reunir datos para fines analíticos sobre los ingresos provenientes del comercio.

Empezando por el amate pintado, el denominador común del negocio de todos, se puede calcular que una familia produce alrededor de 30 hojas de "pájaros" y 15 de "historia" en un ciclo mensual promedio. Éstas se venden a los turistas a un precio mínimo de 3 dólares por hoja de "pájaros" y a 6 dólares por las de "historia", para rendir un total conservador de 180 dólares.[1] El costo promedio de los materiales es de alrededor de 0.70 dólares la hoja, o sea 31.50 dólares por los 45 dibujos, con lo que se obtiene un mínimo de casi 150 dólares por un mes de trabajo. Estas cifras se refieren a la obra común, comercial; varios pintores de Ameyaltepec producen un trabajo artístico de tanta calidad que exigen precios de 20 dólares o más por hoja.

Al complementar la venta de amate con otras mercancías en el mismo viaje comercial, logran mayores utilidades. Sobre las máscaras de madera y la joyería de piedra semipreciosa ganan dos o tres veces la inversión monetaria por pieza; sobre las figuras grandes de piedra tallada, sólo doblan la inversión, pero ganan más por cada venta puesto que las piezas son más valiosas. Las familias de Ameyaltepec calculan sus ganancias sobre estos artículos en términos de la inversión global de capital, en lugar de llevar cuentas sobre cada unidad. Este sistema, muy útil para ellas, ya que frecuentemente reparten la mercancía entre varios vendedores, también facilitó la obtención de datos sobre sus ingresos. Todos los comerciantes comprenden muy bien la necesidad de cuidar su inversión monetaria, y a menos que tengan una urgencia, procuran incrementar su capital comercial. Es importante recalcar que colectivamente lograron generar el capital inicial produciendo ellos mismos el barro y el amate, y reinvirtiendo sus ganancias

[1] En este capítulo se usan a veces cifras basadas en el dolar norteamericano, ya que con las constantes devaluaciones del peso mexicano, los datos resultarían imprecisos en moneda nacional. Además, los precios en dólares serán más útiles para el lector no mexicano.

Juguetes de barro en forma de animales. San Agustín Oapan, 1984.

posteriormente en otras artesanías; no dependían ni dependen de préstamos de personas de afuera del pueblo.

Sumando las ganancias provenientes de la venta de las artesanías complementarias a las del amate, se puede estimar el ingreso mensual promedio. Para calcular las ganancias netas, es preciso considerar los costos de comida, transporte, hospedaje, "permisos" para vender, "mordidas", pérdidas por robo y otros gastos en los centros urbanos, que son de aproximadamente 5 dólares diarios por adulto. Agrupé las 66 familias de la muestra según sus ganacias mensuales aproximadas —después de deducir sus gastos— e intenté relacionar estas cifras con la edad, el sexo y el número de vendedores; con la clase de mercancía ofrecida; y con el mercado trabajado. De esta manera descubrí que las utilidades no se correlacionan con el sexo de los vendedores— las mujeres siguen los mismos patrones que los hombres— ni con el número de personas que venden en una misma familia, ni generalmente con el mercado preferido (con una excepción importante que se comenta abajo). Existen otras tendencias significativas que presento en los cuadros siguientes.

Tratar el tema de los ingresos indígenas nos enfrenta con un problema ético. Los artesanos/comerciantes de Ameyaltepec siempre han pedido que no se revelen cifras específicas sobre su actividad, por miedo a que la difusión de esta clase de información provoque la intervención de extraños en su negocio. Al reflexionar sobre esta preocupación bastante legítima, decidí tratar los ingresos del comercio en términos relativos a los salarios mínimos. En realidad esta forma de presentar los datos tiene sus ventajas: permite evaluar el potencial económico del comercio en comparación con la alternativa de vender la fuerza de trabajo. Debido a la tasa de inflación tan alta en México, considerar las ganancias en términos de sueldos mantendrá cierta vigencia a través de los años.[2]

El cuadro 5 permite apreciar la relativa prosperidad económica de los comerciantes de Ameyaltepec. Como se puede observar, la gran mayoría de la muestra, 55 familias —83%—, ganaron un promedio mensual de más de dos veces el salario mínimo. Al sumar los grupos C y D, vemos que 27 familias —el 41%— ganaron más de cuatro veces el salario mínimo mensual. Sólo 11 de las 65 familias —el 17%— obtuvieron ganancias inferiores pero que siguen siendo entre una y dos veces el salario mínimo vigente. Es necesario señalar que éstas son ganancias netas, ya que utilicé cifras una vez deducidos los costos. También cabe recordar que estas utilidades se

[2] Cabe reiterar aquí que los salarios mínimos nunca suben con la misma rapidez que el costo de la vida. Las ganancias del comercio de artesanías tienden a subir a la par con la inflación, sobre todo porque una parte considerable de la clientela turística trae dólares y goza de un poder adquisitivo cada vez mayor. Así, los ingresos de los comerciantes no se deterioran al mismo ritmo que los sueldos de la clase trabajadora.

Cuadro 5. *Ganancias aproximadas del comercio en 1980-1981*

Ganancias mensuales en múltiplos del salario mín. vigente 1981	*Número de familias* *Jefe hombre*	*Jefe mujer*	*Total* *Núm.*	*Porcentaje*	*Familias que venden sólo amate/barro*
A menos de 2 veces el salario mínimo	8	3	11	17	5
B 2 a 4 veces el salario mínimo	24	4	28	42	2
C 4 a 6 veces el salario mínimo	12	1*	13	20	0
D más de 6 veces el salario mínimo	12	2	14	21	0
Total	56	10	66	100	7

*** Al iniciarse la investigación en 1977, esta mujer vivía con un hombre que manejaba el comercio; las ganancias eran mínimas. Poco después, ella se separó de él y entró al comercio independientemente; el negocio manejado exclusivamente por ella ha tenido un éxito notable.**

logran en relativamente pocos días de comercio al mes. En cambio, el salario mínimo se calcula sobre la base de cuatro semanas de 48 horas de trabajo, y de este sueldo hay que descontar todos los gastos de subsistencia. Sin embargo, las ganancias en el comercio representan el esfuerzo colectivo de toda la unidad doméstica, mientras que el sueldo mínimo representa el valor monetario del trabajo de un solo individuo.

Como se ve en el cuadro 5 las ganancias en el comercio suben sustancialmente con la introducción de las artesanías complementarias. Cinco de las siete familias que sólo venden amate y barro pertenecen al grupo de menores ingresos monetarios, las otras dos familias caen en el grupo siguiente. Entre los mismos comerciantes se conceptualiza la función de la mercancía de la manera siguiente: la producción artesanal propia rinde lo suficiente como para pagar los gastos del viaje y de subsistencia de la familia; las ganancias sobre los *otros* productos son las que les quedan como puro excedente.

De este cuadro resulta obvio que los comerciantes indígenas logran, en un periodo breve, niveles de ingresos muy superiores a los salarios mínimos vigentes, sin sufrir la consiguiente pérdida de control sobre su vida comunitaria tradicional que implicaría la venta de su fuerza de trabajo. Estas ganancias han permitido una fuerte acumulación de recursos económicos, puesto que son mucho mayores que sus necesidades inmediatas de dinero.

CUADRO 6. *Ganancias aproximadas relativas a los mercados en 1980*

Combinación de mercados

Ganancia mensual en múltiplos del salario mínimo	*T**		*T/P***		*T/P/I****		*T/*****	
	Núm. de fam.	*Porcentaje*	*Núm. de fam.*	*Porcentaje*	*Núm. de fam.*	*Porcentaje*	*Núm. de fam.*	*Porcentaje*
A menos de 2 veces el salario mínimo	7	11	0	0	0	0	4	6
B 2 a 4 veces el salario mínimo	20	30	4	6	4	6	0	0
C 4 a 6 veces el salario mínimo	5	7.5	2	3	6	9	0	0
D 6 a 8 veces el salario mínimo	2	3	1	1.5	11	16	0	0

* Turista ** Turista y particular *** Turistas y particular e intermediario **** Turista e intermediario.

Como se puede observar en el cuadro 6, el aumento de ganancias es proporcional al número de mercados trabajados por los vendedores. La mayoría de las familias de los grupos A y B venden a un solo mercado mientras que la mayoría de las familias de los grupos C y D cuentan con varias salidas para su mercancía. En el caso de los más prósperos (grupo D), 11 de las 14 familias trabajan los tres mercados simultáneamente: el turista de la calle, la clientela particular y los intermediarios.

Las observaciones y los comentarios de los mismos comerciantes me ayudaron a interpretar un dato interesante sobre la relación entre el nivel de ganancias y el mercado "intermediario". Parecía contradictorio que todas las familias que venden solamente a "Turistas/Intermediarios" pertenecieran al grupo de menores ingresos, mientras que la mayoría de los que venden a "intermediarios", junto con los otros dos mercados, pertenecían a los grupos de mayores ingresos. Sin embargo, resulta que dan un uso diferente al mercado "intermediario" ambos grupos de comerciantes. Las familias del grupo A recurren a los intermediarios como una alternativa importante al mercado "turista". Tienden a vender su mercancía al intermediario (principalmente a FONART)[3] en lugar de buscar otros mercados y, además, estas 4 familias venden exclusivamente amate y barro. En cambio, las familias de los grupos C y D tratan a los intermediarios como parte de una empresa más compleja; ofrecen diferentes clases de artesanía de diferentes procedencias a una clientela muy variada. Ellos usan a los intermediarios para deshacerse de mercancía de baja calidad o sobrante, en forma eventual; o bien, para ellos el intermediario es un cliente a quien entregan mercancías regularmente con base en pedidos. En este caso suelen ser tiendas o exportadores con quienes llevan una relación estable a través de los años. Todos, aun los del grupo A, reconocen la desventaja económica del trato más dependiente con el intermediario por lo cual los de Ameyaltepec prefieren desarrollar agresivamente su propia red comercial.

El destino del ingreso monetario

Los artesanos/comerciantes siguen insertos en una economía de subsistencia a nivel del pueblo y consideran el dinero como un suplemento; no es el único ni el principal medio para satisfacer sus necesidades básicas ni para movilizar bienes y mano de obra dentro de la economía local. Ellos no tienen la intención de abandonar sus relaciones económicas tradicionales porque entienden muy bien las ventajas de no depender demasiado del dinero para cubrir sus necesidades. Estos comerciantes realizan incursiones a los centros urbanos para vender, para adquirir ciertos bienes, y, en parte, para distraer-

[3] Un organismo gubernamental que compra y vende artesanías.

se. Pero saben que su prosperidad se debe al hecho de no quedarse en las ciudades y no integrarse completamente a la economía capitalista.

Sin embargo, el incrementado flujo de efectivo hacia el pueblo podría haber tenido efectos disgregantes si los mecanismos tradicionales no tuviesen la capacidad de canalizar y absorber una gran parte del excedente. Las ganancias monetarias de los últimos 15 años han sido suficientes para tener repercusiones profundas sobre la economía del pueblo. Al percatarme del nivel tan alto de los ingresos monetarios en la comunidad, determiné que un aspecto importante del trabajo de campo sería analizar la disposición del ingreso monetario, para medir sus efectos sobre las relaciones económicas y sociales tradicionales.

Más adelante —en la Segunda y Tercera partes— analizo la estructura socioeconómica interna de Ameyaltepec, examino más detenidamente cómo se está modificando últimamente y también demuestro cómo ésta ha regido el uso interno del efectivo. Colectivamente este grupo nahua ha logrado desarrollar formas creativas para usar el dinero, que tienden a reforzar sus relaciones tradicionales. Aquí destaco en forma breve las principales esferas de la economía interna hacia las cuales se ha canalizado el excedente monetario proveniente del comercio. Éstas se pueden dividir en las siguientes áreas: animales y agricultura; construcción y vivienda; vida ceremonial; bienes de lujo. Por último señalo dos sectores en los cuales los indígenas *no* gastan su dinero, pero que son relevantes para la investigación.

Animales y agricultura. En Ameyaltepec ha habido un aumento vertiginoso del número de animales como resultado directo de los ingresos obtenidos por el comercio. Se pueden dividir en varias categorías: animales de trabajo (mulas, burros y bueyes); animales que representan inversiones (vacas, toros, puercos y caballos); animales que sirven para consumo ceremonial (bueyes y puercos). Los animales de trabajo preferidos son las mulas, que sirven para arar y para carga; en 1980,[4] el precio de una mula bronca oscilaba entre 10 000 y 12 000 pesos (450 y 550 dólares) y en términos globales, las mulas representan una inversión monetaria elevada. Las familias de más recursos suelen tener de 4 a 8 mulas, y las familias de menos recursos procuran tener cuando menos una. Había alrededor de 500 bestias mulares en el pueblo en 1980, cuyo valor total en ese año era aproximadamente de cinco millones de pesos (unos 225 000 dólares). El número de burros ha crecido todavía más rápidamente y son más numerosos por el hecho de ser más baratos que las mulas, y de poder criarse en el pueblo. Tanto los burros como las mulas son un recurso económico clave puesto que la zona carece de infraestructura. Es necesario transportar en bestia toda la cosecha, bienes como la leña, el agua, los materiales de construcción y hasta las personas.

[4] La cotización de la moneda nacional este año fue aproximadamente 23 pesos por dólar estadunidense.

El ganado vacuno representa otra inversión importante. Las familias de más recursos compran vacas y toros para la cría que puedan generar, y consideran el ganado como un bien altamente realizable en un momento de necesidad. La producción de leche y queso es mínima; se da sólo para consumo doméstico durante los meses de agosto, septiembre y octubre, cuando están más grandes los becerros y hay pasto natural. Los bueyes sirven para labrar la tierra y también para consumo de carne, cuando los sacrifican en ciertas ocasiones ceremoniales.

Todas las familias de Ameyaltepec tienen marranos criollos, que recorren el pueblo libremente en manadas grandes. Estos animales cumplen una función de limpieza importante y constituyen una inversión más realizable y más accesible que el ganado vacuno. Aun las familias de menores recursos tienen de 6 a 8 cabezas, y las de mayores medios económicos suelen tener entre 25 y 30 cabezas en un momento dado. Además de representar una forma de ahorro importante, los marranos se consumen con gran frecuencia en las numerosas fiestas del pueblo.

Invertir en animales significa invertir en la agricultura de subsistencia puesto que ellos fomentan y propician la producción agrícola. La presencia de tantos animales ha estimulado la agricultura porque su manutención requiere de cantidades cada vez mayores de maíz y zacate; a la vez, la compra de animales de tiro ha permitido el cultivo de extensiones mayores.

Construcción. En los últimos quince años, la construcción de casas de material se ha dado a un paso acelerado en Ameyaltepec. Las familias que tienen sus casas ya hechas frecuentemente deciden construir segundas o terceras casas, aunque no las ocupen; éstas se conciben como una especie de ahorro para uso futuro. Las casas de material son caras; en 1980 llegaron a costar un promedio conservador de 150 a 200 000 pesos (6 500 a 8 700 dólares) por los materiales, la mano de obra y todos los demás insumos para terminarlas, y sólo ese año se hicieron 17 casas nuevas. En la Tercera Parte, capítulo II, describo en detalle cómo las familias de Ameyaltepec logran movilizar los recursos necesarios para llevar a cabo proyectos tan ambiciosos.

Vida ceremonial. Ameyaltepec tiene una vida ceremonial y ritual bastante activa, en la cual se consumen considerables cantidades de bienes y dinero. Las fiestas y ceremonias tradicionales se han hecho cada vez más ostentosas y costosas a medida que los ingresos de las artesanías llegaron al pueblo. Además, se han creado nuevas ocasiones y nuevas fiestas para consumir los recursos adicionales. El complejo ceremonial es un tema demasiado complicado para tratarlo a fondo aquí (véase Segunda Parte, capítulo VIII y capítulo IX); pero se citará un ejemplo ilustrativo del aumento de los recursos que consume.

Mientras que hace veinte años los pobladores de Ameyaltepec comían sólo frijoles en las fiestas, ahora matan animales para carne: sacrificaron nueve reses y aproximadamente 150 marranos en el transcurso de un año ceremonial. Éstos se consumieron en fiestas religiosas públicas y en acontecimientos "particulares" como poner techo a la casa, obsequio de ropa a los ahijados y en las bodas. Valorizando la res en un promedio conservador de 250 dólares por cabeza, y el marrano en un promedio de 100 dólares cada uno, se llega a un total de alrededor de 17 000 dólares de ese año. Además, habría que sumar los gastos en cerveza, refrescos y alcohol; maíz, frijol, chile; los trajes para danzantes, cohetes, cera, flores, etcétera; regalos y donativos a la patrona del pueblo y a los demás santos; pasajes para peregrinaciones a santuarios fuera de la región y muchos otros gastos ceremoniales.

Bienes de consumo. La última categoría donde se consume el excedente monetario es amplia, pero vale la pena profundizarla porque se trata de bienes escogidos sobre la base de un sistema de valores propios. Se canaliza cada vez más dinero hacia la comida y el transporte, la ropa y ciertos artículos manufacturados. Se adquieren alimentos para complementar una dieta todavía compuesta principalmente de plantas, animales y pescado provenientes del mismo medio ambiente, por lo que se compran considerables cantidades de carne, huevo, queso y fruta para variar la dieta. Hay un alto consumo de refrescos en años recientes como parte de la vida social y ceremonial, y la cerveza ha sustituido al alcohol de caña como bebida intoxicante en los últimos quince años. Ameyaltepec no tiene servicio de transporte público[5] a pesar de haberlo solicitado en repetidas ocasiones a la Compañía Flecha Roja, desde que se abrió el camino de terracería en 1978; la mayoría opta por ir en taxi hasta su comunidad. No obstante el precio elevado, el tránsito de taxis es sorprendente; llegan al pueblo un promedio de 4 taxis a diario, y cuando hay una fiesta llegan hasta 15 o 20 coches de paga. (La gente de Ameyaltepec suele alquilar un camión de carga o un autobús "especial" como empresa colectiva para transportarse a la ferias de la Cuaresma, o a su pueblo durante las fiestas principales.)

Gastan relativamente fuertes cantidades de dinero en ropa, sobre todo las mujeres, quienes están usando una indumentaria cada vez más lujosa. A pesar de no tratarse de un traje indígena tradicional, el juego de ropa femenina es una vestimenta particular que las distingue étnicamente del mestizo; consiste en un fondo, un vestido y un delantal hechos por ellas en el pueblo, todo adornado con mucho encaje, y el rebozo. Hace veinte años, un metro de tela alcanzaba para el fondo o para el delantal, y un metro o metro y medio para el vestido; ahora hace falta un mínimo de dos metros de tela para los fondos y los delantales, y tres metros para los vestidos. Cuando antes se usaban sólo dos o tres metros de encaje por pieza de ropa,

[5] En 1984 un camionero particular empezó a proveer transporte hasta el pueblo.

ahora se utilizan diez y quince metros por pieza. El apetito femenino por encajes y telas es insaciable y el lujo consiste en usar mucha tela, escoger tela muy ancha, y lucir abundantes cantidades de encaje. No sólo consumen cantidades mayores, sino que todas las telas y encajes son de mejor calidad. Cuando antes usaban el fondo de manta corriente, ahora es de popelina fina o de satín; cuando antes el vestido era de algodón o de satín floreado, ahora es de la tela más suave, delgada y elegante que puedan encontrar. Es común que una mujer compre telas de 10 dólares el metro, y algunas gastan hasta 20 dólares por metro. Cuando antes se usaban encajes delgados baratos, ahora escogen encajes anchos, labrados y finos. Así que es fácil y frecuente que una mujer de Ameyaltepec gaste 80 dólares o más en un juego de ropa, y esto varias veces al año, ya que estrenan ropa nueva en todas las fiestas importantes.

Los hombres compran ropa de confección de corte urbano, pero también se fijan en que la tela sea de buena calidad (un hombre compra camisas de la marca "Countess Mara"). Son muchos los hombres y los muchachos que llegan a gastar 25 dólares en una camisa o en un pantalón. El sombrero es otro artículo de lujo de uso masculino, y se pueden gastar cantidades relativamente altas de dinero —hasta 60 u 80 dólares— para conseguir sombreros finos, hechos a mano, en estilos cambiantes según la moda del pueblo en el momento. Regalar ropa a otros tiene un significado ceremonial importante, y es un gasto considerable que se hace en ciertas ocasiones en el pueblo. Sospecho que la importancia aparentemente exagerada que se da a la ropa en esta cultura refleja un sistema de valores antiguos, de la época en que se usaban telas tejidas por ellos mismos.

Otro gasto suntuario importante es la joyería de oro, usada por las mujeres, quienes deben tener cuando menos un par de aretes y un collar de oro; las de mayores medios tienen varios pares de aretes y collares. Son tan valorizados estos artículos de prestigio que se considera necesario ahora comprar joyas de oro hasta para las niñas, no obstante el alza desproporcionada en el precio del oro en los últimos años: los aretes cuestan entre 20 y 70 dólares, y los collares cuestan entre 200 y 400 dólares en la ciudad de Iguala, donde los compran.

Los bienes manufacturados más codiciados en el pueblo son las máquinas de coser y las radiograbadoras. La instalación de la electricidad en 1979 abrió la posibilidad de adquirir aparatos eléctricos, y el bien de consumo de mayor demanda ahora, como consecuencia de la electrificación, es el estéreo. A finales de 1980 había cerca de 15 aparatos estéreos en el pueblo, todos de buena calidad, y en los años siguientes se dio una verdadera explosión de estéreos. La mayoría de éstos son de marcas japonesas o norteamericanas adquiridos en zonas fronterizas o comprados a clientes extranjeros. El modelo preferido es una combinación de estéreo, tocadiscos, tocacintas y radio AM-FM, cuyo precio promedio es de 400 a 650 dólares por aparato; los usan para escuchar música ranchera, de preferencia norteña. La popularidad de esta inversión se debe principalmente al hecho de que el tener un estéreo en casa atrae a la gente y fomenta la convivencia. También se los pueden prestar a personas que por algún motivo necesitan o desean proveer música para agasajar a las visitas. El préstamo de un estéreo se inscribe en el mismo marco que prestar un animal de trabajo o hacer cualquier otro favor dentro del sistema recíproco.

En 1983 algunas familias del pueblo empezaron a comprar coches y camionetas, a tal paso que se adquirieron 15 vehículos nuevos en un año. Tomaron esta decisión no obstante que la gran mayoría de dueños no sabía conducir y ha tenido que contratar choferes mestizos de otras comunidades. Parecen interesarse en los coches y camionetas únicamente como medio de transporte personal, por la mayor comodidad que ofrece; no invierten en ellos como medio de negocio como transportistas.

Para completar el panorama sobre el destino de los ingresos en Ameyaltepec, es interesante señalar las áreas donde *no* se canaliza el excedente: no invierten el dinero en negocios en el pueblo y tampoco lo utilizan para financiar el "prestamismo" internamente.

A pesar de que existe un excedente monetario considerable, casi nadie invierte su dinero en tiendas u otros negocios dentro de la comunidad. La mayoría de las cantinas son manejadas por mujeres "viuditas", no como negocios de familias ricas, y no hay ninguna tienda de importancia. Comentar esta aparente carencia con las personas pudientes reveló una lógica indiscutible: todos concluyeron que su dinero invertido en un negocio dentro del pueblo no rendiría tanto como en las artesanías; y que además, el atender un negocio les quitaría el tiempo del comercio, por lo cual a la larga saldrían perdiendo.

Cabe mencionar una excepción interesante: inmediatamente después de la llegada de la luz eléctrica al pueblo, dos familias decidieron comprar el equipo para manufacturar paletas. Ambas familias iniciaron el proyecto simultáneamente, cada una invirtiendo en su propia paletería; cada instalación costó 80 000 pesos en 1980 (cerca de 3 500 dólares entonces), que ambas pagaron al contado. Sin embargo, ninguna de las dos manejó las paleterías como un negocio serio. Una de las máquinas de paletas se descompuso a los pocos meses de entrar en servicio y nunca la arreglaron. La otra paletería siguió funcionando más de un año, pero su dueño decidió construir una casa de mampostería con un costo que se aproximaba a los 8 000 dólares excusivamente para la paletería. Por supuesto la venta de paletas no produjo ganancias suficientes para justificar este gasto adicional desde el punto de vista de un negocio. Para poder comprender el porqué estas dos familias se comportaron así, es necesario recurrir a una explicación más bien ideológica. Al hablar con ellas, resultó evidente que decidieron invertir en las paleterías por razones propias, por "orgullo", y no por motivos pecuniarios. Ellos pensaron que, dado el clima tan caluroso de la región, uno debe tener la posibilidad de comer a diario las paletas que quiera para refrescarse. La inversión no se hizo tanto con vistas hacia las ganancias, sino más bien por "gusto", como gastar grandes recursos en una fiesta.

Por otra parte, el ingreso monetario elevado no ha ocasionado la formación de una clase de prestamistas en la comunidad. La entrada de efectivo ha evitado la dependencia de prestamistas foráneos, ya que los de Ameyaltepec lograron generar su propio capital. No hay escasez de dinero, aunque sí existen familias con pocas reservas que buscan crédito en determinadas circunstancias. La condición comúnmente aceptada para un préstamo es cobrar el 10% mensual sobre la cantidad prestada, sin cobrar réditos sobre los intereses. Sin embargo, desde el punto de vista de los que están en situación para hacer préstamos, esto no es negocio en comparación con lo que ganan en la venta de las artesanías. El mismo dinero prestado rendiría mucho más como capital comercial, sin los problemas de tener que cobrarlo, y sin los conflictos personales que inevitablemente genera esta relación. De hecho prestan dinero en el pueblo no como una transacción económica para ganar los intereses, sino como otro favor más dentro del sistema recíproco. Prestan dinero como ayuda y piden prestado a los que les deben favores, pero no se maneja el agiotismo con fines de lucro.

En general, la decisión de gastar dinero en bienes de consumo o en artículos de lujo refleja un criterio étnicamente determinado. Hay una fuerte tendencia hacia el gasto suntuario y hacia lo que beneficia o complace a la comunidad, como las inversiones en fiestas, en el ciclo ritual, en el sistema recíproco, o en un bien de consumo como un estéreo, que sirve de atracción social, o en una paletería. Por otra parte, optan por gastar en formas que permiten lucir públicamente la riqueza personal, como en la ropa, las casas o la joyería. Esta clase de ostentación es socialmente aceptable y contribuye a una buena imagen dentro de la cultura local, mientras que utilizar la riqueza para beneficio exclusivamente individual o privado origina crítica y reprobación.

V. PROBLEMAS EN EL COMERCIO CON EL TURISMO: UNA EVALUACIÓN

La situación de los mercaderes de Ameyaltepec no es de ninguna manera ideal; ellos no están inmunes a las dificultades que enfrentan otros artesanos rurales que venden su obra en el mercado turístico. Para completar el análisis de esta empresa hace falta explorar los obstáculos que se les presentan. A la vez cabe destacar que la búsqueda de una manera de salir adelante ante condiciones adversas ha llevado a estos nahuas a desarrollar nuevas estrategias en su negocio. Esta inventiva y creatividad colectiva ha sido uno de sus principales recursos.

Algunos problemas son específicos de la producción del amate pintado, que sigue siendo una mercancía de cierta importancia económica para la gran mayoría de los vendedores. No tienen control sobre el papel, la materia prima básica, ya que ésta proviene de San Pablito Pahuatlán, Puebla. En ciertas épocas del año es muy difícil conseguirlo, y por la creciente demanda se obtienen hojas cada vez más delgadas y de menor calidad. Los artistas han demostrado su habilidad para trabajar en una gran variedad de superficies —tela, yute, cuero, madera y jícaras, entre otros materiales— y frecuentemente han sido contratados para decorar paredes y puertas de establecimientos comerciales y de casas particulares en las ciudades. Varios artistas han vuelto a reproducir las escenas de pueblo en la cerámica, y ahora dibujan las "historias" sobre platos, vasijas y otras piezas de barro. La versatilidad del oficio de pintar es extraordinaria, pero el amate sigue siendo el medio preferido por la mayoría, de modo que una repentina escasez de éste podría tener consecuencias graves.

La falta de protección para los diseños, una vez que se vende el dibujo, resulta ser otro problema. Muchos artistas han sido víctimas de reproducciones comerciales de su trabajo, de las cuales no tienen conocimiento y sobre las que carecen de control. Los motivos de las pinturas en amate han sido utilizados en tarjetas de Navidad, telas de ropa típica mexicana, tarjetas postales, manteles individuales, cajas de toallas faciales y otros. Se copian los diseños tanto en México como en el extranjero, y los artistas no reciben compensación alguna por el uso de su trabajo. Otra forma de explotación a la que están sujetos los pintores indígenas ha sido a manos de personas que venden su obra en galerías de arte en los EUA o en Europa. Frecuentemente estos negociantes engañan con el amate y su origen a los clientes

Cántaro para acarrear agua. Ameyaltepec, 1981.

extranjeros, para de esta manera justificar el cobro de precios exorbitantes, mientras que a su vez pagan al artista nahua una suma irrisoria.[1]

La consecuencia negativa más inmediata del éxito comercial de los dibujos fue el desplome del precio. El oficio se extendió tan rápidamente que pronto llegó a haber una abundancia de amates en el mercado sin ningún acuerdo entre los vendedores para mantener un precio estable. La saturación del mercado y el abaratamiento de los precios ha llegado a tal grado que algunos artistas han abandonado la pintura para dedicarse a la venta de máscaras y objetos de piedra que les rinden mayores utilidades. Como era de esperar, el auge comercial y la caída del precio de las hojas repercutió en la calidad; los buenos amates muestran una continua innovación en diseño y estilo, pero a la vez hay muchos ejecutados con descuido. Se puede distinguir en la actualidad entre dos tipos de producción: amates muy originales, de un verdadero valor estético, que se venden a un alto precio, y amates corrientes,[2] de diseño repetido y de poco interés artístico, que se venden muy baratos.

La introducción de artículos complementarios en la red comercial ha permitido que los vendedores logren mayores ganancias no obstante el desplome del precio del amate. Pero ésta no ha sido una solución permanente al dilema, ya que el precio de aquéllos también se está derrumbando, con las mismas consecuencias. El caso de las máscaras de madera es el ejemplo más dramático: en 1975, cuando esta mercancía era nueva, cada pieza se vendía entre 600 y 800 pesos; ya en 1980 la misma pieza se vendía de 250 a 300 pesos. Se observó una tendencia a la baja semejante en el precio de la joyería de piedra semipreciosa, que en gran parte se debe a la tenacidad indígena y en parte a que el territorio comercial está siendo invadido por los mayoristas mestizos. Las mismas familias de Iguala que surten la mercancía a los nahuas de Ameyaltepec y los demás pueblos han empezado a salir a vender en la ciudad de México, donde su intervención ha contribuido a bajar los precios de la joyería en general. Empieza a darse un proceso parecido con las piezas de piedra tallada, principalmente por la competencia entre mercaderes indígenas, ya que es poco factible para el lapidario entrar al comercio directo de su obra.

De hecho se puede observar un ciclo repetitivo en el que los vendedores nahuas, al tener éxito con una mercancía, llegan a saturar rápidamente el mercado, lo cual produce una baja en los precios. En el caso de las arte-

[1] En 1981 uno de estos "patrones" compraba amates en 16 dólares para venderlos como "genuino arte tribal azteca" en los EUA de 375 a 450 dólares por cuadro. Son varias las personas que hacen negocios semejantes con los dibujos.

[2] Mucho de este trabajo viene de los pueblos de Xalitla y Maxela, donde la obra se comercializa principalmente a través de intermediarios, como describo en la Cuarta Parte, capítulo II.

sanías que no producen ellos, una vez que se arriesgaron a crear la demanda, están amenazados por la competencia comercial de los que les surten. Sin embargo, los indígenas han observado correctamente que a la larga tienen una gran ventaja sobre cualquier citadino, porque como ambulantes eventuales, no tienen más gastos que transporte, cuarto, comida, permisos y "mordidas". A ellos les resulta rentable el comercio porque siguen perteneciendo a la economía de subsistencia de su pueblo; no están integrados a la economía dominante como el mestizo que podría competir con ellos, el cual necesita forzosamente percibir mayores ganancias para sobrevivir.

A pesar de que los originarios de Ameyaltepec disfruten del viaje y de la aventura que es para ellos el comercio, su situación como vendedores ambulantes indígenas implica que tienen que enfrentarse a otra clase de problemas. Son el blanco constante del hostigamiento policiaco; es común que su mercancía, que a veces vale decenas de miles de pesos, sea arbitrariamente confiscada con el fin de extorsionarlos. Además, sufren la falta de seguridad personal en los grandes centros urbanos donde, como cualquier otro ciudadano, corren peligro de asalto y de robo de su dinero o de su mercancía.

El comercio tal como ellos lo han desarrollado, se ve amenazado por otro motivo: un nuevo sistema de "permisos para vender" empieza a restringir su acceso al mercado turístico. Desde 1977, la mayoría de los centros turísticos han tomado medidas para controlar o eliminar a los vendedores ambulantes al requerir "permisos" para vender. Estos "permisos" son caros: en Acapulco llegan a costar varios miles de pesos y en Cuernavaca cuestan una cuota elevada anual, además de otros pagos mensuales y "cooperaciones" diarias. En 1979-1981 en Cuernavaca, los "permisos" consistían en credenciales de la CNOP[3] de Morelos, y se exigía la presencia de los guerrerenses en juntas de esta organización: además el PRI[4] los usaba muy frecuentemente como "acarreados" en actos políticos en todo el estado. No participar ni asistir a estas reuniones ocasionaba multas y amenazas de retiro del privilegio de poder vender.

Estos "permisos" sirven de pretexto para asegurar un flujo constante de "mordidas" y pagos directos a las autoridades políticas de bajo nivel y a la policía local. En muchos lugares estas restricciones se deben a la presión que ejercen los comerciantes locales que se sienten amenazados por la competencia de los ambulantes. Por otra parte, se puede percibir un elemento racista en el razonamiento de las autoridades mestizas, quienes justifican estas medidas alegando que se toman para "proteger" al turista y para "mejorar la imagen" de la ciudad: a criterio de ellos, la presencia del indígena le confiere mal aspecto. El sentimiento anti-indígena llegó a tal punto en Cuerna-

[3] Confederación Nacional de Organizaciones Populares.
[4] Partido Revolucionario Institucional.

vaca que el municipio empezó a exigir que los nahuas usaran "uniforme de vendedor". Esto fue un intento —afortunadamente poco exitoso— de forzar a los guerrerenses a cambiar su indumentaria acostumbrada por ropa de corte urbano y sus huaraches por zapatos de tenis.

El requerimiento de permisos para vender tiene varios efectos negativos para los comerciantes; tiende a obligar a los individuos y familias a dedicarse de tiempo completo al comercio, una vez hecha la inversión para obtenerlo. Además, funciona para cerrar el acceso al mercado a los vendedores eventuales y a los que no tienen los recursos para hacer los pagos necesarios. El costo de los permisos genera conflictos entre aquellos que pagan por el "derecho de vender" y los que no quieren o no pueden hacerlo. Los de Ameyaltepec han descubierto muchas maneras de burlarse de estas restricciones, pero sigue siendo problemático para ellos moverse en ese ambiente hostil creado por las autoridades corruptas.

Se ha visto la creación de varios mecanismos compensatorios para enfrentar los obstáculos descritos aquí; la introducción de nuevas mercancías era uno de éstos, lo era también la multiplicación de los mercados potenciales. La estrategia más novedosa en esta conexión ha sido el descubrimiento de la clientela particular que nació en parte, como una alternativa a la venta pública que es tan vulnerable a las presiones de funcionarios políticos y policiacos. El desarrollo de redes de venta a través de la relación personal con el comprador ha sido un éxito notable y es una de las características peculiares de la empresa artesanal construida por estos nahuas. En tanto que no han establecido una organización cooperativista —ni en la producción o adquisición de mercancías, ni en el comercio— de hecho existen sistemas propios para ayudarse mutuamente. Éstos se basan en la reglas de reciprocidad entre individuos o familias; funcionan a nivel de compartir conocimientos y contactos comerciales y, en la práctica, de distribuir sistemáticamente mercancía entre varios vendedores fuera del grupo doméstico.

Si bien hemos visto que el negocio es frágil, la capacidad de generar nuevas estrategias como éstas demuestra que aún quedan recursos al alcance del indígena guerrerense que han permitido adaptaciones favorables para ellos, frente a las restricciones impuestas por el sistema económico y político imperante en México. Sin excederse en optimismo con respecto a una futura evolución, se puede concluir que, hasta ahora, el negocio de las artesanías ha sido una adaptación económica que ha traído ventajas fuera de lo común para este grupo indígena. Por eso es valioso resumir los factores más sobresalientes que contribuyeron a su éxito.

Es de fundamental importancia destacar que pintar en papel de amate fue producto principalmente de una iniciativa indígena; representaba una innovación creativa sobre su tradición alfarera, y lo desarrollaron en gran escala sin intervención externa significativa. Además, la elaboración de motivos tradicionales que usaban en el barro y la positiva representación de la vida del pueblo en las "historias", han servido para celebrar y valorizar la experiencia étnica a través del arte.

El antecedente de la producción alfarera sirvió de patrón inicial y éste facilitó la adaptación a una producción de tipo artesanal distinta para un mercado nuevo. El estudio del proceso de elaboración del amate pintado y de las formas en que éste se integró en el grupo doméstico como unidad económica, demostró que la nueva actividad artesanal no ha provocado la desintegración de la tradicional estructura familiar con respecto a su funcionamiento como unidad de producción y consumo. El proceso de pintar el amate se caracteriza por el control total ejercido por los mismos artesanos, lo cual permitió que se acomodara hábilmente dentro de la flexible organización socioeconómica ya existente.

Por otra parte, esta artesanía en particular no ha fomentado la estratificación de la comunidad sobre la base de su producción. El ciclo entero es relativamente breve —requiere aproximadamente un mes comprar materiales, pintar y vender la obra— y esto permite que una familia realice rápidamente su inversión tanto en términos monetarios como en mano de obra. No es necesario pasar periodos largos de trabajo para percibir ganancias; con esta actividad se obtiene un ingreso monetario módico con cierta regularidad. Por el bajo costo y el acceso fácil a los materiales, el amate pintado no exige mucho capital; tampoco se ha dado un monopolio de las materias primas ni de los instrumentos de trabajo ni de alguna tecnología compleja. Por estas razones pintar en amate no ha conducido a la formación de talleres grandes, sino que sigue siendo una industria casera; tampoco se ha prestado a la introducción de relaciones salariales dentro del pueblo. La combinación de estos elementos con el dominio nahua en la comercialización de su trabajo es la clave para explicar el éxito de su negocio. No obstante los problemas que sí han surgido, es un caso ejemplar del beneficio que puede obtener el artesano indígena si logra evitar el intermediarismo.

Por otra parte, la venta del amate pintado sirvió como un primer paso en la construcción de una empresa mercantil más sofisticada. El hecho de que los comerciantes nahuas ofrecieran artículos complementarios a los que producen ellos mismos ha tenido una influencia decisiva en otros pueblos y colonias urbanas en el estado de Guerrero. La rápida expansión del mercado indígena ha estimulado varias actividades artesanales, entre ellas la fabricación de objetos de madera tallada, la escultura de figuras grandes de piedra y la producción de joyería de piedra semipreciosa. Resulta que el comerciante nahua es productor e intermediario a la vez; mantiene una serie de intrincadas relaciones económicas como artesano-comerciante, como comprador al mayoreo y vendedor al detalle.

A pesar de viajar constantemente por toda la República y permanecer durante periodos hasta cierto punto largos en centros turísticos determinados, estos mercaderes no rompen las relaciones con sus pueblos de origen; no se está dando una migración permanente, ni un proceso de integración. Han elaborado múltiples estrategias para amortiguar las presiones del medio urbano sobre ellos, y han podido conservar sus rasgos étnicos porque tienen la flexibilidad social e ideológica para relacionarse con la economía y la cultura dominante, sin ser subsumidos ni absorbidos por ellas.

Los originarios de Ameyaltepec lograron mejorar sus posibilidades comerciales al variar la mercancía que ofrecen, al extender su negocio geográficamente y al trabajar varios mercados simultáneamente. Esto les ha dado en los últimos quince años un ingreso monetario creciente que ha sido suficientemente alto como para permitir una acumulación de recursos en el pueblo. Lejos de ser una causa de desorganización y de desintegración de la comunidad, este ingreso ha servido para estimular la agricultura de subsistencia y enriquecer la vida ceremonial. Al fomentar la inversión dentro de la comunidad, fortaleciendo así la base económica tradicional, el comercio ha permitido también la reproducción de relaciones sociales y de estructuras étnicas particulares, proceso que se analizará con cuidado a continuación.

Segunda Parte

ESTRUCTURA SOCIOPOLÍTICA Y CEREMONIAL

Hasta ahora he analizado en detalle la trayectoria comercial seguida por los nahuas de Ameyaltepec; queda por explorar el marco socioeconómico dentro del cual surgió esta actuación empresarial tan hábil. En los capítulos que siguen examino la estructura básica de la comunidad, con un acento especial en los componentes que la diferencian de la sociedad "nacional", o sea, en los elementos de la organización interna que en conjunto rigen la vida sociopolítica y religiosa, los cuales están asociados con los rasgos "tradicionales" o "indígenas". Por otra parte, en estas páginas trato de demostrar que hay un proceso dinámico implícito en la retención de estas relaciones que todavía funcionan sin verse interrumpidos por el comercio intenso.

El capítulo VI empieza con una descripción de la unidad doméstica de Ameyaltepec, del servicio que todos deben a la colectividad y de los derechos que todos gozan como miembros plenos de la sociedad. Sobresale constantemente la característica fundamental de la organización indígena, que le ha permitido sobrevivir hasta hoy: "el pueblo", es decir la totalidad, se antepone en todos los aspectos de la vida de la comunidad, y este predominio es aceptado universalmente por los que residen allí. Las exigencias de la colectividad son mayores y tienen prioridad sobre el interés o la conveniencia de los particulares, ya sean familias enteras o individuos.

Sucede a veces que las obligaciones del servicio que requiere el pueblo ocasionen conflictos entre la comunidad y sus miembros, los que se intentan resolver de la forma más justa para todos. El capítulo VII analiza algunos de los problemas que surgen en esta compleja relación entre lo personal y lo colectivo, y describe algunas formas en que el pueblo procura reconciliar estas diferencias. A la larga, todos acceden y aceptan la voluntad —a veces negociada— del grupo mayor; esta conformidad se observa en la práctica, no obstante las amargas quejas de los que en un momento dado se ven obligados a sacrificar el interés propio por el bien colectivo.

La estructura formal de Ameyaltepec y las responsabilidades de sus oficiales civiles y religiosos se describen en el capítulo VIII. La autogestión ejercida por el pueblo como conjunto en una gran variedad de asuntos que maneja y resuelve internamente, es un factor esencial para explicar su fuerte cohesión. Existe un control local, independiente del gobierno federal, estatal o municipal, sobre la disposición de los recursos naturales y materiales de la colectividad; a nivel jurídico se observa una autonomía casi absoluta en la mediación de conflictos internos de todo tipo; en la vida religiosa ceremonial del pueblo se nota una marcada independencia de la Iglesia como institución. Los habitantes de Ameyaltepec han adoptado una postura defensiva por la que tienden a resistir cualquier intento de injerencia por parte del Estado o de organismos ajenos a la cultura local que traten de inmiscuirse en los asuntos internos de la comunidad.[1]

En el capítulo IX comparo aspectos de la estructura formal de los cargos cívico-religiosos de esta comunidad con algunas características de las jerarquías descritas en otras zonas indígenas. Un factor crítico que explica la tenacidad de la identidad étnica en Ameyaltepec es el hecho de que una plena participación en la vida comunal es inevitable y fortalece los vínculos entre todas las familias. Las actividades de la colectividad involucran constantemente a todo el mundo de tal forma que, para sostenerse en el pueblo, es necesario participar económica, política y ritualmente en la vida de la comunidad. La única alternativa sería salirse definitivamente del pueblo y abandonar la cultura tradicional, un paso dado por pocos.

[1] Afortunadamente, al menos las autoridades políticas locales respetan y admiten esta situación. Un representante del gobierno municipal expresó su punto de vista así: "Esta gente es muy rara. No entendemos nada de lo que pasa aquí, ni siquiera entendemos como hablan porque esta gente tiene su dialecto *(sic)*. Pero hemos visto que entre ellos tienen sus costumbres y se arreglan por su cuenta. Nosotros no sabemos cómo lo hacen, pero parece que se entienden aquí entre ellos, por eso no queremos meternos; dejamos que hagan las cosas como quieran para no meternos en líos."

Una excepción notoria a esta actitud tolerante se ve en los representantes del sistema escolar, quienes expresan una ideología distinta: consideran que su misión es "civilizar" y castellanizar a los indígenas para que empiecen a progresar (véase Cuarta Parte, capítulo II). Hay intentos esporádicos de la Iglesia para cambiar prácticas rituales, pero hasta ahora han sido relativamente poco eficaces.

VI. LA CIUDADANÍA: DERECHOS Y OBLIGACIONES

TODOS los que viven en Ameyaltepec tienen necesariamente que tomar parte en la vida económica, social y ceremonial del pueblo; esta participación se efectúa dentro de una estructura formal, conforme a ciertas reglas generales. Para describir y analizar la organización interna de esta comunidad, decidí hacerlo basándome en los conceptos y definiciones que manejan ellos mismos. El hecho de que estos nahuas sigan utilizando clasificaciones socioeconómicas propias, tradicionales, constituye una parte integral de lo que define su carácter "étnico", "indígena", en contraste con la sociedad nacional, mestiza.

La categoría socio-política más importante en Ameyaltepec es la de *tequitlacatl,* o "ciudadano" (como ellos lo traducen al español). Literalmente *tequitlacatl* significa "hombre que trabaja". *Tequitl* en náhuatl clásico "se traduce como 'tributo', 'obra de trabajo' (Molina) u 'oficio' (Durán)" (Broda, 1980:30). En la época preeuropea el tributo consistía en dar bienes y/o trabajo, y en un sentido más amplio significaba el cumplimiento de las obligaciones que un individuo de un determinado grupo social tenía ante la comunidad. El uso general del término *tequitl* en Mesoamérica experimenta una elaboración posterior en el periodo colonial bajo la influencia del sistema tributario europeo que implantan los españoles pero que a la vez, recogió una serie de elementos del sistema de tributo prehispánico (Broda, c.p.). El concepto todavía vigente en Ameyaltepec de *tequitlacatl* como "ciudadano" aparentemente conserva muchos elementos de la conceptualización prehispánica. Es tan básica esta categoría de *tequitlacatl* que para poder describir la estructura interna de Ameyaltepec hay que empezar con un análisis de la ciudadanía y las obligaciones y privilegios que significa dentro del sistema de valores locales.

En Ameyaltepec el *tequitlacatl* es un hombre entre aproximadamente veinte y sesenta años de edad, jefe de familia o del grupo doméstico concebido *por definición indígena* como unidad económica. El trabajo y los recursos de los demás miembros de la unidad doméstica se movilizan para el servicio a la colectividad a través del ciudadano y del puesto que ocupa. A la vez, todos los miembros de cada unidad doméstica gozan de ciertos derechos frente a la comunidad por pertenecerle y por participar en ella.

En Ameyaltepec la mayoría de las unidades domésticas son familias extendidas donde viven los padres con sus hijos menores, varios hijos casados con sus parejas y los hijos de ellos y frecuentemente otros parientes. El patrón

Rodrigo Chino Morales, Ameyaltepec, 1982. *Aves y un venado.* Tinta china en papel de amate blanco.

Tomás Camilo Ayala, San Agustín Oapan, 1984. *Quehaceres femeninos.* Pájaros llamados tlapayahualtotomeh volando alrededor del sol; aparecen en mayo anunciando las lluvias. Tinta china en papel de amate blanco.

general para los hijos varones mayores es independizarse económicamente del padre a los diez o doce años después de haberse casado, mientras el hijo varón menor —o *xocoyotl*— se queda con sus padres a cuidarlos en su vejez y es quien hereda la casa paterna. Por lo general, las mujeres jóvenes salen de la casa de sus padres al casarse y se integran en la unidad doméstica del marido, cuyo jefe generalmente es su padre o un hermano mayor. La residencia es patrilocal en aproximadamente el 80% de los casos, pero también puede ocurrir que un hombre joven vaya a vivir con la familia de su esposa. Se da esto con más frecuencia como arreglo transitorio en el caso de familias sin hijos varones adultos, o si la familia de la mujer no tiene ningún hijo varón para heredar, o si el hombre joven cuenta con menos recursos económicos que la mujer.[1] Las mujeres jóvenes que optan por no casarse se quedan en la casa de sus padres, o forman parte de la unidad doméstica de uno de sus hermanos. Sin embargo, si la mujer recibe a un amante y tiene hijos sin haberse casado, o si quedó viuda con hijos, o si por algún motivo se separó del marido, tiende a establecerse con sus hijos en una casa independiente. Pero, en general, la mayoría de las unidades económicas en Ameyaltepec están formadas por los padres, sus hijos menores, sus hijos casados, y posiblemente algunos hermanos mayores viudos o sin casarse, abuelos y otros.

A diferencia de algunos de los pueblos vecinos, en Ameyaltepec cuentan a un solo ciudadano por unidad doméstica, quien comúnmente es el padre, a menos que sea de edad muy avanzada, o el hermano mayor. Un hijo varón casado no cuenta como ciudadano mientras "está con su padre"; el "estar con su padre" tiene un significado particular: quiere decir que forman una sola unidad económica *(san secan cạteh;* literalmente "ellos están sólo uno, en un solo lugar"). Mientras padres e hijo(s) trabajan la tierra juntos, cooperan en el comercio y comparten las ganancias de éste, o sea mientras la familia extendida sigue siendo *una sola unidad de producción y consumo,* sólo al hombre mayor se le considera *tequitlacatl* o ciudadano. Hay muchas casas donde viven juntos el padre y varios hijos casados, o también varios hermanos casados, y mientras forman una sola unidad económica, no hay sino un solo ciudadano. Pero la ciudadanía y la unidad económica no se definen por residencia; también hay casas donde viven juntos padres e hijos casados, o hermanos casados, pero que ya son económicamente independientes los unos de los otros, y allí son varios ciudadanos.

Si un hombre joven decide independizarse económicamente del padre o de un hermano mayor, lo que sólo es factible si ya es casado, se le cuenta como ciudadano nuevo aunque siga físicamente en la misma casa. Cuando se independiza un hombre, dicen que "es aparte", que "ya se apartó de su padre", "que éstos se apartaron" *(yenoxeloqueh)*. La siembra es clave para

[1] Estas observaciones concuerdan con algunas de las conclusiones de Carrasco (1964) sobre la estructura familiar nahua del siglo XVI.

esta definición y todavía usan el maíz como punto de referencia; decir "agarran del mismo maíz" (*san se itlayol;* "su maíz es uno solo") significa que "están juntos" (*san secnic*) económicamente. También se oye hablar del número de metates —donde muelen el maíz— para referirse a las relaciones internas; decir que "hay un solo metate" significa que es una unidad, mientras el comentario "tienen dos metates en esa casa" quiere decir que "son apartes" económicamente las familias.

El separarse económicamente y convertirse en ciudadano implica que el hombre (y su familia) adquiere una serie de fuertes obligaciones nuevas frente a la comunidad, pero también le confiere estatus y ciertos derechos independientes. Las obligaciones principales del ciudadano, que se examinarán más ampliamente abajo, son las siguientes: dar un año de servicio en el sistema de cargos del pueblo cada tres o cuatro años, dar cooperaciones monetarias al pueblo, dar trabajo en las faenas comunales aun fuera del año de servicio, asistir y votar en las juntas o asambleas del pueblo. Ser ciudadano implica dar servicio, trabajar por la comunidad, y este servicio reafirma la pertenencia al pueblo, y a la vez asegura el goce de los derechos. Los derechos más importantes del ciudadano, que se analizarán posteriormente, son los siguientes: usufructo de un terreno de cultivo, acceso a un sitio para construir una casa, ejercicio de voz y voto en las juntas, derecho de vivir en el pueblo con el apoyo de los demás miembros de la comunidad.

Obligaciones

En 1980 había 168 ciudadanos en Ameyaltepec, lo que quiere decir que eran 168 unidades económicas compuestas por familias extendidas con un hombre jefe de casa, y había 28 casas con mujeres jefes de familia, para hacer 196 unidades en total.[2] El hecho de que cuenten sólo un ciudadano por unidad doméstica no quiere decir que los demás miembros no trabajen; al contrario, toman en cuenta su composición al nombrar a las personas para los cargos, porque todos los miembros de la casa trabajan y contribuyen. Ya que todos los que viven en Ameyaltepec dan su trabajo al pueblo, también hay formas de servicio especiales para las mujeres solas que son jefes de familia. El ciudadano necesita la cooperación y el trabajo de todos los miembros de su casa, tanto como el apoyo de sus vecinos, compadres, y otros para cumplir con su servicio. No obstante el hecho de que todos tienen que trabajar, el ciudadano es el único responsable frente al pueblo y es quien rinde cuentas a la comunidad en caso de no cumplir.

[2] Estas cifras fluctúan constantemente de acuerdo con la evolución natural de la familia y debido a los cambios en su composición por matrimonios, defunciones, separaciones, etcétera.

Año de servicio. Los ciudadanos de Ameyaltepec tienen la obligación de dar un año de servicio en el sistema de cargos del pueblo cada tres o cuatro años. Son veinticinco los cargos que se cambian anualmente, y hay varios otros puestos cuyo servicio es menos intenso pero dura más tiempo. Este trabajo es *tequitl,* "servicio" (o se dice también *tequipanoa;* "pasar el trabajo, o el servicio") y el periodo sin servicio es "descanso". Sin la ayuda de los demás miembros de su unidad doméstica el ciudadano no puede cumplir con el trabajo y es a través del puesto del ciudadano que se exige servicio a los demás miembros. Este carácter global del servicio es reconocido por todos, y por eso las mujeres también dicen "yo pasé ese cargo" (*yonicpanoc*) o "yo conozco ese cargo por trabajarlo". En el servicio la familia pone todos sus recursos a la disposición de la comunidad; usan sus propios animales, sus herramientas, sus trastes de cocina y demás bienes, incluyendo su propia casa en ciertas ocasiones. Además, los que sirven tienen que buscar el apoyo de familiares, amistades y compadres fuera del grupo doméstico para ciertas actividades que corren por cuenta de sus relaciones de trabajo recíproco particular.

Todos los habitantes de Ameyaltepec, incluyendo a los niños, saben cuáles son las responsabilidades de los diferentes cargos, ya que algunos puestos exigen más esfuerzo que otros. El 10 de diciembre de cada año hay una junta para escoger a los oficiales para el año siguiente. En el proceso de debatir y asignar los cargos el pueblo toma en cuenta los recursos económicos del ciudadano, el número de miembros y la composición de su unidad doméstica, sus servicios anteriores, y a veces el carácter y la personalidad del individuo. El servicio en Ameyaltepec no exige un desproporcionado gasto monetario individual porque hay recursos comunales a disposición de los que trabajan, pero el servicio interfiere con el comercio de modo que los que desempeñan un cargo no son libres para salir del pueblo con mucha frecuencia. El trabajo varía mucho según el cargo y la época del año (hay periodos de trabajo intenso y de menos trabajo). Los oficiales menores logran arreglarse de tal forma que pueden seguir vendiendo pero los altos oficiales se ven obligados a quedarse en el pueblo la mayor parte del año. Ningún ciudadano recibe pago monetario por su trabajo, aunque hay pequeñas parcelas de cultivo del pueblo reservadas para el uso de algunos de los hombres que están cumpliendo su servicio, por si las quieren sembrar además de su propia tierra.

Cooperaciones monetarias. Las decisiones sobre los gastos del pueblo se toman en las juntas. Los ciudadanos debaten cada caso, y al ponerse de acuerdo en realizar algún proyecto deciden entre todos cómo se reunirán los fondos para llevarlos a cabo. Hay recursos comunales del pueblo, para usos específicos relacionados con los cargos, que se pueden emplear para estos proyectos. Sin embargo, en años recientes la tendencia ha sido procurar que se acumulen estos recursos comunales y seguir cobrando cooperaciones nuevas. El ciudadano tiene que dar cooperaciones monetarias para estos proyectos y gastos; en el pueblo se llevan listas de todos los ciudadanos, de las cuotas que deben y las que ya pagaron para cada asunto. Estas cooperaciones pueden ser tan pequeñas como de cincuenta o cien pesos para gastos de una fiesta, pero pueden llegar a ser considerables (de miles de pesos) en proyectos grandes como una instalación de luz, el arreglo de la iglesia, reparaciones en el camino, etc. Cuando se trata de cantidades mayores se fijan las cuotas de acuerdo con una escala variable según la situación económica de las familias. En 1980 había veinte unidades domésticas de mayores recursos que pagaban cantidades más fuertes que las demás, y todos consideran que este sistema es justo. Además suele ocurrir que para ciertas actividades, como cuestión de voluntad personal, los ciudadanos interesados cooperen con más de lo que les correspondería; por ejemplo, una familia que se interesa en el "jaripeo" de toros, o en la iglesia, o en el ganado del pueblo, o en la escuela, etcétera, ofrecerá dinero adicional para proyectos relacionados con éstos.

Faenas. Los ciudadanos tienen que proveer al pueblo de mano de obra para los trabajos comunales y, en cierto sentido, dar el trabajo físico es más importante que dar dinero, porque todos saben que para realizar alguna obra la tienen que hacer ellos mismos. Las autoridades civiles organizan y vigilan el trabajo; anuncian las labores que se realizarán y dividen a los ciudadanos en grupos para que trabajen por turnos. La faena o "la fatiga" se usa para arreglar el camino, construir o reparar algún edificio del pueblo, limpiar el pozo o cultivar el terreno de la Virgen. También puede ser para cortar leña, acarrear agua o zacate para alguna actividad pública, llevar toros a una fiesta de un pueblo vecino y otros trabajos menores. Si el ciudadano no acude tiene que mandar a alguien en su lugar, y en la práctica son los hijos, yernos o hermanos menores de los ciudadanos los que realizan el trabajo de las faenas, aunque el ciudadano es el responsable de ver que alguien se presente. Un hombre lo expresó de esta manera: "Por eso yo tengo mi hijo, para trabajar. El pueblo no lo manda. A mí me hablan, pero a él no le pueden decir nada. Pero como es mi hijo, yo lo mando, y él trabaja." La organización de las faenas parece muy informal, pero en el pueblo siempre se sabe si asistió un representante de algún ciudadano y se aplican multas, se encarcelan o se presionan de algún modo a los que han faltado a sus obligaciones de trabajo comunal.

Juntas del pueblo. Los ciudadanos tienen el derecho de asistir a las reuniones o asambleas del pueblo y votar en ellas. El día de una asamblea los *topilequeh* o "auxiliares" de la comisaría van de casa en casa a avisar personalmente a todos los ciudadanos que habrá una reunión. Además, tres veces al día tocan un tambor para avisar al pueblo en general que va a haber una junta. La asistencia varía mucho; cuando se trata un asunto muy importante están presentes la mayoría de los ciudadanos pero por lo general asisten entre cincuenta y setenta personas. Como son comerciantes, los ciudadanos se ausentan a menudo del pueblo y, si algún ciudadano no está presente, no puede mandar a nadie en su lugar. Por no asistir se pierde la voz, pero hay que atenerse a las decisiones tomadas por el pueblo. Todos los ciudadanos saben cuándo va a haber junta; las asambleas más importantes se anuncian con semanas de anticipación. Las mujeres no van a las juntas, tampoco van los hombres solteros, ni los casados que no son ciudadanos por pertenecer todavía a la unidad doméstica de su padre. Por definición, las juntas son reuniones de los *tequitlacameh* o "ciudadanos", hombres jefes de unidades económicas que dan servicio.

Las obligaciones de las "viuditas"

Hay casas en Ameyaltepec sin ciudadanos; son las casas de mujeres "solas", jefas de grupo doméstico. Éstas son viudas, mujeres que se separaron de sus esposos, o mujeres no casadas que tienen hijos. En 1980 había veintiocho casas sin hombres ciudadanos, aproximadamente el 15% de las unidades domésticas del pueblo. El *status* de estas mujeres cambia si empiezan vivir con un hombre, o si un hijo varón llega a los veinte años, se casa y el pueblo lo considera ciudadano mientras siga dependiendo económicamente de su madre. A pesar de que estas mujeres no son "ciudadanos" porque no son hombres, ellas y sus familias tienen obligaciones con el pueblo, y también gozan de sus derechos. Sin entrar aquí en un comentario detallado sobre la situación de la mujer en Ameyaltepec (véase Good, 1983a.), se mencionan algunos de sus deberes y derechos como miembros de la comunidad.

A estas mujeres "solas" las llaman *cawahlteh* o *ilamatzitzinteh*, que ellos traducen como "viuditas" o "viejitas" al castellano. *Cawahli* es un viudo o una viuda, pero también se usa para referirse a una mujer que vivió con un hombre y se separó de él, o que ha tenido un amante, o quien ha tenido hijos sin casarse.[1] *Ilamatzitzinteh* quiere decir "ancianitas", pero en este contexto no se refiere a la edad cronológica de las mujeres sino a su situación social en una función ceremonial, y es un término más respetuoso que *cawahli*. En el pueblo consideran que las mujeres sin hombres adultos en la casa se encuentran en una posición económica más precaria que los demás y no les piden el mismo servicio que a los ciudadanos. En realidad, hay mujeres "viuditas" que han tenido un éxito considerable en el negocio de las artesanías y hasta son ricas; sin embargo, en general, dentro de la economía

[1] Este uso varía significativamente de la interpretación de *cawahli* como "mujer abandonada" que emplea Carrasco (1964: 191, 205).

del pueblo es una desventaja no tener pareja. A las "viuditas" no les cobran cooperaciones monetarias, no les piden un año de servicio en el sistema de cargos ni trabajo en las faenas y pueden no asistir a las juntas; sin embargo, hay formas de servicio específicas para ellas.

Cocinas. Tres veces al año el pueblo de Ameyaltepec pone una "cocina" colectiva del pueblo —*tequipan*— donde dan de comer a un gran número de personas. Dos de las "cocinas" son para recibir peregrinos, danzantes, músicos y oficiales que llegan de los pueblos vecinos a la fiesta de la patrona del pueblo celebrada el 7 y 8 de diciembre (la Virgen de la Concepción), y a la fiesta del 15 y 16 de septiembre (la "fiesta de la bandera"). En septiembre se mata uno o dos marranos del pueblo, conforme al número de personas que llegan de afuera, y en la fiesta de la Virgen se matan dos bueyes. En Semana Santa el pueblo de Ameyaltepec mantiene la tradición de mandar una imagen y una delegación oficial al pueblo vecino de San Agustín Oapan; también organizan y mandan una "cocina" para dar de comer a todos los paisanos de Ameyaltepec que fueron a prestar servicio a Oapan.

Estas "cocinas" son grandes y trabajan en ellas treinta, treinta y cinco o más mujeres, y muchas niñas. Las esposas, hijas, nueras y hermanas de los hombres que cumplen su servicio tienen la obligación de trabajar en las "cocinas" y las autoridades civiles buscan a algunas de las "viuditas" para que cooperen también. En cada ocasión las cocinas funcionan durante varios días y el trabajo es constante, casi las 24 horas del día. Las mujeres tienen que poner nixtamal, moler maíz en metate y hacer tortillas, preparar salsa en molcajete, cocer los frijoles, la carne y el caldo, servir a todos los que llegan a comer, y lavar los trastes. La división del trabajo interno en la "cocina" está bien definida. Hay ciertas tareas para cada mujer según su razón de estar allí, entre ellas, trabajos específicos para las "viuditas".

Danzas. Otro trabajo de las "viuditas" es el de encargarse de una danza, principalmente de las Pastoras (o a veces las danzas de "bola", de "corona" o de "pluma"). Estas danzas son comparsas (*tlamantli*) de niñas y muchachas que salen en las procesiones, fiestas y otras ceremonias del pueblo, y cada danza tiene dos mujeres que la organizan y coordinan. Estas mujeres buscan las muchachas para formar el grupo y son las responsables de dirigir y enseñar la danza, "pedir" cada muchacha a sus padres cada vez que salen a bailar, acompañar al grupo, vigilar las danzas, disciplinar a las niñas, y tienen la obligación de entregar a cada muchacha en su casa después de bailar. Es mucho trabajo y responsabilidad salir con la danza, tanto para las mujeres encargadas como para las niñas; bailan cuando menos una vez a la semana y es frecuente que lo hagan hasta la madrugada. En ciertas épocas, como la Cuaresma y la Nochebuena, hay danzas a diario, y también salen a bailar a otros pueblos. El encargarse de una danza es un trabajo voluntario, pero si una "viudita" se hace responsable de una danza, se considera que es su servicio y no la buscan para otras actividades.

Fiestas y ceremonias. El pueblo pide la cooperación de las "viuditas" para unas ceremonias agrícolas que se celebran tres veces al año (véase Segunda Parte, capítulo VIII). Las niñas y muchachas del pueblo suben una imagen a un cerro y allí dejan ofrendas que en parte consisten en comida preparada por ellas. Les corresponde a las "viuditas" dirigir y acompañar a las niñas en la preparación de la comida y en la subida al cerro. En la fiesta del 15 y 16 de septiembre se forman grupos de muchachas, las "capetonas", que cantan el himno nacional y sacan el retrato del padre Hidalgo (dándole el mismo trato que le dan a un santo de la iglesia). Las "capetonas" participan también en una danza que se llama la "panadera" las noches de la fiesta. Los ciudadanos organizadores de la fiesta buscan "viuditas" cuyo servicio consiste en buscar, entrenar y acompañar a las "capetonas".

Los derechos

Hemos descrito el servicio en primer lugar con el fin de subrayar que en Ameyaltepec servir al pueblo es la obligación básica. Las formas de servicio varían mucho pero es necesario que todos trabajen. El trabajar asegura derechos frente a la comunidad y pone una línea de demarcación entre los que pertenecen y los que no pertenecen a la colectividad. Los derechos más explícitos garantizados a todos los ciudadanos y a las mujeres solas o "viuditas", son los siguientes: un sitio para construir una casa, el derecho a tierra de cultivos y participación en las asambleas.

Sitios. En Ameyaltepec los terrenos de la casas son considerados como patrimonio del pueblo. La colectividad reconoce el derecho de cada miembro a tener un sitio para construir su casa. Cuando un hombre joven se independiza, o cuando alguien de un pueblo vecino viene a vivir a Ameyaltepec por haberse casado allí, pide su sitio a través de las autoridades; también se pueden solicitar ampliaciones de sitios o segundos sitios de la misma manera. En una junta del pueblo las autoridades informan a todos los asistentes que se está solicitando un sitio (o ampliación del sitio); el comisario identifica a las personas, y los ciudadanos discuten el caso para decidir si concederán el terreno o no. Si se lo otorgan, el ciudadano no paga nada pues consideran que es su derecho por formar parte del pueblo. Un elemento central en el debate de estos casos es el servicio que han dado los solicitantes y al pedir algo, el ciudadano se defiende diciendo "yo he trabajado", "yo he dado servicio". El o los que lo apoyan enumeran los puestos por los cuales ha pasado, las cooperaciones monetarias que ha ofrecido, las faenas trabajadas, para recordarles a los presentes y para afirmar sus derechos. Muchas veces alguien decide pedir un sitio (o una ampliación) después de haber pasado un cargo fuerte. Por otra parte, si el ciudadano ha faltado a sus responsabilidades, si no ha cumplido con algo, aunque hayan pasado años, en ese momento alguien lo mencionará y puede ser una causa parcial de rechazo de su petición.

Los sitios no se compran porque la tierra en sí no es una mercancía; tener un sitio para la casa es un derecho adquirido por trabajar en el pueblo. Se han dado casos de venta de sitios; lo que se traspasa es el derecho de uso de un sitio, o las construcciones sobre los sitios, pero siempre entre dos ciudadanos con buenos antecedentes ante la comunidad y con el visto bueno de las autoridades; el pueblo no permite el traspaso de sitios a personas que no sean miembros de la comunidad. Estas reglas funcionan también en casos de herencia; un hijo varón que no trabaja no puede recibir el sitio como herencia de sus padres.

El pueblo concede sitio también a mujeres "solas"; estas mujeres siempre han podido heredar, pero en 1981 el pueblo reafirmó el derecho de las "viuditas" a pedir un sitio propio, no obstante poseer el sitio del marido o del padre difunto. Esta decisión se basó en el hecho de que a la larga el sitio del marido constituye la herencia de los hijos, y significa reconocer el derecho de una mujer a tener un sitio independiente si lo desea. Esto también se da sólo a condición de cumplir con el trabajo reservado para ellas.

El dominio comunal sobre los sitios es un factor clave para la cohesión del pueblo; permite controlar quién reside allí, dictaminar sobre las herencias, y fortalece el poder de la comunidad sobre los individuos. Hay una fuerte demanda de sitios y ampliaciones de sitios, esto se debe en parte al constante aumento del número de habitantes porque no hay migración hacia la ciudad. Además, la vivienda es una de las inversiones más importantes que se hacen con los ingresos de las artesanías, y para conseguir dónde construir en un lugar nuevo las familias necesitan la aprobación de su comunidad (véase Tercera Parte, capítulo II).

Tierra de cultivo. El pueblo tiene una dotación ejidal y también tierras comunales que manejan colectivamente *(tequitlalli)*; tanto a los ciudadanos como a las mujeres solas se les concede acceso a tierra de cultivo. Los grupos domésticos gozan del usufructo de la tierra ejidal año tras año, siempre y cuando la siembren y sigan cumpliendo sus obligaciones con el pueblo. Pueden pasar el derecho sobre una parcela ejidal específica a los hijos como herencia si ellos han ganado sus derechos ante el pueblo. Sin embargo, si una familia deja de trabajar la tierra sin motivo, o si deja de dar su servicio al pueblo, o si trata de pasar el terreno ejidal a un hijo o pariente que no está cumpliendo con la comunidad, el pueblo se reserva la opción de quitarles esa tierra.

Hay tierras de cultivo que el pueblo puede prestar cada año a los ciudadanos que las solicitan; hay una extensión de tierra para la Virgen de la Concepción y otros santos; hay tierras pequeñas reservadas para los que cumplen cargos y a veces hay tierras ejidales o comunales que alguien dejó de trabajar. Si la comunidad decide no trabajar las tierras de la Virgen o de los santos, o si los que cumplen cargos no quieren sembrar los pedazos reservados para ellos, cualquier ciudadano puede pedir el permiso del pueblo para usar esa tierra durante un ciclo agrícola.

Para finalizar, como en el caso de los sitios, el pueblo posee tierras de cultivo vírgenes todavía sin repartir. Un ciudadano puede lograr acceso a esas tierras del pueblo usando el mismo procedimiento y conformándose a las mismas condiciones vigentes cuando se piden sitios para casas. De hecho no son muy codiciadas esas tierras, ya que quedan lejos del pueblo y requiere de mucho trabajo desmontarlas para poder sembrarlas, pero tener tierra de cultivo disponible es un recurso del pueblo que da margen para el crecimiento demográfico dentro del sistema actual.

Voz en las juntas. El ciudadano en Ameyaltepec tiene voz y voto en las asambleas generales donde se toman todas las decisiones importantes del pueblo. Allí escogen a las personas que trabajarán en el sistema de cargos; determinan cuáles proyectos se llevarán a cabo y cómo movilizar los recursos económicos y el trabajo para realizarlos; conceden la tierra de cultivo y los sitios para casas; deciden cuáles serán las actividades ceremoniales que se celebrarán a nivel del pueblo, y muchas otras cuestiones. Someten los asuntos al debate general, donde los ciudadanos y otros interesados pueden hablar y exponer su punto de vista. Hay mucho uso de la palabra, con relativamente poca intervención de las autoridades mayores; discuten ampliamente diversos aspectos de los casos y los interesados abogan por sus respectivas posiciones. El peso de las opiniones de un individuo depende en parte de los servicios rendidos, de la estimación en que lo tengan los demás, de su habilidad en el uso de la palabra. Las asambleas funcionan sobre la base del consenso y siempre buscan una resolución aceptable para todos; la participación en las decisiones comunes es un derecho garantizado para los que contribuyen a la comunidad.

VII. EL MANEJO Y LA RESOLUCIÓN DE CONFLICTOS

HASTA aquí he presentado a grandes rasgos un esquema de las bases de la organización interna de Ameyaltepec, pero para entender los factores que le dan cohesión y favorecen la sobrevivencia de su cultura tradicional hace falta analizar el significado del sistema para los que viven dentro de él. No hay ningún informante en Ameyaltepec que pueda ofrecer una explicación detallada, intelectualizada, de la estructura de su pueblo. Ellos definen empíricamente los derechos y obligaciones de los miembros frente a la comunidad, y de la comunidad frente a sus miembros, en el curso de la vida cotidiana.

Observé desde el principio que en Ameyaltepec se dan muchos conflictos en torno al servicio prestado, y hay discusiones constantes acerca de las obligaciones de los ciudadanos. Esto no se debe interpretar como un síntoma de decadencia o degeneración de la sociedad tradicional; más bien el conflicto ocasiona la redefinición y reafirmación de los valores tradicionales respetados por todos. Lo que es significativo no es el hecho de la discordia en sí, sino la capacidad del pueblo para enfrentar y mediar estas diferencias internas.

Llegué a percibir las reglas que gobiernan la estructura y la vida interna del pueblo al observar innumerables situaciones concretas, y al comentarlas con personas de la comunidad. Con el objeto de enriquecer el análisis del servicio y apreciar la dinámica del sistema, se describen aquí algunos de los casos observados en el trabajo de campo. Escogí ejemplos que ayudan a ilustrar los conceptos y las categorías fundamentales que estructuran la vida colectiva y demuestran cómo funcionan en la práctica.

Como ya se explicó, cuando un hombre se independiza económicamente de su padre, en Ameyaltepec ya se le considera *tequitlacatl* —ciudadano— y en la primera oportunidad el pueblo lo nombrará para un cargo; todo esto puede ocurrir independientemente del lugar de residencia. El primer gran debate relacionado con el servicio es en torno a quién debe dar servicio y quién no. La decisión de "apartarse" se toma por diversas razones y no se anuncia de manera formal; sin embargo, no hay secretos en el pueblo y se sabe muy pronto cuando alguien se separa económicamente. Una mujer cuyo yerno se había apartado recientemente me lo explicó así: "Cuando uno se aparta del papá, no avisa a nadie; sólo saben los de la casa. Pero como unos se ponen a platicar, luego luego el pueblo sabe. Con una persona que dices, despacito, que ya estás aparte, llega la palabra con todos.

Tlalatecomatl. Cantimplora de barro de figura humana. San Agustín Oapan, 1984.

Empiezan a decir donde quiera que 'éste ya se apartó', 'éstos ya no están juntos'. Y como los señores están pensando en quién van a hablar para la comisaría, o para la iglesia, ellos también oyen. Con uno que sabe, saben todos, y a este hombre lo agarran luego para trabajar."

A veces el pueblo designa en un cargo a personas en posiciones indefinidas para obligarlas a que aclaren su situación o se reconcilien internamente. Se han observado varios casos, y entre ellos tal vez el más interesante es uno en que nombraron a un hombre y a uno de sus hijos casados a dos cargos distintos el mismo año. Esto sucedió mientras supuestamente el padre seguía "junto" con sus dos hijos varones casados. En el curso de las discusiones, me enteré de que había circulado la noticia de que en esa casa se habían "apartado" porque el hombre mayor se había peleado con su esposa. Uno de los hijos varones casados estaba de parte de su padre y lo apoyaba sólo a él económicamente, mientras que el otro hijo casado había tomado el partido de la madre y la apoyaba sólo a ella económicamente. Por el conflicto, habían dejado de cooperar entre todos por un tiempo y había mucha fricción entre los miembros de la familia. Fue la separación económica la que provocó que el pueblo nombrara para servir simultáneamente tanto al padre como al hijo que apoyaba a la madre. Todos los miembros de esta unidad doméstica resistieron el doble servicio, con el resultado de que sólo se le dio al padre, como debía ser. El suceso funcionó más bien como un aviso para la familia en el sentido de que debía arreglar su situación interna o sufrir las consecuencias de una ruptura definitiva.

El respetar la unidad económica mayor es uno de los principios fundamentales del sistema de Ameyaltepec y lo que los distingue del sistema de algunos de los pueblos vecinos. En otros pueblos de la zona,[1] al casarse un hombre joven lo consideran ciudadano con todas las obligaciones y derechos, independientemente de la relación económica que tenga con sus padres. Al comentar con los habitantes de Ameyaltepec la diferencia en los criterios aplicados escuché observaciones interesantes sobre las ventajas y desventajas de su sistema desde su punto de vista.

Un ciudadano joven observó:

Cada pueblo tiene sus costumbres, y por allá, en Ahuehuepan o Xalitla, les agarran parejos. Cuando te casas, te agarran, no importa si estás con tu papá, o si ya te apartaste. Casándote te hablan, y tú trabajas. Así nos platican, pues... ellos dicen que es mejor porque todos entran, y ya no se ponen a pelear. ¿No ves cómo está aquí? Cada año se ponen a pelear cuando ya les hablan para el trabajo; unos dicen que ya están apartes, otros dicen que siempre no. Pero nosotros no podemos cambiar, aunque

[1] Entre ellos Xalitla, Tula, Ahuehuepan, San Miguel Tecuixiapan (véanse mapas 1 y 2).

vamos a pelear, porque nuestra costumbre es diferente, y si tú estás con tu papá, no te pueden decir nada.

En general los de Ameyaltepec justifican su tradición por varios motivos: el más significativo es la importancia que atribuyen al mantener la unidad de la familia extendida. Un hombre me explicó:

Es cierto que aquí siempre pelean cuando buscan los que van a trabajar. Es que algunos son flojos y no quieren entrar. Pero si tú estás con tu papá, estás trabajando juntos en todo —hasta en el pueblo— y no tienen derecho para agarrarte. Me platican que en Ahuehuepan les hablan parejos a todos, y nadie dice nada. Pero nosotros no nos acostumbramos así, y yo pienso que no importa si algunos se enojan. Es mejor como hacemos aquí; nosotros sabemos que si tú estás junto con tu papá, o con tu hijo, el pueblo no tiene derecho a meterse; allí están como uno, aunque están muchos.[2] De todos modos, aunque pelean, siempre se conforman y para eso está el comisario.

En Ameyaltepec se insiste en que su sistema es el más antiguo y tradicional, y que los pueblos vecinos cambiaron para evitar riñas y discusiones. Hasta ahora no he establecido el origen de la definición de unidad doméstica en Ameyaltepec; ésta podría ser prehispánica ya que en la Colonia se estipulaba el pago de tributo al casarse (véase Cuarta parte, capítulo XVII). El criterio aplicado favorece más la cohesión de la unidad doméstica y de las diferentes estructuras internas a nivel comunitario. Como observan los informantes, su sistema es un incentivo para que los padres e hijos, o los hermanos, sigan cooperando económicamente a través de los años.

Puede suceder que el pueblo llame a alguien que no debe dar servicio, o a alguien que por algún motivo no puede cumplir con el cargo. Para demostrar que su queja es legítima, la persona interesada reúne a sus compadres, amigos y otros aliados, y juntos van a presentar su punto de vista ante las autoridades civiles, los Principales, y a veces hasta en una asamblea del pueblo. Si logran convencer a los presentes con sus argumentos se deja de exigirles el trabajo y se busca a otro para el puesto.

Un ejemplo muy claro de una situación de este tipo se vio en el caso de un hombre joven que quedó como ciudadano por la muerte de su padre en el mes de agosto. En diciembre la junta del pueblo le asignó un cargo, como a cualquier otro ciudadano nuevo; sin embargo no dio servicio ese año por una petición hecha por su madre. En síntesis, el argumento de ella era

[2] Este informante me habló en castellano, y obviamente estaba dando su propia traducción de la frase náhuatl *san secan cateh,* que expresa su conceptualización de la unidad del grupo doméstico.

que el difunto marido acababa de dar servicio con ayuda del hijo el año anterior a su muerte. Además, la familia quedó en una situación económica precaria porque el marido murió repentinamente, dejando deudas, y en el mismo año el hijo se casó, ocasionando gastos adicionales. El pueblo aceptó el razonamiento y decidió darle a la familia el año de descanso que les hubiera tocado sin la muerte del padre, y el hijo no entró a servir como ciudadano nuevo sino hasta el año siguiente.

Una vez que entran a servir, por lo general todos cumplen con su deber, aunque algunos lo hacen más conscientemente que otros. El no servir trae consigo una serie de represalias que varían según las circunstancias. Por faltar a obligaciones menores específicas, se encierra a las personas delincuentes en la cárcel del pueblo por un día y/o se les multa. En una fiesta del pueblo, encarcelaron y multaron a varios oficiales de la comisaría que se habían emborrachado y que habían faltado al trabajo que les correspondía hacer para la fiesta. No los castigaron por emborracharse, sino por no cumplir con sus deberes, lo que implicaba un doble trabajo para los oficiales sobrios.

El negarse en absoluto a prestar servicio tiene consecuencias más serias; se corre el riesgo de perder el derecho de tener casa, el uso de las tierras de cultivo comunales o ejidales, la herencia de bienes y, a la larga, significa dejar de vivir en la comunidad. Durante el periodo de mi trabajo de campo sólo se ha dado un caso de inconformidad extremo. Aunque es muy poco usual, este ejemplo ilustra muy bien cómo funcionan el sistema y sus reglas cuando se les pone a prueba máxima.

Un hombre joven tuvo una disputa violenta con su madre y su cuñado, por lo cual él y su mujer salieron definitivamente de la casa familiar y de la comunidad. Esto sucedió mientras estaba cumpliendo su año de servicio y al abandonar el pueblo se fue sin explicar su situación a las autoridades y dejó su cargo sin terminar. En las semanas posteriores varias personas del pueblo fueron a buscarlo para convencerlo de que debía volver para definir su posición frente a la comunidad (independientemente de las relaciones que tuviese con su familia), pero se negó a hacerlo.

Después de más de un año de ausencia el hombre regresó con su esposa para pasar la fiesta de la patrona del pueblo y las autoridades lo encarcelaron por abandonar su cargo, por faltar en las faenas, por no pagar sus cooperaciones monetarias y por no avisar al pueblo de sus intenciones de irse. El hombre insistió en que ya no quería vivir allí, pagó una multa menor y quedó libre con la advertencia que si no veía la forma de cumplir con sus obligaciones no tendría ningún derecho en la comunidad y no podría residir allí.

En la siguiente ocasión que volvió quiso bautizar a un hijo recién nacido, pero las autoridades le recordaron que, según él, ya no vivía en Ameyaltepec, y le informaron que ya no le darían permiso para bautizar a sus hijos en la iglesia del pueblo. Pero en este momento intercedió la familia de su esposa, alegando que el pueblo no debía castigar a la mujer y al hijo por la culpa del hombre que, según la opinión general, había perdido el buen juicio. Las autoridades aceptaron esta petición y permitieron el bautizo como concesión a la familia de la mujer, por ser ésta miembro pleno de la comunidad. Los familiares del hombre, los familiares de la esposa, los Principales y otros del pueblo intentaron convencer al inconforme de que debía reconciliarse formalmente con el pueblo por el bien de sus hijos. Sin embargo, el hombre rehusó hacerlo y, como consecuencia, ya le han retirado su derecho a la tierra ejidal que cultivó su padre y le quitaron su derecho al sitio y a la casa paterna, otorgado por la madre a una hermana menor que sí tiene derecho a heredar. De hecho, es raro que el pueblo llegue a imponerse tan drásticamente sobre un individuo, como también está fuera de lo común que alguien rompa tan dramáticamente con la comunidad. Por lo general la amenaza de la fuerza es más que suficiente, y no se llega a ejercerla.

En realidad, es difícil que alguien radique físicamente fuera del pueblo por mucho tiempo sin perder sus derechos; tarde o temprano el pueblo intenta ejercer su autoridad sobre esas personas, quienes tienen que acceder a las presiones de la mayoría o renunciar a sus bienes y privilegios. Un buen ejemplo del manejo de esta situación es el caso de un hombre de cerca de sesenta años que radicó varios años en Iguala con toda su familia, incluyendo tres hijos varones mayores. Llevaba un largo periodo sin dar servicio, más por su edad y por su salud que por su ausencia. Un día, de repente, el pueblo le avisó que la casa que tenía en Ameyaltepec ya no era de él, sino de la comunidad, lo cual provocó una serie de discusiones interesantes.

En síntesis, las autoridades decían que la casa no podía pertenecer a ese hombre si no trabajaba; mientras que el interesado insistía en que no debía trabajar por su edad, por su salud y porque ya había dado muchos años de servicio. A eso le respondieron que él tenía razón, pero que también tenía hijos hombres para trabajar, y que éstos ya tenían la obligación de empezar a cumplir con su comunidad. Cuando este señor contestó que sus hijos ya no vivían en Ameyaltepec sino en Iguala, el pueblo dijo que esto no planteaba ningún problema y que sus hijos estaban libres de vivir en cualquier lugar; pero como ya no vivían en Ameyaltepec, el pueblo había decidido tomar la casa y usarla para la escuela, para hacer una clínica, para una bodega u otra cosa.

El hombre alegó que la casa era suya porque había pagado el material y la construcción con su propio dinero, y que el pueblo no tenía derecho a quitársela. A esto le respondieron que él y sus hijos podían llevarse la construcción si querían, pero que el terreno era del pueblo y que ya no les permitirían usar esa casa si la familia no daba trabajo a la comunidad. Le dijeron que podía usar su dinero para hacer una casa en Acapulco, o en Iguala, o en México, o donde quisiera menos en Ameyaltepec. Le hicieron entender que si él o sus hijos querían tener una casa en el pueblo, alguien de la familia tenía la obligación de dar servicio. A fin de cuentas, uno de los hijos varones casados regresó a vivir permanentemente en Ameyaltepec, y empezó a cumplir con el trabajo que su familia debía al pueblo para proteger su propiedad y sus derechos; éste era precisamente el resultado que buscaban las autoridades cuando hicieron la amenaza.

Mientras se ven casos como éstos, donde uno corre el riesgo de perder bienes y derechos, también existe la posibilidad de que alguien los gane a través del trabajo hasta en dos pueblos. Durante una visita a San Agustín Oapan me encontré con un hombre que había gozado simultáneamente del estatus de ciudadano en las dos comunidades.

Cuando era joven, murió su padre y su madre se volvió a casar con un hombre de Ameyaltepec, y llevó a su hijo a vivir a esa comunidad con su padrastro. Después de casarse e independizarse, el hombre decidió seguir en Ameyaltepec mientras su madre viviera allí, y empezó a dar servicio a ese pueblo. Me explicó que para no perder sus derechos a la casa y a la tierra de cultivo de su difunto padre, daba servicio también en Oapan. Así que durante un periodo de casi diez años, cumplió con sus obligaciones de servicio en dos pueblos y gozó los privilegios de ciudadano en los dos lugares hasta que, a la muerte de su madre, decidió regresar a Oapan. Antes de salir de Ameyaltepec devolvió las tierras que le prestaron, y declaró que quería regresar a su pueblo natal ya que no vivía su madre. Su razonamiento fue muy bien aceptado por los ciudadanos de Ameyaltepec y aunque se haya ido sigue manteniendo relaciones muy cordiales con su pueblo adoptivo.

El observar y comentar estos casos y muchos otros con diferentes personas del pueblo me permitió llegar a una apreciación de las reglas del sistema y de la flexibilidad que ofrece. Todos saben cuáles son los requisitos en los diferentes puestos, qué es lo que les toca dar y qué es lo que deben dar a los otros. Todos los miembros de la comunidad saben los detalles más íntimos de la situación económica y social de los demás y en ello reside un importante mecanismo regulatorio: todos aceptan servir al pueblo, pero nadie quiere dar más de lo que es debido. Cada quien se encarga de dar lo que le corresponde —sin dar demasiado— y a la vez, cada quien quiere asegurarse de que todos los demás dan también lo que les corresponde. Los pleitos que surgen en torno al servicio no son un síntoma de decadencia sino de fuerza, y parte de un proceso orgánico en que los individuos y la colectividad definen constantemente las obligaciones de todos.

Algunas personas manifiestan su resentimiento por lo que el pueblo les exige; acusan a los demás de tenerles envidia, de perseguirlos; alegan que todos (menos ellos) arrastran los pies al servir el cargo que les tocó. Esto no quiere decir que estén en contra del sistema en general, y frecuentemente el que se queja resulta ser su defensor férreo en otro contexto. Si un individuo es realmente víctima de una arbitrariedad, si el pueblo intenta exigirle demasiado a alguien, éste, junto con sus parientes y amistades, puede reclamar ante las autoridades y el pueblo lo rectifica. Así se evita que se convierta en un sistema abusivo y corrupto. Hay que subrayar que aunque el servicio es obligatorio no es injusto. El sistema es suficientemente flexible para acomodar las diferencias, tanto económicas como de talento, que existen en la comunidad; se cobran cooperaciones monetarias y en mano de obra conforme a las capacidades de cada unidad doméstica y según los gustos y preferencias de los individuos. Hay campo suficiente para escoger entre diferentes alternativas y las decisiones sobre los cargos se toman en una forma democrática, en las asambleas de los ciudadanos, con base en el consenso.

El deber de los ciudadanos y de sus familias con el pueblo forzosamente tiene prioridad sobre asuntos personales y de negocio. En esta sociedad las exigencias de la colectividad tienen mayor peso que los intereses de los individuos. Algunos se quejan del servicio porque es de hecho un sacrificio; requiere trabajo físico y gasto económico, limita el comercio, y por eso representa ganancias perdidas. Por otra parte, el servicio implica responsabilidad ante el pueblo, y en los puestos más altos los oficiales quedan expuestos a la crítica y al ataque personal si no cumplen adecuadamente a los ojos de la comunidad. A fin de cuentas, la mayoría de la gente cumple no por compromiso ideológico, sino por la fuerza de la tradición y el peso de la comunidad. El sistema es coercitivo porque sólo así puede funcionar; si el servicio no fuera obligatorio y si no hubiera represalias para darle fuerza, no se podría haber conservado a través de generaciones ni dentro de regímenes económicos y políticos dominantes cambiantes. De hecho la mayoría de los ciudadanos apoyan el sistema. No se preguntan si "quieren" servir o no, como si fuera un problema intelectual, sino que dan su trabajo porque es una parte de la vida comunal necesaria, y porque todos los demás sirven también.

El control del pueblo sobre los recursos clave, como la tierra de cultivo y los sitios de las casas, es indispensable para el funcionamiento del sistema. Nadie cuestiona el derecho del pueblo de ejercer ese control que, a la larga, evita el traspaso de tierras a personas que no cumplen con sus responsabilidades, y más aún, evita que se enajenen recursos del pueblo a personas de afuera.

En el pueblo se percibe el trabajo como algo recíproco; los habitantes sirven porque después tienen derecho a pedir, y todos se dan cuenta perfectamente bien que al cooperar se hacen acreedores de beneficios. He enumerado más arriba varios de los derechos explícitos como el tener tierra de cultivo, un sitio para la casa o el voto en las asambleas. Pero gozan también de otras ventajas como el apoyo de la comunidad y los beneficios provenientes del trabajo de los demás. En el pueblo saben que este sistema funciona porque todos "jalan juntos" y que muchos proyectos no podrían llevarse a cabo sin el trabajo colectivo. Un hombre expresó la conceptualización del trabajo por el pueblo como relación recíproca: "Es mucho trabajo cuando te habla el pueblo, y piensas que no quieres ir. Pero también sabes que algún día tú vas a hablar al pueblo para algo que tú necesitas, y entonces te tienen que responder. Así estás sabiendo que te vas a cansar mucho, pero después vas a tener derecho a pedir también."

Al trabajar por el pueblo se gana el derecho al apoyo de la comunidad, lo cual es una consideración importante para todos. El apoyo del pueblo dura toda la vida y se extiende a los hijos; el individuo cuenta con él en todas sus actividades; aprovecha ese apoyo cuando construye una casa, cuando se casan los hijos, cuando siembra la tierra y levanta la cosecha; cuando necesita dinero, bienes o trabajo prestados. El apoyo del pueblo es importante también cuando surge un problema dentro o fuera de la comunidad, cuando alguien está vendiendo en México, Acapulco u otro lugar lejano, o cuando hay una emergencia en casa. Aunque en un momento dado no se sabe en qué forma se necesitará el apoyo de los recursos de la colectividad, se entiende que, tarde o temprano, hará falta disponer de ellos.

Los habitantes de Ameyaltepec saben que han ganado su lugar en la comunidad y expresan su satisfacción de trabajar para su pueblo; al comentar y explicar el sistema, muchos hacen la observación de que en su pueblo hay unidad y cooperación, lo que no ocurre en las ciudades o en otros lugares que han conocido. Se puede interpretar el servicio al pueblo como una especie de inversión, tanto en un futuro colectivo de la comunidad como en el futuro del individuo y de su familia. Es además un incentivo para seguir dentro de la sociedad tradicional y colaborar con todos los demás para obtener los derechos ganados al haber invertido trabajo.

VIII. EL GOBIERNO INTERNO: LAS AUTORIDADES CIVILES Y RELIGIOSAS

HEMOS analizado en los dos primeros capítulos de esta Segunda Parte las obligaciones y los derechos de los ciudadanos, la forma en que funcionan las reglas sobre la prestación del servicio y la concesión de derechos en la vida cotidiana del pueblo. Queda por hacer una exploración de las responsabilidades específicas de los diferentes cargos cuyo conjunto constituye la estructura formal del gobierno civil y religioso de esta comunidad. Enfocaremos primero las autoridades civiles, presentando los diferentes oficiales de la comisaría, describiendo sus poderes, la esfera de su influencia y las responsabilidades que desempeñan. La asamblea del pueblo, donde se reúnen los ciudadanos para debatir y resolver cualquier proposición que afecte a la comunidad en general, es otro elemento esencial a la autonomía y autogestión de esta comunidad. Y finalmente analizaremos el papel de las autoridades religiosas que coordinan y dirigen las numerosas actividades públicas en la vida ceremonial del pueblo.

AUTORIDAD CIVIL

El Comisario es la máxima autoridad civil; sirve con un suplente o "segundo" y cinco[1] oficiales menores llamados *topilequeh* o "auxiliares"; uno de ellos, llamado también el Mayor, tiene el cargo adicional de manejar la llave de la cárcel del pueblo. Estos siete oficiales forman la base del gobierno civil de la comunidad, y prestan servicio en el sistema de cargos por periodos de un año. Bajo el mando del Comisario hay un grupo de cuatro "comisionados" que funcionan como vigilancia del pueblo; ya que éstos tienen poco trabajo, tres años de "comisionado" equivalen a un año de servicio en cualquiera de los otros puestos.

Un secretario lleva toda la contabilidad, hace las escrituras de terrenos y animales, redacta peticiones y solicitudes, recibe y contesta la correspondencia oficial y prepara cualquier documento para la comunidad. Es necesario que el secretario domine el castellano y parte de su responsabilidad es servir de intérprete al Comisario y a los otros oficiales, por si acaso lo necesiten

[1] El pueblo va aumentando el número de *tòpilequeh* para incorporar cada vez más personas en el sistema de cargos.

Conjunto de músicos de barro. San Agustín Oapan, 1984.

para tratar con personas ajenas a la comunidad. El secretario es el único oficial pagado por su trabajo, ya que la mayoría de los habitantes de Ameyaltepec son analfabetos y pocos pueden ocupar el puesto. En su primera asamblea cada Comisario entrante pide autorización para buscar un secretario y fijar una cooperación monetaria por ciudadano para pagarlo. Este trabajo no se considera como servicio porque el secretario recibe una remuneración monetaria; por consiguiente debe dar aparte un año de servicio a la comunidad.

Los Comisarios "pasados", o Principales, forman otro grupo de importancia en la vida político-jurídica del pueblo. En sentido estricto, los Principales son los hombres que han servido en el puesto de Comisario; en la práctica también se llama "principales" a los que han pasado por los cargos de Comisario Suplente, o de Fiscal, o de Mayordomo de San Lucas, que son los cargos religiosos de mayor responsibilidad. Se considera que los Principales que trabajaron anteriormente como Comisarios dieron servicio extraordinario y no se los nombra para otros cargos, a menos que sea para volver a servir de Comisario. Los Principales no tienen deberes formalmente definidos, pero poseen una gran influencia en la vida de la comunidad. Atienden todos los arreglos sobre tierras y animales; son testigos en las herencias; deben presenciar el reparto de tierras nuevas, ya sea para casa o para cultivo; tienen voz en la selección de los oficiales que cambian cada año. Cuando hay conflictos entre individuos o entre familias, las autoridades civiles y/o religiosas, y/o los ciudadanos ordinarios, recurren a los Principales para pedir su opinión, consejo y ayuda para mediar el caso. Los Principales son hábiles para hablar y su intervención es indispensable en las negociaciones entre facciones.

Los cargos de Comisario y Suplente son puestos municipales en el estado de Guerrero: hay elecciones[2] para atribuirlos de acuerdo con el calendario municipal, a diferencia del procedimiento para escoger a los demás oficiales. El Comisario Municipal representa oficialmente al pueblo ante los gobiernos federal, estatal y municipal; es también el contacto oficial entre la comunidad y los que laboran en instituciones gubernamentales, tales como el Instituto Nacional Indigenista, la Secretaría de Educación Pública, la Secretaría de Salud, la Conasupo, la Comisión Federal de Electricidad, la Comisión Nacional para la Erradicación del Paludismo, y otros.

Dentro del pueblo el Comisario cumple diversas funciones que se han venido practicando desde hace muchos años y que tienen sus raíces en con-

[2] Esta "elección" se lleva a cabo porque lo exige la ley; sin embargo, la "votación" suele ser unánime, ya que el pueblo decide quién será el Comisario mediante su propio proceso antes de la fecha indicada. Esta unanimidad confunde a las autoridades municipales mestizas que vigilan el comicio, pero aceptan sin discusión la decisión de la comunidad.

ceptos de autoridad antiguos. Internamente el título más usual para referirse al Comisario es "Juez" o "Juez Primero" (el Comisario Suplente es el "Juez Segundo"). En Oapan se conserva el uso de la palabra náhuatl *tequihuan* para el Comisario, mientras que en Ameyaltepec se usa solamente "juez"[3] como nombre tradicional para el Comisario. El término de "juez" tiene más valor descriptivo que el de "comisario" para precisar su papel verdadero dentro de la comunidad; el Juez actúa con capacidad jurídica y ceremonial y sirve de asesor o consejero para todos.

El Comisario organiza y vigila el trabajo del pueblo en las faenas y en el "servicio" para asegurar que todos cumplan con su deber. El Comisario y las demás autoridades civiles recaudan las cooperaciones monetarias para las obras y las fiestas, cobran individualmente a cada ciudadano y llevan la lista de quién pagó las cuotas y de quién las debe; periódicamente tienen que presentar cuentas, en las juntas del pueblo, de todo el dinero manejado. El Juez y los Principales son testigos de herencias, de venta de animales y propiedades, revisan linderos cuando se necesita una aclaración, supervisan el reparto de tierras de cultivo y terrenos para construcción. El Juez y el Segundo convocan a las asambleas y tienen que someter cualquier asunto a la consideración colectiva antes de actuar.

El Juez toma parte en actividades ceremoniales, y en cualquier celebración, su presencia con capacidad oficial —no como ciudadano privado— le da un carácter corporativo al acto. Como máxima autoridad de la comunidad tiene que estar presente en muchas ceremonias particulares del pueblo y recibe las "promesas" de los padrinos de San Lucas y de la Virgen, o de personas que actúan en forma individual. Como autoridad mayor de la colectividad tiene voz para decidir en cuáles fiestas regionales participará Ameyaltepec y siempre asiste encabezando la delegación del pueblo. Por otra parte recibe y agasaja a los oficiales de los pueblos vecinos cuando acuden a las fiestas de Ameyaltepec (véase Cuarta Parte, capítulo XVII). El Juez, los que sirven con él y sus famiilas respectivas, son los responsables de las "cocinas" del pueblo en las fiestas; le corresponde además al Juez buscar a las "viuditas" para que ayuden en las mismas.

Finalmente, el Juez es responsable de mantener la paz y el orden en el pueblo, y es el árbitro en los conflictos que surjan. Cuando hay pleito entre individuos, entre dos familias, o entre miembros de una misma familia, los involucrados se quejan ante el Juez a la hora que sea (sucede a menudo que los busquen en cualquier momento de la noche). Cuando cabe encarcelar a alguien el Juez llama a los "comisionados" y pide la aproba-

[3] Este título es obviamente de derivación colonial, como lo es el término "principal"; sin embargo, la definición del papel de estos oficiales en la comunidad combina conceptos tanto preeuropeos como coloniales.

ción de las demás autoridades civiles. Con el fin de evitar abusos el Mayor es el designado para abrir la celda; el Comisario no tiene poder para "agarrar la llave" de la cárcel. Una parte esencial del deber del Juez es buscar una solución a los problemas internos del pueblo, de modo que él y los Principales tienen que tratar de encontrar una solución, aceptable para todos los interesados, a cualquier conflicto que se les presenta como autoridades.

Las juntas generales del pueblo se convocan cada vez que hay un asunto de importancia por resolver; algunas son espontáneas y otras preestablecidas. En estas asambleas, que se dan aproximadamente una vez al mes, el Comisario o cualquier otra persona someten diversos asuntos a la colectividad para llegar a una decisión común. Es importante explicar aquí, con mayor detalle, el carácter de la junta porque es la institución fundamental para el autogobierno del pueblo. Algunas tienen un aspecto casi ritual, como las que se efectúan anualmente para escoger a las nuevas autoridades, para decidir la forma en que se celebrará una fiesta o para el traspaso de bienes del pueblo de un oficial saliente a un oficial entrante. Cuando se trata de esta clase de junta, en el pueblo dicen que nadie sabe por qué están llamando a la asamblea, hasta que el Comisario lo anuncia, aunque en realidad todos los ciudadanos saben de antemano de qué tratará la reunión. A continuación se describe una asamblea del pueblo manejada formalmente, según el procedimiento tradicional.

Reunidos todos en la comisaría del pueblo, el Comisario y el Segundo se sientan detrás de su mesa —la mesa de autoridad— con los *topilequeh* a un lado y los Principales al otro lado; los ciudadanos se sientan en las sillas que quedan o en el piso, sobre una tablas de madera. En una junta importante el Comisario la inicia con un pequeño discurso que dice en esencia: en Ameyaltepec, siempre se ha conservado la tradición de reunirse en tal fecha para tratar tal asunto; por ser él Comisario, por la voluntad del pueblo, ha llamado a la junta para ese fin; les recuerda que así es la costumbre de la comunidad. Después, los Principales y los ciudadanos asistentes comentan entre sí la veracidad de la "palabra" del Comisario, reafirman que así es la tradición en el pueblo, que así le corresponde al Comisario llamar a la junta para tratar el asunto, que todo está en orden y que deben proseguir.

Por lo general, en ese momento, los *topilequeh* comienzan a distribuir alcohol o cerveza y cigarros a los asistentes, empezando por los Principales y siguiendo con todos los ciudadanos que quieren tomar o fumar. El Comisario lo compra todo con fondos del pueblo, y la bebida sirve para bajar inhibiciones, para que "todos sientan valor para hablar", para asegurar que se expresarán libremente. La cerveza o el alcohol, y los cigarros, son parte de un intercambio ritual, y en esta forma forjan la unidad de los que asisten, porque todos toman y fuman juntos; llegan a emborracharse algunos o todos los presentes, según la duración de la asamblea y el tema en discusión. Para alguien que no conoce las pautas observadas, una junta del pueblo de Ameyaltepec tiene el aspecto de desorden e incoherencia, parece una borrachera colectiva. En realidad hay mucha estructura y formalidad en todo lo que acontece, no obstante el estado de embriaguez de los participantes.

En la asamblea el Comisario plantea los asuntos por tratar uno por uno, hasta resolverlos. Por ejemplo, diría: "Ciudadanos: Fulano de Tal pide un terreno para su hijo, ¿qué se va a hacer?", o bien, "Puebleños, sobran 358.50 pesos de las cooperaciones para la fiesta del pueblo, ¿qué se va a hacer con ese dinero?", o bien "Ciudadanos, Zutano pide permiso para sembrar la tierra de la Virgen si el pueblo no la quiere sembrar, ¿qué se va a hacer? ¿La sembramos o no? ¿Se la prestamos o no?" Después de plantear cada asunto, se sienta y espera mientras los ciudadanos comentan y debaten el caso entre ellos. Las personas más interesadas en promover un punto de vista se paran y circulan de grupo en grupo exponiendo su opinión y buscando apoyo. El Comisario y los Principales no intervienen en el debate, sino que toman, fuman, hablan entre sí mientras el pueblo llega a una decisión. A veces los ciudadanos pasan horas discutiendo un punto, a veces no llegan a ninguna decisión, y vuelven a debatir el caso en una junta posterior. Cuando llegan a un consenso alguien se acerca a la mesa del Comisario y le comunica la decisión del pueblo, misma que el Comisario anuncia a su vez a la colectividad.

En ese momento el Comisario, el Segundo, los Principales o cualquier otro ciudadano que no esté de acuerdo con la decisión final puede expresar su punto de vista delante de todos y tratar de proponer alternativas. Si los asistentes le dan la razón vuelven a debatir de nuevo con la participación activa del Comisario y de las otras autoridades. No es de ninguna manera automático que el pueblo acepte las sugerencias del Comisario o de los Principales; al contrario, es posible que se tengan opiniones divergentes. No es común que el Comisario contradiga la voluntad del pueblo: a menos que tenga una duda muy importante, acepta la decisión sin comentario y procede al punto siguiente.

En las asambleas del pueblo se acepta la opinión de la mayoría, pero esta mayoría no se define por voto sino por haber llegado a una posición negociada entre todos. Buscan el consenso, e idealmente la decisión final es la voluntad unánime del pueblo, alcanzada porque en la discusión trataron de incorporar las ideas de todos. Aun los disidentes se conforman con la decisión de la mayoría, porque en la búsqueda del término medio se les da la oportunidad tanto de expresarse como de escuchar a los demás. Asimismo, en el debate se expone claramente el razonamiento de la mayoría en torno a cada punto, y se hace el intento serio de ganar el apoyo de todos.

Autoridades religiosas

La vida ritual de Ameyaltepec se caracteriza por una gran complejidad económica, social e ideológica y por una enorme riqueza etnográfica. Consta de numerosas actividades manejadas a nivel particular o familiar, además de las actividades públicas, comunitarias. En estas páginas sólo podemos hacer un breve análisis de los puestos religiosos que constituyen la otra parte de la estructura socio-política formal de la comunidad y de las responsabilidades de los oficiales que intervienen en la organización de las fiestas del pueblo.

Los cargos religiosos se pueden dividir en tres grupos; el primero corresponde en la esfera ceremonial a las autoridades civiles e incluye el Fiscal, el Mayor y cinco *topilequeh* de la iglesia. El siguiente grupo está compuesto por el Mayordomo de San Lucas, el Caporal y ocho oficiales menores llamados "vaqueros". Estos diez dependen de la iglesia pero funcionan como un cuerpo autónomo, independiente del Fiscal y del Comisario. Al igual que los siete cargos civiles de la comisaría, los responsables de estos diecisiete cargos religiosos prestan servicio durante un año. El último grupo está formado por tres puestos adicionales considerados también como cargos religiosos del pueblo: dos Padrinos de la Virgen de la Concepción, y un Padrino de la imagen de San Lucas de la iglesia del pueblo.[4] Estos tres cargos pueden ser vitalicios, y las personas cumplen con ellos año tras año sin descanso, en lugar de dar servicio en uno de los puestos rotativos.

Antes de describir las responsabilidades y funciones específicas de estos oficiales, cabe mencionar a otros grupos y personajes que ocupan un papel importante en la vida ceremonial de la comunidad, y cuya intervención se concibe también como servicio al pueblo, aunque no sean parte formal de la estructura de cargos. En todas las fiestas, procesiones, entierros, ofrendas, rosarios y otras actividades rituales del pueblo, es indispensable la presencia de la banda de músicos. El trabajo de los músicos se requiere con tanta frecuencia que, como regla general, no se les nombra a los cargos porque se reconoce su contribución al pueblo como miembros de la banda. Las mujeres tienen una organización voluntaria llamada la Hermandad que colabora estrechamente con el Fiscal en todos los acontecimientos ceremoniales del pueblo; está compuesta de mujeres mayores (las "Hermanas") y de mujeres jóvenes y muchachas (las "Hermanas socias").

[4] El *Padrino* de San Lucas es diferente al *Mayordomo* de San Lucas. Además de la imagen de San Lucas que se encuentra en la iglesia del pueblo, existen otras tres imágenes del mismo santo en casas particulares, que se festejan como acontecimientos "particulares" en el pueblo.

Las danzas del pueblo, que se coordinan con la Hermandad y el Fiscal, son también de mucha importancia ritual. La danza más importante que se ejecuta durante todo el año es la de las pastoras; actualmente hay tres comparsas —*tlamantli*— de pastoras, cada una con un mínimo de doce niñas y dos mujeres encargadas. En la Cuaresma, y alrededor de la fecha de la fiesta del pueblo, se forman otras danzas femeniles, y a veces se organiza la danza de los Moros y Cristianos realizada por los hombres jóvenes del pueblo. En casi cualquier acontecimiento ritual se necesita la presencia de los especialistas para rezar, a quienes llaman los "cantores"; no se les nombra frecuentemente a otros cargos porque rezar es mucho trabajo y se considera en la comunidad como una contribución al bien colectivo. Una mujer "viudita" fabrica velas para la iglesia; antes de la instalación de la luz eléctrica, había algunas otras personas cuyo servicio también consistía en hacer velas para uso doméstico con los retazos de las velas ofrendadas a los santos de la iglesia.

El Fiscal es la principal autoridad religiosa en Ameyaltepec y con él trabaja un segundo a quien llaman el Mayor de la iglesia; también colaboran cinco oficiales menores llamados indiscriminadamente *topilequeh* o auxiliares aunque dos de ellos tienen la designación técnica de "mayor segundo" y "mayor tercero". Estos hombres se encargan del mantenimiento del edificio de la iglesia: abren y cierran el templo, tocan las campanas y lanzan cohetes en horas determinadas; limpian el piso, los candeleros, las macetas, los altares; vigilan las velas, las flores, el aceite y el incienso que los fieles del pueblo ofrecen a los santos; limpian el atrio y las calles alrededor de la iglesia. Administran los bienes de la Virgen de la Concepción y los bienes de las otras imágenes (excepto San Lucas) incluyendo cantidades considerables de ropa, joyas de oro, trastes, efectos de uso ritual y dinero. Organizan y dirigen las procesiones cada sábado en la noche y en otras fechas importantes del calendario ceremonial; reciben las "promesas" de todos los oficiales y particulares que tienen voluntad de dar un obsequio para la iglesia o para alguno de los santos del pueblo.

Además de estas responsabilidades rutinarias y cotidianas, el Fiscal, el Mayor y los *topilequeh*, junto con sus familias, tienen que cumplir con trabajos especiales en las fiestas y otras celebraciones importantes para la comunidad durante algunos periodos del año; las principales observancias que requieren un trabajo intensivo son: el Año Nuevo; el Miércoles de Ceniza; la Semana Santa; las ceremonias agrícolas realizadas el 3 de mayo, el 15 de agosto y el 13 de septiembre; los días de San Miguel, el 28 y 29 de septiembre; las fiestas de San Lucas, del 14 al 18 de octubre; las Ofrendas de Todos los Santos; la fiesta de la Virgen de la Concepción, el 7 y 8 de diciembre; y las posadas navideñas del 16 al 24 de diciembre. Para dar una idea muy general de la complejidad de las tareas que desempeñan el Fiscal y los demás oficiales de la iglesia, se describen a continuación sus responsabilidades en *una* de estas ocasiones.

Las obligaciones de las autoridades religiosas y sus familias el 3 de mayo, el 15 de agosto y el 13 de septiembre consisten en coordinar la preparación de una ofrenda, acompañar a la imagen de la Virgen de la Natividad hasta la cumbre del cerro más alto de la región, colocar allí la ofrenda y vigilarla, dirigir una procesión general para recibir a la Virgen de regreso del cerro, y organizar y participar en la velación de la imagen durante la misma noche. Estas actividades que desempeñan el Fiscal y sus ayudantes se realizan en nombre de la comunidad y constituyen sólo una pequeña parte de las celebraciones agrícolas en Ameyaltepec durante esos días. Existen otras ceremonias, desarrolladas por familias o grupos de familias con carácter "particular", no oficial, que no se van a describir aquí.

En estas tres fechas, desde antes del amanecer, todas las muchachas del pueblo, las "viuditas" que buscó el Fiscal, junto con las esposas de todos los oficiales de la iglesia y compañeras de ellas, se reúnen en la casa del Fiscal. Allí preparan comida para la Virgen, que consiste en gallinas enteras en mole de semilla de calabaza y varias clases de tamales de frijol. Además, los que trabajan en la iglesia consiguen otros artículos para la ofrenda —sal, maíz, hojas verdes, cadenas de flores, velas, copal, cohetes, fruta, agua— y piden la ayuda de los músicos del pueblo y de algunos cantores. A mediodía todas las muchachas, los oficiales religiosos, algunas de las "viuditas", los músicos y cantores, suben al cerro cargando a la Virgen y la comida hasta llegar a un altar de piedra donde arreglan la ofrenda. Toda la tarde los cantores rezan, las niñas cantan, los músicos tocan, los oficiales lanzan cohetes hasta el atardecer; cuando todos bajan con la Virgen, la dejan provisionalmente en una casa a la orilla del pueblo para "descansar". Mientras este grupo —de aproximadamente ochenta personas— está en el cerro, las mujeres de los oficiales y otras "viuditas" vuelven a matar gallinas y hacen caldo de pollo y tamales para todos, en reconocimiento a su contribución para la ceremonia. Así que de regreso, antes de ir a sus casas, las niñas y las demás personas que fueron al cerro comen juntas en la casa del Fiscal.

Esa noche el Fiscal llama a una procesión general para recibir a la Virgen y acompañarla a la iglesia; la procesión parte de la casa donde "descansó" la imagen y participan todos los grupos "invitados" por el Fiscal: los músicos, los cantores, las pastoras, la Hermandad, el Comisario, los Principales, los oficiales religiosos y muchos particulares del pueblo que asisten por su propia voluntad. En la iglesia velan a la Virgen toda la noche; a media noche el Fiscal reparte comida a todas las imágenes de la iglesia y a los cientos de personas que las acompañan. En mayo, ésta consiste en atole de pinole y totopos dulces preparados por las esposas de los oficiales, quienes los ofrecen a todas las personas que se encuentran cerca de la iglesia a esa hora, y a todos los que participan en la velación dentro del templo.

El Mayordomo y los Vaqueros

Al mayordomo de San Lucas lo consideran como oficial mayor, del mismo rango que el Comisario y el Fiscal; con él sirven un "segundo" llamado *Caporal* y ocho "vaqueros". Conceptualmente, ellos dan servicio al pueblo en la iglesia, pero sus funciones son de una naturaleza más secular que religiosa. Estos hombres son los encargados de cuidar el ganado de la Virgen de la Concepción, que es una responsabilidad considerable, ya que son decenas de cabezas de ganado, propiedad comunal del pueblo. El Mayordomo y sus ayudantes vigilan los toros y bueyes, las vacas y becerros durante todo el año; los curan, vacunan y alimentan cuando es necesario; en buenas épocas ordeñan las vacas de la Virgen y hacen queso con la leche; protegen a la cría de los animales de rapiña y marcan con hierro a los becerros que nacen. También guardan y administran el dinero y los bienes de San Lucas, y prestan los bueyes de la Virgen a los ciudadanos que los soliciten para el trabajo agrícola (véase Tercera Parte, capítulo XI). A nivel ceremonial el papel principal del Mayordomo de San Lucas es coordinar la fiesta de San Lucas y corresponder a la "promesa" que fue ofrendada por el Padrino de San Lucas.

En Ameyaltepec llaman a la fiesta de San Lucas "la fiesta del toro", porque conocen a San Lucas como el santo patrón del ganado vacuno. Esta fiesta conmemora el fin de los meses de ordeña, y es cuando los dueños del ganado sueltan a sus animales; es una "despedida" a las vacas, y un rito destinado a pedir protección divina para todo el ganado durante los meses de sequía. Como en el caso de la ceremonia agrícola ya descrita, en la fiesta de San Lucas las actividades llevadas a cabo por los oficiales son una mínima parte de todas las festividades realizadas en el pueblo. Éstas duran una semana entera, pero nos limitaremos a describir aquí las funciones principales que realizan el Mayordomo y el Padrino de San Lucas en sentido oficial.

Antes de la fiesta, los vaqueros construyen un pequeño altar en el "rancho" o corral donde se encuentran los becerros y las vacas de la Virgen; también consiguen flores, incienso, velas, cohetes y pan para ofrendar. El 14 de octubre, antes del amanecer, el Mayordomo y los Vaqueros van al "rancho" con los músicos, los cantores, los integrantes de la Hermandad, las "viuditas", el Comisario y los Principales, y con la "danza del toro" compuesta de niños y muchachos, todos invitados por el Mayordomo. Allí los Vaqueros ordeñan las vacas de la Virgen por última vez, y las "viuditas" preparan una bebida caliente y endulzada con esa leche, que colocan en el altar como la parte más esencial de la ofrenda para el ganado y para San Lucas. Toda la mañana rezan los cantores y las Hermanas, tocan los músicos y bailan los niños la danza del toro, mientras que los Vaqueros bendicen cada una de las vacas y becerros con incienso, flores, velas y agua bendita. Después abren la tranca y entre el trueno de los cohetes, el ruido del tambor de los músicos y los gritos de los niños de la danza, sueltan el ganado.

En ese momento reparten entre todos los presentes parte de la leche y del pan, y el Comisario y las autoridades civiles convidan al Mayordomo, a los Vaqueros, a los músicos y cantores, a las "viuditas" y Hermanas, a tomar cerveza en agradecimiento por su colaboración. Al mediodía regresan todos al pueblo, donde el Fiscal y el Mayordomo colocan ofrendas de la leche de las vacas de la Virgen para San Lucas, la Virgen de la Concepción y todos los demás santos de la iglesia. También reparten jarros de esta leche y pan por las casas de los Principales que ocuparon el puesto de Mayordomo de San Lucas en años anteriores.

Al día siguiente, el 15 de octubre, el Padrino de San Lucas entrega su "promesa" a la imagen de este santo del pueblo. La "promesa" consiste en docenas de grandes velas de cera fina, abundantes ramos de flores, cientos de piezas de pan dulce, chiquihuites con piezas de chocolate molido en metate y cientos de cohetes; puede incluir también aceite, incienso, joyas de oro o ropa para el santo, según la voluntad del Padrino. Para acompañarlo en la entrega de su "promesa", el Padrino pide la ayuda de la danza de las pastoras, de la Hermandad, de los músicos, de los cantores, de la "danza del toro"; también necesita la asistencia del Comisario, del Fiscal y de los Principales, como representantes del pueblo. El Padrino tiene la obligación de dar comida, refrescos y cerveza a los cientos de personas que lo acompañan así como a sus amigos, compadres y familiares que le ayudaron a arreglar su "promesa". Para eso suele matar marranos, y su esposa con otras mujeres "invitadas" laboran para preparar y servir esta comida. En la tarde salen el Padrino y su comitiva en procesión hasta la iglesia, donde esperan al Fiscal y los oficiales religiosos para acomodar la "promesa" que reciben ellos en nombre del pueblo.

Mientras tanto el Mayordomo de San Lucas, el Caporal, los Vaqueros, sus familiares y los invitados de ellos trabajan todo este día en la casa del Mayordomo alistando una recepción para el Padrino de San Lucas y todos los que le ayudaron. Allí también matan marranos y las mujeres guisan frijoles, hacen caldo con chile y echan tortillas para dar de comer a todos los acompañantes del Padrino de San Lucas. En la tarde, cuando el Padrino entrega su "promesa", el Mayordomo acude a la iglesia e invita a todos a comer a su casa en nombre del pueblo, como reconocimiento por su cooperación para festejar la imagen. Esta celebración dura toda la noche e incluye a todo el pueblo: los invitados del Padrino, los músicos, los cantores, la Hermandad, las pastoras, la danza del toro, el Comisario y las autoridades civiles, el Fiscal y las autoridades religiosas, los Principales (y obviamente el Mayordomo, el Caporal y los Vaqueros) y todos sus familiares.

La otra responsabilidad ceremonial del Mayordomo y de los Vaqueros es regalar comida al Padrino de San Lucas en correspondencia por la generosa y costosa "promesa" que éste da al santo del pueblo. En una fecha posterior, se reúnen nuevamente las mujeres del Mayordomo, del Caporal y de los Vaqueros en casa del Mayordomo; allí matan seis u ocho gallinas, preparan chiquihuites llenos de tortillas y grandes ollas de caldo de pollo. Además de esta comida le dan al Padrino gallinas y/o guajolotes vivos, un costal de maíz, cuartillas de maíz de calabaza, de chile y los demás ingredientes para guisar las aves cuando él lo decida. Todos los que trabajan con el Mayordomo entregan la comida en casa del Padrino, quien en esta ocasión los invita a tomar con él y sus propios convidados. Después se despiden del Padrino, regresan a la casa del Mayordomo, donde las mujeres preparan una comida para todos los que trabajaron con el Mayordomo durante el año, y con ello cumplen sus obligaciones ceremoniales formales.

Al describir las funciones de los oficiales religiosos del pueblo tocamos sólo una parte de la estructura de la vida ceremonial en Ameyaltepec. No es posible profundizar aquí sobre el sinfín de actividades particulares relacionadas con las observancias ceremoniales arriba mencionadas y muchas otras fiestas que llenan el calendario ritual. Además, no he incluido rituales "particulares" como peregrinaciones, bodas, nacimientos, entierros, regalos de ropa a los ahijados, ritos curativos, ceremonias agrícolas menores, para mencionar sólo unas cuantas de las actividades documentadas.

El aspecto más importante de la vida ceremonial, en el contexto del argumento central de esta obra, es la existencia de una red de intrincadas relaciones socioeconómicas que englobe a todos los miembros de la comunidad. He descrito brevemente sólo dos de las ceremonias públicas para demostrar cómo se articulan los diferentes subgrupos del pueblo en cada una de estas fiestas. Esta participación se repite en docenas de ocasiones cada año, en honor a diferentes imágenes, dirigidas por diferentes oficiales, o en apoyo de varias familias particulares. Al explorar la estructura de la vida religiosa de Ameyaltepec lo que más sobresale es que cualquier fiesta o ceremonia requiere de una enorme cooperación social. Además, se ha ido intensificando este aspecto de la vida del pueblo con la llegada de los abundantes recursos monetarios del comercio. El ciclo ritual, entendido como fenómeno comunitario —sin tocar los demás aspectos económicos, históricos e ideológicos—, sirve para reforzar la unidad y la identidad común en las que el bienestar de todos depende de una actuación colectiva.

IX. ALGUNAS CONSIDERACIONES SOBRE EL SISTEMA DE CARGOS EN AMEYALTEPEC

El fenómeno socio-estructural comúnmente conocido como jerarquía cívico-religiosa es una característica fundamental en la organización interna de comunidades campesinas tradicionales e indígenas, no sólo en Mesoamérica sino también en la región andina. Se trata de uno de los elementos de la vida ceremonial de zonas indígenas que más ha llamado la atención de investigadores en el campo y su persistencia es un factor clave en la definición de estas comunidades como étnicamente distintas de las culturas "nacionales" de las repúblicas en cuyo territorio se encuentran. La estructura y el manejo de los cargos civiles y religiosos en Ameyaltepec comparten algunos rasgos de los sistemas descritos en la literatura antropológica, tanto sobre los Andes, como sobre Mesoamérica; sin embargo, en otros aspectos presenta diferencias importantes que se exploran en este capítulo.

Cancian (1965, 1967) y Carrasco (1961) han dado la definición más frecuentemente citada de lo que es el clásico sistema de cargos en comunidades indígenas mesoamericanas. Según esta definición, la jerarquía cívico-religiosa es una estructura unificada, piramidal, compuesta de una jerarquía religiosa y una jerarquía civil. En los sistemas descritos por ellos el servicio es obligatorio, alternante y progresivo; todos los individuos empiezan con un cargo civil o religioso menor, pasan a un cargo del mismo rango en la jerarquía paralela, y van ascendiendo en el escalafón en el transcurso de su vida. Según este modelo, sólo los hombres más pudientes llegan a asumir los cargos de mayor responsabilidad al final de su "carrera".

Cancian ha marcado el efecto social de lo que llama una "jerarquía de prestigio", que va a la par de la jerarquía cívico-religiosa formal. Según esta interpretación, las personas que llegan a la cumbre del sistema de cargos gozan de un estatus privilegiado en su comunidad por el hecho de haber pasado por los cargos más importantes. Cancian postula que la búsqueda de este "prestigio" o estatus elevado que confiere el servicio es un factor que motiva a todos a participar en el sistema, lo cual, según él es competitivo en este aspecto.

Otro elemento muy comentado en la literatura sobre la jerarquía cívico-religiosa es el excesivo gasto monetario que ocasiona la participación en ella. Se han propuesto diferentes interpretaciones acerca del efecto de estos desembolsos con fines suntuarios en comunidades indígenas y campesinas tradicionales. Wolf planteó que es un mecanismo redistributivo que sirve

Felipe de la Rosa, Ameyaltepec, 1984. *Las cuatro pastoras.* Incluye una danza femenil, el acarreo del agua en cántaros de barro, en burro y con mecapal, y el trabajo de cortar leña. Tinta china en papel de amate blanco.

para nivelar e impedir una estratificación interna que a la larga provocaría la desintegración de la comunidad. Dice:

> El sistema permite despojar a quienes tienen algo para convertir a todos en desposeídos. Al liquidar los excedentes, transforma a los hombres ricos en sentido material, pero les da una experiencia sagrada; y al nivelar las diferencias de riqueza impide el crecimiento de las diferencias de clase basadas en la riqueza. Al igual que un termostato que se mueve bajo la influencia del calor, los gastos religiosos mantienen la riqueza en un estado de equilibrio, al destruir cualquier acumulación de bienes que pudiera trastornarlo. (Wolf, 1967:194; original en inglés 1959:216.)

En cambio, Cancian sugiere que la jerarquía cívico-religiosa sirve para reforzar y legitimar la estratificación ya existente en estos pueblos. Llega a la conclusión de que en Zinacantán, Chiapas, el servicio de puestos importantes, accesibles sólo a los más prósperos, elevó su categoría social dentro de su pueblo. En este sentido, el sistema es: "Sólo una manera de hacer pública y aceptable la estratificación económica que sí existe en la comunidad" (1967:292; traducción de la autora).

Las diferentes interpretaciones expresadas sobre el efecto de este uso de los recursos en la comunidad pueden reflejar condiciones muy distintas en las regiones estudiadas por estos autores; también indican la necesidad de una mayor investigación sobre la función del gasto suntuario en la vida ceremonial tradicional. Los investigadores mencionados concuerdan en señalar que el sistema obliga a aquellos que ocupan los puestos más altos a hacer fuertes gastos monetarios como individuos, lo cual tiende a dejarlos sin recursos o hasta endeudados después de concluir su servicio.

En contraste con estos casos, en Ameyaltepec, el pueblo reconoce, como legítimo servicio a la comunidad, actividades que no son parte del sistema de cargos rotativos; nadie está exento del servicio, pero no es necesario rendirlo dentro de los cargos anuales. Según las preferencias individuales, los hombres y sus familias pueden trabajar para la comunidad también como cantores, músicos, Padrinos de San Lucas o de la Virgen de la Concepción, "comisionados", o miembros del comité de la escuela. A diferencia de los sistemas clásicos descritos en otras zonas, en Ameyaltepec el sistema de cargos no es alternante: el pueblo nombra a algunas personas exclusivamente para ocupar puestos en la comisaría, o bien en la iglesia, o bien como ayudantes del Mayordomo de San Lucas, mientras que a otros se les pide trabajo en estas tres diferentes estructuras. El servicio tampoco es estrictamente jerárquico; a un hombre joven lo pueden nombrar inmediatamente para un cargo mayor sin que pase por los cargos menores cuando en opinión del pueblo, él y su grupo doméstico reúnen los requisitos para cumplir. Es jerárquica la estructura de cargos de Ameyaltepec sólo en el sentido de que no colocan a un hombre en un puesto menor cuando ya pasó por uno de los puestos mayores, pero no se observa una progresión rigurosa en este sentido.

Una característica interesante del sistema de Ameyaltepec es que está formado por *tres* estructuras paralelas: la de la comisaría, la de la iglesia y la de la Mayordomía de San Lucas. La literatura sobre el sistema de cargos en Mesoamérica subraya el carácter *dual* del sistema; sin embargo, descubrí que hay una tercera esfera de servicio, no sólo en Ameyaltepec sino en otros pueblos de esta zona nahua, cuya función específica es cuidar el ganado comunal. El hecho de tener un ciclo ceremonial relacionado especialmente con el ganado subraya la importancia histórica de este recurso en la economía de la región (Viquiera, comunicación personal). La existencia de esta tercera estructura en Ameyaltepec sirve para destacar las posibles variaciones que puede haber sobre los modelos duales comúnmente manejados en el campo.[1]

En Ameyaltepec no existe la supuesta "jerarquía de prestigio" que influye en la vida sociopolítca del pueblo de la misma forma descrita por otros autores. A los oficiales que pasaron por los cargos de más responsabilidad —Comisario o Juez, Fiscal o Mayordomo de San Lucas— los denominan Principales en reconocimiento del trabajo realizado. Los Principales dan consejo en la resolución de conflictos, tienen voz para escoger los que entrarán en todos los puestos en años posteriores y orientan y asesoran a los oficiales nuevos sobre las obligaciones de su cargo. El pueblo respeta a los oficiales mayores y a los Principales por la contribución que han hecho, pero a nadie le rinde honores especiales simplemente a causa de haber ocupado un cargo alto, por varios motivos reveladores de su propia cosmovisión.

Los nahuas de Ameyaltepec consideran que *todos* los miembros del grupo doméstico dan el servicio; el ciudadano responsable no trabaja solo. Además, saben que el que ocupa un cargo mayor cuenta con el apoyo de su segundo y su séquito, y procuran nombrar personas que se lleven bien en los puestos que exigen una estrecha colaboración. No se le da reconocimiento especial a un individuo, porque entienden perfectamente bien que nadie funciona como individuo en ese sistema. Por otra parte, allí influye mucho el hecho de que se escoja conscientemente a los hombres para los diversos puestos de

[1] Existe una buena descripción de una jerarquía cívico-religiosa tripartita en los Andes. Isbell (1978) documentó una tercera jerarquía —*sallqa*— relacionada con el pastoreo en Chuschi, Perú. Esta autora concluye que en los Andes, donde hay una tradición de pastoreo (llama, alpaca, vicuña) desde antes de la llegada de los españoles, la jerarquía *sallga* de hoy tiene antecedentes preeuropeos. En el caso de nuestra región nahua de Guerrero el origen de esta tercera estructura es obviamente colonial, ya que el ganado vacuno fue introducción europea en América.

acuerdo con los recursos humanos y materiales que poseen. No hay una categoría social o moral elevada para los que pasaron por los cargos altos que requieren de mayores medios; al contrario, ven como justo y correcto que los que más tienen, más aporten a la comunidad. Tampoco menosprecian a los que dan menos por tener poco para contribuir.

El grado de respeto que le tengan a un oficial mayor o a un Principal depende íntimamente de la forma en que desempeñó sus funciones. El pueblo distingue entre las habilidades demostradas por diferentes hombres y evalúa el trabajo de todos muy críticamente. En Ameyaltepec, pasar por un cargo importante puede ocasionar la pérdida de prestigio si el oficial o su familia fallan, si ejecutan mal ciertas obligaciones a los ojos del pueblo. Hay hombres en el pueblo que han pasado por altos cargos y son muy respetados, tienen influencia y peso moral, pero ello no se deriva del simple desempeño de las funciones formales. Ganaron este prestigio a través del buen ejercicio de su autoridad frente al pueblo; por haber demostrado su generosidad, seriedad y creatividad en el trabajo; por saber hablar y escuchar, y exhibir una habilidad excepcional en el manejo de las relaciones humanas.

Hay que dirigir nuestra atención hacia un último aspecto de la vida ceremonial y el sistema de cargos en pueblos tradicionales: el manejo del gasto suntuario. En las jerarquías clásicas descritas por Carrasco, Cancian y otros, cumplir en el sistema de cargos significa desembolsar recursos monetarios propios que corren por cuenta del individuo. Como resultado final, los oficiales mayores terminan el año en bancarrota o hasta endeudados, saliendo pobres en bienes pero "ricos en prestigio". La situación en Ameyaltepec es muy diferente por razones que hay que explorar con cuidado.

En primer lugar, por su éxito comercial, estos nahuas se encuentran en una situación económica privilegiada; no padecen de una escasez de recursos materiales y se enfrentan más bien con el problema de crear nuevas formas para emplear su excedente monetario. Las personas que ocupan los puestos más altos ya han amasado una riqueza considerable y el servicio en los cargos no los llega a empobrecer; dentro del año en el que trabajan percibirán *menores ganancias,* pero no estarán sacrificando recursos claves para su bienestar económico. En realidad, la existencia de un ciclo ceremonial tan complejo y lujoso en este pueblo brinda la oportunidad de utilizar una parte de las ganancias del comercio de una manera socialmente aceptable y solidaria. Por esta causa se ha experimentado una acelerada expansión de la vida ritual y un incremento, tanto en la cantidad, como en la calidad de los bienes consumidos en ella.

Hay que señalar otro factor importante en la exploración del manejo del gasto monetario que ocasionan el servicio y la vida ceremonial en este grupo nahua. El rasgo más significativo de su sistema es que internamente la movilización de los recursos y bienes consumidos está estructurada para minimizar el gasto individual y para socializarlo entre muchos. Esta situación va más allá del hecho de que en años recientes la comunidad haya alcanzado un buen nivel material colectivo; este principio organizativo refleja una lógica esencial, fundamental en su estructura comunitaria.

Los santos de la iglesia en Ameyaltepec disponen de recursos propios —animales, terrenos, maíz, ropa, oro, muebles, cera, aceite— que se transmiten a los oficiales religiosos entrantes. Los que están cumpliendo servicio manejan estos bienes y el ingreso que generan, y parte de éstos se usa para las necesidades del cargo. Además, en las fiestas principales recaudan cooperaciones en bienes o dinero entre todos los ciudadanos para los cohetes, la bebida, las flores, las velas, etcétera; para los animales, el maíz, el frijol, el chile y otras comidas preparadas en las "cocinas"; para financiar los castillos de fuegos artificiales; etcétera. Se ha observado también que los individuos de mayores medios económicos acostumbran hacer donaciones monetarias o de bienes a la iglesia, o para festejar a algún santo. Con respecto a los demás artículos que consumen en el contexto ceremonial, los reúnen entre todos los del grupo que está dando servicio, de tal forma que dividen entre varios la contribución requerida por su puesto. Cabe reiterar que las relaciones recíprocas en Ameyaltepec ofrecen a los que cumplen cargos una alternativa adicional para conseguir lo que necesitan en el ejercicio de sus funciones sin recurrir al endeudamiento de dinero propio.

Los oficiales que ocupan los puestos más importantes manejan una cantidad en efectivo que administran como parte de sus responsabilidades. En ciertas ocasiones, la asamblea del pueblo autoriza la utilización de este dinero para los gastos que ocasiona el servicio, aunque tiende a preferir el cobro de cooperaciones nuevas a los ciudadanos en lugar de optar por acudir a esos fondos. Últimamente el pueblo ha decidido invertir este dinero a plazo fijo en un banco de Iguala para aprovechar las altas tasas de interés, y permitir la acumulación más acelerada de la riqueza comunal.

El hecho de que las imágenes cuenten con bienes para festejarlas no es novedoso; esto existe en muchos otras regiones indígenas. Es interesante el análisis de Arizpe (1973) sobre la comunidad nahua de Zacatipan, Puebla, como contraste con la situación de Ameyaltepec. Arizpe observó en Zacatipan que los recursos de los santos administrados por los oficiales cumpliendo con los cargos mayores les sirven de subsidio para sus propias actividades durante el año. Ella notó: "Las diferencias en cantidades en las alcancías de los Mayordomos resultan en beneficio para los más ricos, que así reciben periódicamente préstamos por parte de la comunidad que les viene en ayuda a capitalizar y a sobrellevar los gastos de la Mayordomía. Los Mayordomos menores, en cambio, no ganan nada con cumplir con su obligación de la

Mayordomía" (1973:130). Arizpe concuerda con la conclusión de Cancian en que el sistema de cargos refuerza y legitima la estratificación existente en la comunidad al darle a los más prósperos acceso a bienes comunales que subsecuentemente manejan para su beneficio personal.

En Ameyaltepec el acceso a los bienes de los santos no tiene la misma importancia porque, a diferencia de Zacatipan, en la actualidad no hay una gran escasez de capital. Las familias que ocupan los puestos más altos son las más prósperas del pueblo, y tienen sus propios recursos. Además, las actividades de los que cumplen con los cargos mayores están vigiladas por su grupo de compañeros. Se rumora de vez en cuando que algún oficial dispuso de los bienes colectivos para un proyecto suyo, pero esto no se castiga mientras devuelva todo lo que recibió cuando abandone el cargo. Sin embargo, en años anteriores cuando la situación económica de todos era más precaria, es probable que tal dinero se utilizara frecuentemente para los negocios y el beneficio de los que trabajaban en esos cargos.

Los mecanismos que sirven para socializar los costos de la vida ceremonial en Ameyaltepec *son de carácter socio-estructural,* son formas organizativas tradicionales que por supuesto anteceden en mucho la prosperidad de los últimos quince o veinte años. Esta investigación sugiere que la forma colectiva de abonar los gastos ceremoniales de la comunidad —que se observa también en los pueblos vecinos de Ameyaltepec— refleja patrones antiguos que deben haber operado en zonas indígenas de otras partes de Mesoamérica. Los sistemas de cargos descritos en la literatura antropológica, los cuales exigen desproporcionados desembolsos individuales, a mi juicio, bien pueden ser productos de la desintegración progresiva de antiguos sistemas cooperativos análogos al sistema vigente en Ameyaltepec. En general, en el trabajo de campo es necesario estudiar con más cuidado las relaciones a través de las cuales los mayordomos y los oficiales de pueblos tradicionales movilizan bienes para el consumo ceremonial, sin suponer de antemano que todo se hace con fondos individuales. Es probable que en otras regiones indígenas todavía existan formas de socialización del gasto ritual parecidas a las que yo encontré en Guerrero.

El elemento central de la vida ceremonial de Ameyaltepec no es la cantidad de riqueza gastada en ella, por asombrosa que sea. Lo que impresiona aún más es *la escala de movilización social* que se necesita para llevar a cabo cualquier acontecimiento ritual, ya sea particular o público. El consumo de bienes es de importancia secundaria para nuestro análisis, en comparación con el intenso uso de trabajo y de energía humana y la complejidad de las relaciones sociales necesarias para poder movilizarlos. Aquí lo fundamental no es el dinero, que no les falta, sino la capacidad de los individuos y familias para conseguir el apoyo de tantos miembros de la comunidad cuando lo necesitan. Esta capacidad de movilización depende de que todos los grupos domésticos establezcan, mantengan y reafirmen las relaciones que tienen con las demás unidades familiares de la comunidad: sólo el haber ayudado a otros en ocasiones anteriores les permite lograr el apoyo necesario para poder cumplir con sus propios compromisos.

La intensificación de la vida ceremonial sirve a dos propósitos: consume parte del excedente monetario y forja unidad en la comunidad. Este último objetivo es importante porque en años recientes los mercaderes viajan cada vez más; las fiestas vinculan a todos, no obstante sus periódicas ausencias ocasionadas por el comercio. Un informante me lo explicó de la siguiente manera:

> Todos nos vamos a juntar el 15 [de agosto], y luego el 8 [de septiembre] cuando vamos a Tixtla, y luego el 15 y 16 [de septiembre]. También nos juntamos en San Miguel [festejando el 28 y 29 de septiembre] y en San Lucas [festejando del 14 al 18 de octubre], y en las Ofrendas [para los muertos del 29 de octubre al 2 de noviembre], y así todo el año. Es que somos muy fiesteros. En cada fiesta estamos sabiendo que todos tenemos que estar juntos. Después nos apartamos, cada quien se va lejos, a la lucha, [el comercio]. Pero siempre en la fiestas nos tenemos que ver. Aunque sea para un ratito, todos estamos juntos otra vez. Así estamos haciendo en mi pueblo.

La conceptualización del servicio y la organización interna que se da entre los nahuas de Ameyaltepec tiene más semejanza con ciertos casos descritos por investigadores que han trabajado en la zona andina que con los sistemas estudiados en la mesa central de Mesoamérica. En el libro citado arriba, Isbell destaca que en Chuschi, Perú, se emplea un concepto propio de lo que es la riqueza también aplicable en Ameyaltepec. Según Isbell, los miembros de este grupo quechua definen la "riqueza" en el sentido de la palabra *apu*: un hombre es rico cuando tiene acceso a trabajo recíproco, cuando cuenta con muchos parientes y compadres y cuando goza del respeto de los demás comuneros. El tener recursos materiales es una parte de esta "riqueza" pero no es suficiente, y un individuo aspira a poseer una amplia base social para "riqueza" —*apu*— que es inaccesible a través del dinero (Isbell, 1977:02).

Tanto Isbell como Meyer (1974) subrayan el hecho de que el servicio es necesario para asegurar los privilegios y derechos de los individuos dentro de la comunidad en el área andina. Así, la conceptualización y aplicación de las relaciones recíprocas entre familias se extiende a la relación entre los individuos o familias y la colectividad. Una observación hecha por Meyer sobre los quechuas de Tangor, Perú, es la misma que hemos hecho sobre los nahuas de Ameyaltepec. Meyer dice: "Así queda claro que los mismos tangorinos perciben su servicio a la comunidad como un intercambio que les da derecho a la tierra, a participar en la comunidad y a participar en fiestas" (1974:261; traducción de la autora).

Estas interpretaciones del concepto de riqueza *Apu,* y del significado de rendir servicio a la comunidad son de mucho valor para explicar la persistencia de estas estructuras cívico-religiosas en pueblos indígenas. Tienen más utilidad que los análisis enfocados en una supuesta competencia entre todos para ascender dentro de una "jerarquía de prestigio".

Estas conceptualizaciones indígenas son la base de las relaciones recíprocas e incluyen a la vez relaciones económicas, sociales e ideológicas (véase Tercera Parte, capítulo XIII). La existencia de esta esfera de relaciones y su constante reforzamiento a través de la vida ceremonial son esenciales para la reproducción de la identidad étnica, no sólo en Ameyaltepec, sino en muchos otros lugares.

Tercera Parte

ORGANIZACIÓN ECONÓMICA INTERNA DE AMEYALTEPEC

En la Primera Parte analicé en detalle las relaciones económicas que mantienen los nahuas de Ameyaltepec con la formación económica capitalista dominante. Éstas se dan principalmente a través de la comercialización, en el mercado turístico, de su propia producción artesanal y de otros objetos hechos a mano que revenden. Falta examinar ahora las relaciones económicas internas a la comunidad, y la forma en que éstas se ven afectadas por el ingreso monetario proveniente del comercio. Hay que advertir que la distinción hecha aquí entre el sector comercial y las relaciones socioeconómicas tradicionales al interior de la comunidad es una diferenciación artificial: la gente de Ameyaltepec lleva una forma de vida muy compleja, pero completamente integrada, en la cual es difícil separar lo económico de lo social, o de lo ideológico. Sin embargo, para enfocar puntos específicos es necesario utilizar unidades de análisis menores, cuya delimitación resulta hasta cierto punto arbitraria.

Por ser la columna vertebral de la economía tradicional, la agricultura constituyó una área de investigación prioritaria en el trabajo de campo. Los de Ameyaltepec siguen practicando la agricultura de subsistencia y dependen de los productos de la milpa para una parte considerable de su sustento familiar. Además de documentar el ciclo agrícola de la comunidad, presté mucha atención al análisis de las relaciones económicas entre familias para llevar a cabo la producción agrícola; éstos se escriben en el capítulo x.

Medir el efecto del comercio sobre la agricultura era la otra consideración importante en el trabajo de campo. Resulta que los indígenas de Ameyaltepec siguen cultivando la tierra a pesar de percibir crecientes ingresos monetarios. Para explicar su apego a la agricultura había que tomar en cuenta tanto elementos económicos como elementos ideológicos; éstos se exploran en detalle en el capítulo xi.

La construcción de casas ha sido uno de los sectores de la economía que recibió más estímulo por el crecido flujo de dinero hacia la comunidad y es el tema del capítulo xii. Aunque el dinero ha tenido un efecto decisivo sobre la economía interna del pueblo, éste ha sido canalizado de acuerdo con la racionalidad económica propia. El análisis de la construcción y la configuración de relaciones económicas en torno de ésta, demuestran claramente cómo estos nahuas han empleado sus nuevos recursos monetarios conforme a una lógica particular.

Al explorar los efectos de los ingresos del comercio sobre la economía de Ameyaltepec, examiné los mecanismos empleados para canalizar internamente el excedente: así llegué a la necesidad de caracterizar y explicar una antigua racionalidad socioeconómica que todavía opera. En esta comunidad es necesario conseguir mano de obra y apoyo material de los demás habitantes para llevar a cabo la agricultura y otras actividades de subsistencia, para cumplir las obligaciones de servicio y para participar en la vida ritual. No obstante la existencia de un enorme excedente monetario en los últimos años en el pueblo, ni la fuerza de trabajo ni otros recursos económicos como la tierra y los animales de trabajo se han convertido en mercancías. El sistema empleado para movilizar trabajo y bienes "ajenos" a la unidad doméstica particular sigue siendo el de "ayuda mutua" o de "trabajo a mano vuelta". En la actualidad todavía hay una extendida y complicada red interna sobre la base de lo que llamo relaciones recíprocas.

Por tratarse de una forma de organización socioeconómica precapitalista que conserva su funcionalidad, estudié cuidadosamente este "sistema de reciprocidad" o "esfera de relaciones no-monetarias" en el trabajo de campo. Fue impresionante observar la flexibilidad, la adaptabilidad y la eficiencia de este sistema cuya dinámica analizo en el capítulo XIII. Es notable ver que el ámbito de estas relaciones recíprocas ha sido ampliado en los últimos años precisamente por la entrada de dinero en la comunidad. Llegué a la conclusión de que el mantener estas relaciones y el poder elaborarlas y extenderlas, han sido condiciones imprescindibles para la conservación de la identidad étnica de este grupo.

X. LA AGRICULTURA

La gran mayoría de las familias de Ameyaltepec cultiva la tierra, combinando el trabajo agrícola con el trabajo artesanal y comercial como medio de vida. Toda la agricultura practicada en el pueblo es de subsistencia: sus productos no entran en la red comercial y su única meta es asegurar cantidades suficientes de maíz, frijol, semilla de calabaza, rastrojo y otros bienes para el consumo doméstico anual. Ya que la agricultura es la base principal de la economía tradicional, presté una particular atención durante mi investigación al estudio de las relaciones económicas internas que giran en torno a la producción agrícola, y a considerar la manera en que éstas se han ido modificando frente al ingreso monetario del comercio. A partir del trabajo de campo se definieron tres recursos clave en la producción agrícola de esta región: los animales de trabajo, la tierra de cultivo y la mano de obra. Descubrí que en Ameyaltepec las unidades domésticas se acomodan entre sí, movilizando y coordinando estos elementos con una notable ausencia de dinero. Para presentar un cuadro completo de la producción agrícola, se describen brevemente el medio ambiente y el ciclo agrícola de la zona, antes de analizar los arreglos más frecuentes entre las familias para llevar a cabo el trabajo agrícola.

Ecología y el ciclo agrícola

Es necesario advertir que esta región de Guerrero es poco favorable para la agricultura. Las tierras de cultivo de Ameyaltepec se ubican en medio de la Sierra Madre del Sur, entre 800 y 1 200 metros de altura sobre el nivel del mar. La vegetación natural es el chaparral característico de las zonas calientes semiáridas: arbustos y árboles pequeños, nopales, órganos y otros cactos, pasto natural sólo en la estación de lluvias. La topografía es muy accidentada: la mayoría de las tierras de cultivo se encuentran sobre lomas o cerros, en las laderas de largas, profundas barrancas y tienen inclinaciones abruptas. No hay mecanización alguna en la región; todas las labores se realizan con tracción animal, o con coa en los terrenos muy perdregosos o empinados.

A diferencia de Xalitla, situado a orillas del río Tepecoacuilco, y de San Agustín Oapan y otros pueblos vecinos ubicados en las riberas del río Balsas, Ameyaltepec no cuenta con agua para riego. La agricultura es

Alberta "Dionisia" Claudio, Ameyaltepec, 1984. *La vida del pueblo.* Escenas del trabajo agrícola, cocción de piezas de barro y quehaceres domésticos bajo vigilancia de los ángeles. Tinta china en papel de amate blanco.

Felipe de la Rosa, Ameyaltepec, 1984. *La pisca del maíz* Escena de la cosecha incluyendo la pisca, el acarreo y el "calentamiento" de la mazorca; se ve también el pastoreo de chivos. *Véase* Tercera Parte, Capítulo 10. Tinta china en papel de amate blanco.

de temporal y en opinión de todas las personas del pueblo, el problema más grave para la agricultura es la falta de lluvia. Las lluvias empiezan tarde —a finales de mayo o a principios de junio—, y se retiran temprano —a finales de septiembre— lo que suma solamente cuatro meses de lluvia en el año. Además, se dan periodos de escasez de precipitación pluvial durante la estación de lluvias. El suelo es pedregoso o arenoso y, por consiguiente, tiene una limitada capacidad para retener la humedad: debido a estas condiciones las milpas resultan sumamente vulnerables a la sequía. Los informantes confirman que las milpas no pueden pasar más de ocho días sin lluvia, sin sufrir bajas en el rendimiento, y es frecuente que ocurran sequías de diez, doce y hasta quince días en la zona. Para los agricultores de Ameyaltepec, el cultivo de la tierra es una empresa sumamente arriesgada, por ser la región tan desfavorecida ecológicamente para ello. Tal vez por eso la vida ceremonial sigue siendo tan importante como una manera de proteger las milpas e influir sobre los elementos naturales.

Todos los pueblos de la región practican la rotación de tierras en la que dejan descansar las de temporal durante un año y van alternando el cultivo con el pastoreo de ganado. Por este motivo, el análisis de la agricultura de los pueblos de la región debe abarcar un periodo mínimo de dos años y seguir los arreglos económicos y los rendimientos de un ciclo entero de dos temporadas. Las familias procuran tener acceso a varias parcelas en diferentes lugares porque necesitan tierras de cultivo para dos años consecutivos, y porque siembran simultáneamente terrenos dispersos para tratar de amortiguar el efecto de la sequía, de las plagas o del granizo eventual.

En Ameyaltepec el ciclo agrícola está directamente relacionado con el ciclo ceremonial; la observancia de las ceremonias agrícolas y de las fiestas religiosas del calendario de la Iglesia Católica sirve de punto de referencia para todas sus tareas y actividades. No hay espacio aquí para describir estas complejas ceremonias pero cabe señalar que para el agricultor nahua, los ritos y las fiestas agrícolas forman parte integral del proceso de labrar la tierra. Desde el punto de vista indígena, el aspecto ritual es tan indispensable para la agricultura como es el acto de echar la semilla en la tierra.

El trabajo agrícola empieza en marzo y abril con el desmonte de las tierras, que consiste en cortar con machete la hierba y otra vegetación que ha crecido durante el año y medio de descanso. También en estos meses los que quieren aplicar estiércol (a sus milpas) lo llevan a sus parcelas; este abono animal y toda la hierba cortada quedan mezclados con la tierra cuando entra la yunta para arar. Al tratarse de un terreno virgen, se cortan los árboles y arbustos en enero o febrero a fin de que se sequen lo suficiente como para poder quemarlos en abril o mayo. Para preparar una tierra virgen también es necesario quitarle la piedra; esta tarea puede durar años y al principio, si es muy pedregoso, se trabajará la tierra con coa porque las rocas pueden romper un arado. Sin embargo, la piedra ayuda a conservar la humedad y evita la erosión, por eso su presencia puede aumentar la productividad de la parcela no obstante que es más laborioso trabajarla manualmente. Tradicionalmente las mujeres se encargaban del cultivo de la tierra virgen el primer año, utilizando la coa; en dos años las raíces de la vegetación primaria se secan o se pudren para permitir entonces el paso del arado —si no hay mucha piedra— y es cuando empiezan a trabajar los hombres. En general las tierras labradas con coa son preferidas por las mujeres solas, las "viuditas", por los ancianos, o por otras personas que no pueden o no quieren trabajar con una yunta de animales de tiro. A primera vista, estas tierras parecen ser marginales y poco rentables, pero en realidad representan un recurso importante aprovechado por ciertos miembros de la economía local.

Las primeras lluvias fuertes caen a principios del mes de junio; esperan tres "aguaceros" antes de arar para aflojar la tierra. En una temporada normal, la fiesta de San Juan, el 24 de junio, es el punto de referencia para la siembra que debe estar adelantada para esta fecha, y la gente espera haberla terminado a finales de junio cuando muy tarde. Sin embargo, todo depende de las lluvias; en 1980 el agua se atrasó tanto que no empezaron la siembra en la región hasta los primeros días de julio.

En la milpa se siembra maíz, frijol, calabaza, sandía y melón, todo intercalado. La semilla es "criolla", semilla propia que se va escogiendo y guardando cada año; ésta es la más adecuada por ser adaptada a las condiciones ecológicas específicas del lugar. En las milpas predomina el maíz blanco pero todas las familias siembran también algo de maíz rojo, azul y amarillo, para poder variar la tortilla durante el año. Siembran diferentes clases de calabaza, tres variedades de frijol —blanco, negro y "frijol chino"— dos tipos de sandía y varias clases de melón. Casi todas las familias agregan a sus milpas unos surcos de ajonjolí —"para el gasto de la casa"—, flores, chile y hierbas de olor. Dentro de la misma milpa nacen varios quelites que se cortan para comer y brota un tomate silvestre —*tepetomatl*— que se seca como si fuera uva pasa para almacenarlo y sirve para sazonar las salsas y los caldos durante todo el año. En septiembre y octubre aparecen los chapulines y en esta época, los que trabajan en las milpas llevan bolsas de plástico amarradas a su cinturón, allí depositan todos los chapulines que logran alcanzar para comerlos después. Además de que los chapulines sirven para la alimentación, atraparlos sistemáticamente ayuda a controlar esta plaga. En realidad la milpa de Ameyaltepec es un pequeño ecosistema dependiente de la intervención humana, compuesto de una gran variedad de plantas silvestres y cultivadas que se complementan mutuamente; a la vez, éste proporciona elementos para una dieta variada y nutritiva.

Los primeros elotes se dan a mediados de septiembre, a las diez o doce semanas de la siembra, lo cual es bastante rápido. El 13 del mes de septiembre hay una importante ceremonia agrícola que consiste en bendecir y ofrendar los primeros frutos de la milpa. Se considera una falta de respeto tomar bienes de la milpa antes de este rito; pero a partir de estas ofrendas las familias pueden disfrutar libremente del producto de su trabajo. En la fiesta de San Miguel —el 29 de septiembre— y en otras ofrendas que se realizan el 29 de septiembre, hay elotes en abundancia, y la dieta cotidiana se complementa con ejotes, sandía, melones, flor de calabaza y calabaza tierna.

Toda la milpa empieza a secarse muy pronto por el calor y la disminución de la lluvia; después del 8 o el 10 de octubre ya no hay elote tierno y se inician los diferentes pasos de la cosecha. Durante la primera quincena de octubre cortan el frijol chino, acarrean y golpean el frijol blanco y negro, y empiezan a cortar y a acarrear el melón y la sandía. Después de la fiesta de San Lucas, que se celebra del 14 al 18 de octubre, se dan el zacateo y el acarreo de los manojos de zacate para almacenaje. A principios de noviembre —después del Día de Muertos— juntan y transportan la calabaza hasta las casas donde quitan la semilla para secarla, dándole la cáscara a los marranos y a los burros.

En la última quincena de noviembre se inicia la pizca del maíz; todas las familias empiezan a cosechar el mismo día. Se determina la fecha en una asamblea del pueblo y la decisión se toma en conjunto con las autoridades de los pueblos vecinos. Se castiga a cualquier persona que no espere hasta el día señalado; guardan esta costumbre en la zona porque todo el ganado de la región anda suelto en el campo y existen combinaciones de trancas para controlar su movimiento. El dueño de cualquier animal que entre a una milpa ajena —del pueblo que sea— tiene que indemnizar a la familia perjudicada. Se necesita la cooperación de todos para mantener cerradas las trancas para que sirvan de protección a los sembradíos. Quien se adelante en la pizca no expone su cosecha al mismo riesgo que los demás, y se considera probable que éste descuide las trancas y las deje abiertas causándoles daños a otros.

Con la pizca del maíz se inicia un periodo de intensa actividad, día y noche, hasta que se acaben las labores del campo. Todas las familias tienen que terminar la pizca y el acarreo de la mazorca a tiempo para los preparativos de la fiesta del pueblo, el 7 y 8 de diciembre, en honor de la Virgen de la Concepción. Pasada esta celebración, en diciembre y enero deshojan y desgranan la mazorca, "calientan" el maíz —lo cual consiste en exponerlo al sol durante varios días para que se seque bien y para que no se pique por insectos —y luego lo almacenan en los *cuexcomates* o trojes.

Arreglos económicos en la agricultura

Nuestro interés principal aquí es analizar las relaciones internas que se dan en Ameyaltepec en torno de la producción agrícola; en las cuales la unidad doméstica tiene que movilizar y coordinar tres elementos claves: tierra, animales y mano de obra. Para asegurarse los productos de la milpa, cada familia desarrolla una estrategia económica propia basada en los recursos del grupo, y a la vez se relaciona con otras familias del pueblo de una manera complementaria. Las estrategias cambian de año en año, conforme los ajustes internos de la composición del grupo doméstico y los bienes materiales con los que cuenta para llevar a cabo el cultivo de la tierra. A continuación analizaremos los múltiples arreglos observados dentro de la comunidad, mediante los cuales ésta asegura el acceso de sus miembros a cada recurso vital para el ciclo agrícola.

Tierras. En Ameyaltepec todos tienen acceso a la tierra de cultivo; los suelos no son de buena calidad, pero cualquier familia que desee sembrar tiene la posibilidad de obtener el uso de una parcela. Existen tierras de cultivo comunales —*tequitlalli*— y, como consecuencia de la reforma agraria, Ameyaltepec recibió una dotación ejidal que maneja en forma comunal, puesto que para ellos tradicionalmente la tierra es patrimonio de la comunidad entera. Se mantiene la conceptualización de la tierra comunal como propiedad de todos, que no pertenece a nadie en particular y, por lo tanto, es estrictamente vigilada por el pueblo. La colectividad concede el usufructo de la tierra ejidal y comunal a los ciudadanos y a las mujeres "viuditas" que la soliciten. Se da el derecho a las parcelas ejidales año tras año mientras las familias las sigan cultivando y sigan cumpliendo sus obligaciones de servicio con el pueblo.

Todavía quedan tierras ejidales vírgenes disponibles para el cultivo; el derecho de uso de estas tierras y del *tequitlalli* puede ser solicitado por un nuevo ciudadano sin tierra, o por cualquier familia que quiera ampliar la extensión que siembra. El usufructo de la tierra se da conforme a las necesidades y posibilidades de cada familia, las cuales se discuten en las asambleas del pueblo donde los ciudadanos toman las decisiones sobre el manejo de la tierra del pueblo. El usufructo de la tierra comunal —*tequitlalli*— antes se extendía año tras año. Sin embargo, cerca de 1975 el pueblo decidió rotar el acceso a esta tierra, ya que el pueblo está creciendo y son cada vez más las familias que necesitan donde cultivar.

Hay algunas parcelas de propiedad privada que remontan hasta fines del siglo XIX, cuando un terrateniente de la región, Juan Montufart, de Tepecoacuilco, Guerrero, vendió una parte de sus propiedades a familias de Ameyaltepec, Maxela, Ahuehuepan, y posiblemente de otros pueblos más.

Estas parcelas privadas se siguen transfiriendo por herencia entre unas cuantas familias de Ameyaltepec, pero son de escasa importancia por sus dimensiones reducidas y porque sus propietarios no se hicieron ni más prósperos ni más influyentes por el hecho de poseerlas.

Durante los años 60 y a principios de los 70 creció la propiedad privada en Ameyaltepec por dos motivos. Por una parte, algunas familias del pueblo compraron tierras de cultivo a familias de San Juan Tetelcingo y San Agustín Oapan. Estas dos comunidades vecinas recibieron dotaciones ejidales mucho mayores que Ameyaltepec, y poseían además extensiones grandes en manos de particulares. Este comercio de tierras terminó en 1970 cuando los Principales de estos dos pueblos decidieron prohibir la venta de propiedad privada a personas ajenas a sus comunidades.[1]

Un informante hizo la siguiente observación:

> Yo pienso que está bien lo que hicieron estos señores. Yo soy de Ameyaltepec, y a mí me gustaba que nos vendían sus tierras, y mis paisanos están queriendo comprar más, sólo que ya no se puede. Pero los Principales allá, en Oapan y San Juan, pensaron que a estas tierras las van a estar necesitando ellos también, para sus hijos o sus nietos. Y por eso dijeron que ya no las pueden vender. Dentro de su pueblo sí, pero con otros ya no.

Siguió exponiendo que las autoridades no otorgarán ninguna escritura sobre tierras vendidas afuera de sus respectivas comunidades, y subrayó que a Ameyaltepec no le interesa adquirir propiedad privada sin escrituras.

La otra fuente de propiedad privada de Ameyaltepec fue la compra, alrededor de 1970, de un terreno grande que pertenecía a una familia de Tixtla, Guerrero. Uno de los Principales de Ameyaltepec opinó que los dueños de esta tierra la ofrecieron en venta a Ameyaltepec porque temían perderla por litigio con el pueblo de San Agustín Oapan. Como decisión colectiva, Ameyaltepec utilizó recursos de la Virgen de la Concepción para poder efectuar la compra lo más pronto posible. Después se repartió el terreno y el costo entre unas 60 familias que así adquirieron una parcela de propiedad privada.

A pesar de este cuadro favorable, hay cierta escasez de tierras en Ameyaltepec. En primer lugar, la dotación ejidal no es lo suficientemente grande como para permitir el año de descanso que se practica en la región. Todas las familias tienen acceso por un año a las tierras ejidales, pero el segundo año tienen que buscar por su cuenta tierras adicionales. Las pocas familias

[1] Me pareció significativo que todavía exista control colectivo sobre la propiedad privada. No obstante el hecho de que bajo la ley civil se pueden vender estas tierras, los dueños indígenas respetan la autoridad de los oficiales locales tradicionales y se atienen a su decisión.

con propiedades cultivan sus parcelas en el año de descanso, y las demás buscan tierras prestadas en los pueblos vecinos. San Juan Tetelcingo y San Agustín Oapan recibieron en el reparto agrario dotaciones ejidales mucho mayores que Ameyaltepec; familias de estas comunidades suelen prestar el uso de una parte de sus tierras a los de Ameyaltepec.

Existen consideraciones que hacen que unos terrenos sean más deseables que otros, aunque no tienen que ver con la fertilidad o la calidad del suelo. Hay tierras de cultivo que quedan desde media hora hasta dos o tres horas de camino del pueblo, y por conveniencia las familias prefieren cultivar tierras más cercanas. Los que tienen sus parcelas lejos del pueblo construyen casas provisionales en el campo; para ahorrar el tiempo de ida y vuelta se trasladan a vivir temporalmente a sus milpas durante los meses de trabajo agrícola, lo que implica cierta incomodidad. Por otra parte resulta más difícil conseguir mano de obra adicional cuando la parcela está lejos del pueblo, y el trabajo de acarrear toda la cosecha es mayor cuanto más lejos está la milpa. Otro factor que interviene en la búsqueda de tierras se debe a la crónica falta de lluvias en la zona; las familias prefieren sembrar dos, tres o más parcelas pequeñas en diferentes lugares en vez de una grande. Tratan así de minimizar el daño por falta de lluvia; esperan que aunque se seque la milpa en una parte, caerá lluvia suficiente en otra. Esta preferencia para sembrar tierras dispersas sirve también para minimizar pérdidas por plagas o por granizo.

Por todas estas razones, las familias de Ameyaltepec llegan a diferentes arreglos sobre tierras entre ellos mismos y a veces con familias de los pueblos vecinos. Estos arreglos se dan, no por escasez o acaparamiento del recurso, sino porque todas las unidades domésticas buscan acomodarse entre sí para sacar mayor ventaja, según sus bienes y su composición. Es un proceso orgánico, no conflictivo, y todos los ajustes se van haciendo con el conocimiento y bajo la vigilancia de las autoridades y de los ciudadanos de las comunidades.

Se observan en la práctica varias estrategias para lograr acceso a la tierra de cultivo, y una unidad doméstica puede emplear una o varias de ellas:

1) Lo más común es solicitar al pueblo la concesión de una porción de tierra ejidal; mientras la siga cultivando, la familia tiene su usufructo asegurado año tras año. Un ciudadano o una "viudita" puede pedir en una junta del pueblo la porción específica que le interesa, o puede pedir una extensión virgen determinada para ampliar la superficie que cultiva, o también puede pedir cualquier terreno que otra persona haya dejado de sembrar.

2) Hay parcelas pequeñas (de media hectárea) reservadas para los hombres que cumplen servicio en la comisaría. Tienen derecho a sembrar estos pedazos durante el año en que desempeñan un cargo civil. Si alguno que da servicio no trabaja estas tierras, cualquier ciudadano puede solicitar el uso de ellas en una asamblea del pueblo.

3) Hay tierras de la Virgen de la Concepción, Patrona del Pueblo, que se trabajan en común y cuyo producto es propiedad de la Virgen, o sea del pueblo. Se decide en las juntas del pueblo si efectivamente trabajarán estas tierras, y en caso de no cultivarlas comunalmente, el pueblo puede prestarlas a familias que las pidan.

4) Se puede rentar un terreno de propiedad privada de otra familia de Ameyaltepec o de un pueblo vecino. Se puede pagar el uso de la tierra con dinero, pero es más usual que se le entregue al dueño una parte del maíz y del zacate.

5) Dos familias pueden arreglarse entre sí para trabajar un terreno "a medias"; comparten así animales, mano de obra y tierra y dividen el producto. En la práctica, los arreglos "a medias" ocasionan mucho conflicto entre las familias y no se consideran una buena manera de acomodarse.

6) Una familia que no quiere o no puede sembrar un terreno ejidal propio puede prestarlo a otra familia a cambio de productos de la milpa. Esto se permite en una ocasión, pero no se puede repetir en forma habitual, ya que el pueblo no permite "rentar" esta tierra.

7) Una familia puede adquirir un lote de tierra de propiedad privada a través de su compra con dinero.

Animales. En Ameyaltepec el recurso clave para la agricultura es la fuerza animal; exceptuando las tierras trabajadas con coa, todas las labores se realizan con tracción animal y las bestias son necesarias para acarrear la cosecha. Esta última es una tarea considerable dada la lejanía de las tierras de cultivo del pueblo, y la topografía tan accidentada que no admite fácilmente la entrada de vehículos motorizados. Dentro del pueblo se depende del trabajo animal para traer agua del pozo, para transporte humano y para mover cualquier otra carga como leña, materiales de construcción, costales de maíz, etcétera. En las labores de campo, se utilizan burros, bueyes y mulas, pero los animales de preferencia son las mulas. Una yunta de bestias mulares ara más rápidamente que una yunta de bueyes, así que las mulas permiten sembrar extensiones mayores y ofrecen la ventaja adicional de servir para carga.

Las familias de Ameyaltepec procuran ser dueñas de los animales, lo cual significa comprarlos en la mayoría de los casos, aunque los que tienen burras y vacas pueden contar con la cría si ésta se logra. Las mulas son los animales más caros y representan una inversión considerable; llegan al pueblo vendedores arreando mulas traídas de criaderos de Chihuahua, Coahuila o Tamaulipas. Una mula bronca de buena calidad vale alrededor de 400 dólares. Los burros y los bueyes son más baratos: los burros cuestan de 50 a 100 dólares, y los bueyes de 200 a 300 dólares. Ha habido un crecimiento acelerado en la población animal de Ameyaltepec en los últimos veinte años porque es una de las inversiones prioritarias que se han realizado con los ingresos de las artesanías.

Las familias que no son dueñas de sus propios burros, mulas o bueyes tienen que buscar animales prestados, y aun las que los tienen necesitan trabajo animal adicional en ciertas épocas. Por eso hay diferentes estrategias empleadas en la comunidad para obtener el uso de animales, entre ellas predominan las siguientes:

1) Se puede pedir un animal prestado por toda la temporada de trabajo agrícola a cambio de maíz; como regla general el uso de una mula vale seis cargas de maíz desgranado, y el del buey vale cuatro cargas de maíz; o bien el dueño del animal puede pedir una cantidad determinada de zacate en lugar de maíz. El uso de las mulas para carga se arregla por separado, y también se negocia la menutención del animal —a veces, el que lo presta pondrá una parte de la alimentación para estar seguro de que su bestia coma bien; otras, un muchacho de la familia que presta los animales los acompaña como gañán o peón para encargarse de su cuidado.

2) La Virgen de la Concepción —Patrona del pueblo— tiene ganado que se ocupa en el trabajo agrícola. El Mayordomo de San Lucas y los Vaqueros de la Virgen son los encargados de cuidar este ganado y de "rentar" los bueyes a los que los necesiten y los pidan. En 1980-1981 prestaron diecinueve bueyes de la Virgen, y por lo general facilitan sólo un buey por familia. El uso de estos animales se cobra en dinero, y este dinero forma parte de la riqueza comunal de la Virgen. El precio está muy por debajo del valor general de un buey, si se calcula el valor monetario de cuatro cargas de maíz. Prestan estos bueyes únicamente a las familias que no tienen sus propios animales como una especie de medida de bienestar social, y de hecho el pueblo lo concibe así. En 1980, el Mayordomo de San Lucas sugirió al pueblo que se doblara el precio por el uso de los bueyes de la Virgen. La asamblea rechazó la proposición con el argumento de que el ganado de la Virgen es para beneficio del pueblo, que constituye una ayuda de la Virgen a los que menos tienen, y que no se debe manejar como negocio.

3) Se pueden prestar los animales a cambio de acceso a un terreno o a cambio de mano de obra.

4) Dos unidades domésticas pueden cooperar para el trabajo de una sola yunta; esto es más frecuente cuando se siembran parcelas pequeñas.

5) Se pueden prestar animales a cambio de animales. Esto es frecuente cuando se trata de conseguir animales suplementarios para acarrear la cosecha; uno presta sus propios burros o mulas a cambio del uso de los animales de otro. A veces alguien que no siembra durante un año, presta un animal a cambio del uso de un animal para la temporada siguiente.

6) También se dan casos en que se prestan animales a un familiar, a un compadre o a un amante sin pedir bienes o trabajo a cambio, sino simplemente como ayuda.

Mano de obra. La mano de obra es el otro elemento que se combina con la fuerza animal y la tierra para llevar a cabo el trabajo agrícola. Como toda agricultura campesina, la de Ameyaltepec requiere periodos de trabajo intensivo con demandas variables de mano de obra en el resto del ciclo agrícola, y la fuente principal de mano de obra es la unidad doméstica. La familia numerosa es ventajosa para la agricultura ya que cuanto más miembros hay en la casa, más fuerza de trabajo no remunerada hay a disposición del grupo (remunerado aquí significa trabajo "pagado" en dinero, bienes o trabajo recíproco). El hecho de sembrar juntos y compartir el maíz define la unidad doméstica; indica que el grupo es una sola unidad de producción y de consumo, pero aun familiares económicamente independientes tienden a cooperar y a ayudarse mutuamente en el ciclo agrícola.

En Ameyaltepec todos los miembros de la familia intervienen en todas las actividades agrícolas. Los niños empiezan a realizar ciertas tareas a partir de los seis o siete años, y los ancianos siguen desempeñando las labores que pueden hasta que físicamente les es imposible; varios hombres y mujeres del pueblo mayores de ochenta años todavía trabajan en las milpas. En esta región la participación femenina es indispensable para la producción agrícola, lo cual es reconocido por hombres y mujeres. Las mujeres no sólo "ayudan" con tareas específicas como se ve en muchos pueblos campesinos (Good, 1976: 1983 a) sino que más bien realizan cada labor junto con los hombres y frecuentemente con exclusión de ellos. Las mujeres intervienen en todo: barbechan, siembran, desbosquejan la milpa, zacatean, pizcan y acarrean el producto; ellas escogen la semilla, golpean y limpian el frijol, sacan la semilla de la calabaza, deshojan la mazorca, desgranan y "calientan" el maíz. Las mujeres de Ameyaltepec son capaces de manejar las yuntas y limpiar el terreno con machete cuando no hay un hombre para hacerlo, y la única labor que no realizan ellas es la de subir los bultos de maíz desgranado a los cuexcomates. En algunas casas las mujeres se encargan de todo el trabajo agrícola mientras los hombres se dedican al comercio; sin embargo, en la mayoría de las familias, las mujeres se integran activamente al comercio y tanto hombres como mujeres participan en el cultivo de la tierra.

Aun con la fuerza de trabajo de todos los miembros de la unidad doméstica, casi siempre se requiere de mano de obra ajena al grupo, ya sea para sembrar extensiones mayores, o para tareas específicas que exigen mano de obra adicional, como el zacateo, la pizca y el acarreo de la cosecha. Los mecanismos para proveerse de esta mano de obra varían según las tareas y las circunstancias concretas de cada familia. Se describen a continuación los arreglos más frecuentes:

1) Una familia puede buscar un peón para toda la temporada —que suele ser un hombre joven, pero también puede ser una mujer—, y a cambio de su trabajo le dan el producto de una parte señalada de la tierra sembrada. También le pueden dar cargas de maíz desgranado, o le pueden prestar animales o tierra a cambio de su trabajo. La familia para quien trabaja tiene otras obligaciones para con el peón; le dan todas las comidas mientras trabaja con ellos; puede ser que le den un "cuarto", le den "dinero para el refresco" y lo vistan. Una familia que cuenta con un peón para la temporada tiene obligación de darle ropa en tres ocasiones —al iniciarse las labores, el 15 de septiembre y en la fiesta del pueblo el 7 y 8 de diciembre—. Cada vez deben vestirlo completamente —con ropa interior, huaraches, el pantalón y la camisa, un paliacate y un sombrero (si es mujer le dan vestido y delantal y la demás ropa correspondiente).

2) A veces dos familias cooperan para trabajar la tierra en común; existen arreglos "a medias" en los que comparten sus recursos y el trabajo, y después dividen la cosecha, pero en la práctica estos arreglos ocasionan muchos conflictos entre las familias y no se consideran recomendables. Es más usual que una familia vaya a trabajar con otra familia como "peones", aportando mano de obra. El arreglo varía mucho,[2] pero en general, le corresponde a la familia "peón" una extensión de la tierra cuyo producto será suyo, trabajada con semilla, herramienta y animales de la familia "patrón". En la temporada las dos familias viven juntas; los "peones" cierran su casa y se van a vivir a casa de los que solicitaron su colaboración. Es la estrategia preferida de las familias que no disponen de animales propios, y de las que poseen animales pero que no tienen mano de obra suficiente. Aunque aparentemente hay un "patrón" y un "peón", en realidad es una variante más equitativa de los arreglos "a medias"; es una manera de combinar los recursos de dos familias, en la cual tanto la inversión que aporta cada familia como los beneficios que obtiene son previamente estipulados en el acuerdo.

3) El trabajo recíproco es la estrategia principal para conseguir mano de obra adicional para tareas específicas como el zacateo, la pizca, el acarreo, el deshojar y desgranar y la "calentada" del maíz. Las personas van a traba-

[2] Se dan casos de pago monetario a los que aportan mano de obra por la temporada; muchos informantes me explicaron que se usa el dinero debido al problema de la variabilidad de la lluvia; en un año bueno, les conviene tanto a los "peones" como a los "patrones" el arreglo arriba descrito. Pero en caso de que no llueva —demasiado común en la zona—, a ninguna de las dos partes les beneficia dividir un producto reducido que no alcanzaría ni para una de las dos familias. En estas circunstancias a los "peones" les conviene más recibir dinero y tratar de comprar maíz fuera del pueblo en el tiempo de la cosecha, cuando el precio es más bajo. Las recientes sequías en esta zona han provocado el uso del dinero cada vez más en estos arreglos.

jar en "tierra ajena" (*tetlapan*) ayudando a otro cambio de trabajo recíproco, no de dinero. El incentivo no es monetario sino que uno conseguirá trabajadores para su milpa por haber ayudado a otros; el trabajador recíproco siempre recibe, además, su comida ese día.

4) Se dan casos de contratación de peones por día a cambio de un sueldo y una comida; eventualmente alguien de Ameyaltepec acepta este trato, pero la mayoría de estos peones vienen de otros pueblos. Entre ellos están San Miguel Tecuixiapan y San Marcos Guacatzingo, dos pueblos que no son artesanos/comerciantes y que son más pobres, económicamente, que sus vecinos (véase Cuarta Parte, capítulo XV). Entre los de Ameyaltepec se usa el sueldo principalmente cuando alguien no tiene posibilidades de devolver el trabajo, y en estas circunstancias muchas veces se considera trabajar por dinero como un favor.

5) Es posible conseguir mano de obra a cambio de otra clase de trabajo no agrícola, o prestando animales o herramienta; también es común que alguien ayude a otra persona sin remuneración, sobre todo entre parientes, entre ahijados y padrinos y entre amantes.

Medidas y rendimientos

La flexibilidad y variedad de los arreglos que se dan en Ameyaltepec benefician a los agricultores, pero presentan un problema para el investigador que busca cuantificar la producción para representarla en una forma esquemática. Es mucho más fácil recopilar y analizar estadísticas sobre agricultura en comunidades donde las relaciones monetarias dominan el cuadro. Pero me enfrenté al problema de evaluar el rendimiento, la eficiencia y la productividad de la agricultura en Ameyaltepec sin esta clase de cifras. Opté por hacerlo, no desde el punto de vista cuantitativo, impuesto por un investigador ajeno, sino usando las medidas y valores de la misma comunidad, decisión que tuvo sus ventajas y facilitó la obtención de datos. Había que reconocer que el indígena, cuya sobrevivencia depende de su trabajo agrícola, tiene su propio sistema para medir la eficacia de su esfuerzo, el cual es más válido que aquel que aplica un observador de afuera.

En Ameyaltepec usan dos maneras de medir una extensión de tierra; se mide un terreno de cultivo según la cantidad de semilla sembrada en él, o según la extensión laborable por una yunta de bueyes o mulas en una temporada. Entonces en el pueblo se suele hablar de tierras de ocho cuartillos, de doce cuartillos, de veinte cuartillos; o hablar de terrenos de "una yunta", o se dice, por ejemplo, para referirse a la superficie labrada: "Nosotros trabajamos dos yuntas en la temporada." Usan estas medidas en los cálculos internos porque a las familias que trabajan la tierra les importa medir su compromiso en semilla o en tracción animal, no en área total en el sistema métrico cuyos términos carecen de significado para ellos.

Después de un periodo de trabajo de campo, llegué a hacer una conversión muy aproximada de estas medidas, que varían de acuerdo a las condiciones del terreno. En la región, en una hectárea de tierra "entran" alrededor de siete cuartillos de semilla; por ejemplo, alguien que sembró veinte cuartillos sembró muy aproximadamente tres hectáreas. Era más complicado convertir las medidas de "yuntas" porque la gente de la zona traduce extensiones de "yuntas" a tierras de cuartillos de semilla. Entran otras variables aquí; un terreno de "una yunta" de mulas es más grande que un terreno de "una yunta" de bueyes, porque las mulas trabajan más rápidamente que los bueyes. Una yunta de bueyes puede trabajar un terreno de veinte cuartillos en una temporada, o sea aproximadamente tres hectáreas; una yunta de mulas puede labrar un terreno de veinticinco a treinta cuartillos, o sea de cuatro hectáreas. Todos los entrevistados mencionan otras variables: las características del terreno, la calidad de la yunta, y el ritmo de trabajo establecido por el que la maneja. Una yunta con un animal bronco o flojo, o de animales viejos, no puede trabajar la misma extensión de tierra que una yunta de animales adiestrados y fuertes. Y también se dice que la extensión trabajada depende de si los animales son propios o prestados; cuando son prestados, uno los mata en el trabajo sembrando lo más posible, y si son propios, uno los cuida y no les exige tanto.

El rendimiento de las milpas fluctúa mucho año con año en proporción directa con la precipitación pluvial, que es la variable principal en la agricultura. La gente de Ameyaltepec no destaca diferencias significativas entre las parcelas en términos de fertilidad del suelo, sino en la capacidad de la tierra de retener el agua. Los suelos arenosos se secan rápidamente y la milpa no aguanta muchos días sin lluvia, mientras que otros terrenos guardan la humedad por más tiempo. El uso de fertilizantes químicos es restringido; opinan en el pueblo que el abono químico es un arma de dos filos; cuando llueve "bien", mejora el rendimiento y merece la pena aplicarlo, pero cuando no llueve, la milpa no aprovecha el fertilizante y el mismo abono quema las plantas y aguantan aún menos la sequía. En este caso —el más frecuente— aplicar abono es un gasto perdido y el mismo abono perjudica el rendimiento.

Los indígenas de la zona miden el rendimiento de la milpa en términos de cargas de burro o mula. Al preguntarles sobre la cosecha, me respondieron que sacaron tantas "vueltas" (o cargas) de mula o de burro de calabaza, de sandía; tantas cargas de mazorca o de frijol; y con esfuerzo calculé cifras aproximadas sobre el rendimiento del maíz. En un año muy bueno, un año en que llueva con regularidad, de un cuartillo de semilla saldrá aproximadamente una carga de cien cuartillos de maíz desgranado. Pero cuando escasea el agua, el rendimiento por cuartillo de semilla baja dramáticamente; rinde sólo sesenta, cincuenta, y a veces aún menos cuartillos de maíz desgranado. En los últimos años las sequías de la zona han sido graves; desde el inicio del trabajo de campo en 1977 ha habido sólo una buena cosecha. Muchas familias hablan de dejar de sembrar porque se estropean los cultivos por la falta de lluvia —no por el comercio o por el dinero que reciben de él.

Las extensiones de tierra trabajada son mayores el año que siembran las tierras ejidales que el año de descanso, cuando buscan tierras prestadas. En general, la extensión mínima sembrada es de una yunta de tierra, o sea alrededor de tres hectáreas, comúnmente en dos o tres parcelas, pero las familias más grandes y de más recursos "echan" dos o tres yuntas. En el año de descanso la mayoría de las familias siembran áreas más chicas con un total de ocho o doce cuartillos —una media yunta— o sea, de una hectárea a una hectárea y media, mientras que las familias más pudientes usan una yunta.

En el pueblo la medida más importante es si el producto de la milpa cubre o no las necesidades familiares durante el año; el objetivo del cultivo es no tener que comprar maíz ni zacate, ya que siembran según las necesidades de cada quien para evitar el gasto monetario. La extensión cultivada debe ser la necesaria para sustentarse hasta la cosecha siguiente, pero la extensión se tiene que determinar también en función de los recursos disponibles en la unidad doméstica. Nadie siembra con fines comerciales, aunque tener un excedente es bueno.

Las necesidades anuales varían mucho según la composición del grupo doméstico y los animales que tienen. Una familia chica —un matrimonio con dos o tres niños, pocos marranos y sólo uno o dos burros— consumirá aproximadamente una carga de maíz de cien cuartillos al mes, o alrededor de doce cargas al año. Es el rendimiento de doce cuartillos de semilla en un año muy bueno, o de una extensión de dos hectáreas. Una familia grande —compuesta de ocho miembros adultos y varios niños, con unos quince marranos, burros, mulas y vacas— consumirá mucho más: unas tres o cuatro cargas de maíz de cien cuartillos al mes, o sea, de treinta y seis a cuarenta y ocho cargas al año. Esta cantidad representa el producto del mismo número de cuartillos de semilla en un año muy bueno, que se sembrarían de cinco a siete hectáreas.

El hecho de que el maíz alcance o no de cosecha a cosecha depende de la composición de la unidad doméstica y del consumo, de los cuartillos sembrados, y estará sujeto directamente al rendimiento, que varía hasta en un 50% según la lluvia. Con tantas variables es difícil generalizar sobre la producción de maíz en Ameyaltepec; sin embargo hay algunos indicadores útiles en términos globales. La mayoría de las familias del pueblo tienen que comprar algo de maíz durante el transcurso del año. En 1979, una muy buena temporada, aproximadamente la mitad del pueblo compró maíz, y la otra mitad fue autosuficiente (había unas dieciocho familias que tuvieron un excedente considerable que "prestaron", no vendieron). En años menos favorables, sólo aproximadamente el 15% de las familias del pueblo lograron pasar el año sin comprar maíz. Sin embargo, la mayoría sigue cultivando la tierra, y las que no siembran directamente cooperan de alguna manera con otras familias para conseguir productos de la milpa. Aun si una familia no logra conseguir suficiente maíz para todo el año, se sostiene de la milpa entre septiembre y noviembre y después, de la cosecha, el producto le alcanzará para parte de sus necesidades. Además es una ventaja económica tener zacate para los animales, frijol, semilla de calabaza, ajonjolí y otros bienes sin tener que comprarlos.

XI. AGRICULTURA, COMERCIO E IDEOLOGÍA

Desde el inicio de la investigación, consideré la agricultura como un elemento clave para intentar medir el efecto del ingreso monetario proveniente de la comercialización de las artesanías sobre la estructura socioeconómica tradicional. Se describirán otras esferas en capítulos posteriores, pero la agricultura de subsistencia y las relaciones socioeconómicas que giran en torno a ella siguen siendo la base de la economía de subsistencia del pueblo. Cuando empecé mi trabajo de campo en Ameyaltepec, esperaba ver los procesos casi estereotipados descritos en la literatura sobre el campesinado. Supuse que iba a haber cada vez mayor dependencia del dinero en las relaciones de producción internas de la comunidad; de los mecanismos de mercado para satisfacer necesidades alimentarias; del uso de maquinaria o insumos químicos para poder cultivar, y del mercado para colocar parte del producto. En fin, esperaba ver la erosión de la agricultura de subsistencia y la consiguiente desintegración de las relaciones socioeconómicas tradicionales. Sin embargo, pronto se hizo evidente que este planteamiento no concordaba con la situación en Ameyaltepec, sino que el proceso de esta comunidad había sido diferente.

Resulta que los habitantes de Ameyaltepec están más comprometidos con la agricultura de subsistencia ahora que hace veinte años, y esta agricultura se ve fortalecida y estimulada precisamente por los ingresos del comercio de las artesanías. O sea que no sólo no se ha deteriorado la agricultura tradicional, sino que este ingreso monetario proveniente del comercio le ha dado nuevas posibilidades.[1]

La compra de animales es la manera más directa en la que el dinero ha subsidiado a la agricultura. Ya que los animales de trabajo son los elementos claves de la producción agrícola, los nahuas de Ameyaltepec han considerado prioritaria la inversión en mulas, bueyes y burros. También han comprado caballos finos como bienes de lujo, vacas y toros como inversión, y han criado cada vez más marranos para el consumo ceremonial o como inversión. El creciente número de animales en el pueblo ha estimulado la agricultura de subsistencia, ya que los animales facilitan el trabajo pesado, y exigen cantidades de maíz y zacate cada vez mayores para mantenerlos,

[1] Lo que ha hecho peligrar la agricultura de Ameyaltepec y los pueblos vecinos son las sequías de los últimos 5 a 7 años en esta parte de Guerrero. Han sido tan agudas que la gente ha cosechado muy poco en estos años y algunos dejan de sembrar porque no llueve.

Felipe de la Rosa, Ameyaltepec, 1984. *Ofrenda a la Santa Cruz.* Ceremonias agrícolas celebradas en mayo, agosto y septiembre. *Véase* Tercera Parte, Capítulo 11. Tinta china en papel de amate blanco.

lo que se consigue a través del cultivo de la tierra y no en el mercado[2].

El ingreso monetario proveniente de las artesanías ha evitado la dependencia de la agricultura comercial como estrategia para ganar efectivo, lo que hubiera desviado los recursos del sector de autoabastecimiento. En la década de los años 1950, hubo un periodo de experimentación con el cultivo del ajonjolí que se vendía en Iguala, y algunos pueblos siguen sembrándolo para el mercado (véase Cuarta Parte, capítulos XIV y XV). Los nahuas de Ameyaltepec abandonaron el cultivo comercial en la década de los 60, cuando empezaron a percibir mayores ganancias de las artesanías, y volvieron entonces a dedicarse exclusivamente a la agricultura de subsistencia. Un señor de edad me lo explicó así: "¿Sabes qué? *Esto* [indicó un terreno de otro pueblo sembrado de ajonjolí] lo siembran los que no van a hacer la lucha [comerciar], como nosotros antes. Pero aquí ¡ya no hacemos caso al ajonjolí! ¿Para qué, cuando sabemos luchar? Ahora sembramos puro maíz, puro maíz."

En el momento en que los ingresos por la venta de las artesanías llegaron a ser considerables, la organización no-monetaria en torno a la producción agrícola estaba todavía intacta en Ameyaltepec. En este sistema tradicional, ninguno de los elementos esenciales de la producción agrícola se manejaba como mercancía: históricamente, dentro de la comunidad no se conseguían terrenos, ni mano de obra, ni uso de animales por medio de dinero o de relaciones salariales. La existencia y el vigor de estas relaciones no-monetarias permitieron la canalización y absorción del dinero sin minar las bases de la economía tradicional y sin llevar a la capitalización de las relaciones internas en torno a la producción agrícola.

Hace falta explorar las condiciones que han permitido esta favorable evolución que conservó la organización económica tradicional al interior de la comunidad. Para acercarnos a este punto, es importante enfocar la agricultura de subsistencia desde la perspectiva de los valores indígenas. Los agricultores de Ameyaltepec tienen su propia lógica y visión para racionalizar el cultivo de la tierra, y en éste figuran tanto conclusiones ideológico-religiosas, como las necesidades económicas.

Con respecto al motivo económico, todo el mundo expresa claramente que su prioridad es asegurar la alimentación familiar sin recurrir al dinero; siembran para no depender del dinero ni de las vicisitudes del mercado para la base de la dieta familiar. Todas las familias del pueblo aspiran a la autosuficiencia en el maíz, el frijol, la calabaza, el zacate y otros productos de la milpa. Ya que el objetivo del cultivo de la tierra es minimizar su dependencia del exterior, hubiera sido contraproducente llegar a depender

[2] Desgraciadamente, han sufrido pérdidas de animales también (sobre todo del ganado vacuno) por falta de pastos debido a la escasez de lluvia en la región.

del dinero para poder cultivar. Muchas comunidades campesinas han caído en una situación contradictoria: siembran maíz para no comprarlo; pero para poder sembrarlo, dependen del dinero para conseguir tierra, semilla, insumos químicos, peones, tractores o animales. A la larga estas circunstancias contribuyen a la erosión de la agricultura de subsistencia, pero en Ameyaltepec lograron esquivar este círculo vicioso por varias razones tanto económicas como culturales.

Los habitantes de Ameyaltepec han tenido demasiado éxito como comerciantes; por eso ha entrado tanto dinero, tan repentinamente, que a nadie le hubiera beneficiado la monetarización de las relaciones en torno a la agricultura. Los ingresos de la venta de las artesanías eran superiores a los ingresos de la agricultura comercial, por lo que dejaron de sembrar ajonjolí. Sucede lo mismo con los animales y la mano de obra, que son los únicos elementos de producción que podrían haberse convertido en mercancías, puesto que el manejo colectivo de la tierra ejidal y comunal ha asegurado acceso universal a ésta sin intervención del dinero. Las ganancias de las artesanías han sido en mucho superiores a lo que serían las de la venta de la fuerza de trabajo o la renta de los animales para la agricultura. Todos están dispuestos a prestar sus animales o a ir a trabajar a la tierra de otro ("la tierra ajena") para conseguir el "trabajo vuelto" o el uso de los animales de otros; pero muy pocos lo hacen por dinero, que se consigue más fácilmente y en cantidades mayores a través del comercio.

Por su amplia experiencia mercantil, estos indígenas son muy astutos en su análisis de las relaciones económicas. Todos captan perfectamente bien la ventaja de conseguir alimentos sin comprarlos, y la ventaja de no convertir en mercancía su propia fuerza de trabajo, ni el trabajo animal. A pesar de que muchos tienen los medios y el deseo de comprar fuerza de trabajo humana y animal, a casi nadie le conviene venderla y por eso se siguen usando relaciones recíprocas en la agricultura.

Un caso muy ilustrativo es el de un viudo muy exitoso en el comercio, que no podía salir a vender durante una semana por tener que trabajar en las milpas de otras personas. Él me explicó: "Yo quiero ir a vender, pero no puedo porque tengo que ir a la tierra ajena *(tetlalpan)* y eso es compromiso. A mí me ayudaron y ahora yo tengo que ir. Yo les dije que yo les podía pagar lo que me ayudaron, pero no quisieron recibir el dinero. Me dijeron que si yo quiero así, yo puedo buscar peones para ellos con mi dinero." Se rió y siguió: "¡Es que no hay peones, yo sé! Si tú quieres que te ayuden, tienes que ir también. Con dinero casi nadie va a venir porque todos hacen la lucha [el comercio]. Así es en este pueblo."

Consideran la venta de la fuerza de trabajo en la agricultura como un mal negocio, y uno lo hace sólo como favor o por tonto. Otro caso revelador de esta dinámica es el de una viuda que tenía el dilema siguiente:

mandó a su yerno que vivía con ella a trabajar con un hijo que vivía "aparte". Cuando ella fue a "cobrarle" al hijo el trabajo del yerno, descubrió que no quería dar "trabajo vuelto" porque había convencido al yerno de aceptar un pago monetario por su día. Se enfadó la viuda y tuvo una discusión muy fuerte con su yerno. Después, al explicarme su punto de vista dijo:

> De veras me enojé con ese cabrón. Yo lo mandé con mi hijo porque yo necesito quien me ayude también. ¡Y él recibió dinero! Ahora, ¿quién va a trabajar conmigo? Yo no tengo dinero para pagar, y de todos modos aquí casi no quieren así. Mi yerno aceptó dinero porque es un pendejo y le gusta tomar y no piensa. Pero no todos están locos como él. Ahora, ¿qué voy a hacer? ¿Quién me va a ayudar? Ya ves, mi hijo no me quiere. Él podía venir a trabajar, podía ser buena gente y decir, "Sí mamá, yo te ayudo." Pero no quiere, y la culpa la tiene este pendejo de mi yerno; me hizo eso porque él no me quiere dar su trabajo. Me duele, porque yo le di mi hija, pero ni modo, salió mal este hombre.

Agricultura y cosmovisión

Por último, hay que tomar en cuenta algunas consideraciones ideológico-religiosas que ayudan a explicar el porqué siguen cultivando maíz en una zona tan desfavorecida ecológicamente. Su interpretación del mundo, es decir, su visión cosmogónica, también contribuye a la continuidad de las relaciones tradicionales en torno a su producción y evita su desplazamiento por relaciones seculares capitalistas. A este respecto, la vida ceremonial a la que hemos hecho referencia en capítulos anteriores desempeña un papel sumamente importante. Es muy significativo el hecho de que una gran parte de la reciente acumulación de riqueza sea invertida en la celebración más suntuosa de las fiestas y ritos agrícolas tradicionales (véase Segunda Parte, capítulo III).

En Ameyaltepec labrar la tierra es seguir una tradición antigua y la agricultura es parte integral de la identidad individual y colectiva de estos nahuas. Es frecuente oír frases como éstas: "Todos en este pueblo sembramos", o "nosotros somos campesinos y trabajamos la milpa", o "aquí acostumbramos a trabajar la tierra", dichas con orgullo. Muchas personas elaboran más, y señalan la continuidad histórica y generacional que sienten en la agricultura, como un hombre que me dijo: "Yo siembro como los abuelos y hasta como los abuelitos de los abuelos. Mis hijos siembran, y también tienen que sembrar los hijitos de mi hijo algún día, porque así se viene haciendo siempre aquí". Otro hombre mayor me explicó: "En la ciudad no trabajan así, allá todo es con dinero. Pero aquí, para comer sembramos, porque así nos enseñaron desde antes."

Muy pronto me resultó evidente que a los habitantes de Ameyaltepec les gusta la agricultura, sienten alegría y les da satisfacción el cultivo del maíz. Van y regresan de sus parcelas con ánimo; salen familias enteras a las milpas hablando, riéndose y jugando entre sí; en el trabajo bromean, chismean y se divierten. Al comentar este espíritu de alegría con ellos, me explicaron: "Así no sientes lo que estás trabajando, porque estás riendo y platicando, contento. Rápido se va el día." Todos dicen que sembrar es trabajo duro y arriesgado, y enumeran los problemas: pican las moscas, las hormigas o los alacranes; quema el sol; duelen las piernas y la espalda; salen ampollas; las hojas del maíz cortan las manos; cuando no llueve se seca la milpa y no rinde mucho el trabajo. Pero esto se comenta con realismo, sin amargura, y siempre resalta el entusiasmo por el trabajo en el campo.

Estos nahuas tienen una identificación personal íntima con sus milpas, tanto con las plantas como con el producto. Es frecuente que comenten el haber soñado con las milpas; a veces cantan, hablan, elogian y hasta llegan a besar a las plantas. Conceptualizan el maíz como niñas o mujeres jóvenes. Esta manera de ver la milpa fue expresada por una mujer madura que, llegando una madrugada a su milpa, le habló así: "Ay, mis hijas, ya se levantaron, ya se pararon. ¡Mira cómo son! Mis chulas, ¡qué hermosas son! ¡Tan altas y fuertes! ¡Qué bonitas son! Niñas chulas, crezcan y dénme lo que voy a comer, yo las quiero mucho." Después me comentó: "Tú puedes pensar que estoy loquita, todos los días vengo aquí y me canso, pero me gusta, me gusta ver mi milpita, y estoy contenta en mi corazón al ver el trabajo. Me anima ver las plantitas como me gusta ver a mis hijitos."

En Ameyaltepec consideran que el maíz es un don de Dios. Un hombre mayor me lo explicó en esta forma:

> Dios nos dio el maíz para comer y nos da su fuerza. Por eso lo respetamos, porque es nuestra fuerza. Sin maíz no podemos vivir nosotros, ni los animalitos pueden vivir sin maíz. Pero tenemos que trabajar. Aquí todos sembramos porque es el trabajo que nos enseñó Dios y de eso nos mantenemos. Aquí la gente todavía respeta a Dios, porque sabe lo que nos dio. Cuando una persona te da de comer, vas a agradecer. Y así también recordamos cómo nos ayudaron.

Una manera de agradecer a "Dios" y a la naturaleza es dejar ofrendas (*tlamanolo* o *nohuentilo,* "ofrendar"). En la primera semana de mayo, el 15 de agosto y 13 de septiembre, todas las familias del pueblo colocan ofrendas (*tlamanahli*) para los santos de la iglesia, para la Virgen de la Concepción (*Tonantzin*, "nuestra madre"), para los cerros, y en septiembre para las milpas. En mayo compran fruta, flores y otras cosas para la ofrenda, porque no hay otra alternativa en esa época, pero en agosto y septiembre usan también los primeros frutos de sus milpas. Una mujer me explicó la importancia de este ritual: "Antes de comer nosotros, damos al santo Dios. Primero come Dios y *Tonantzin,* y después podemos comer nosotros. Pero ellos siempre comen primero —chile, elote, calabaza— todo lo que sembramos. Esto es costumbre de antes, de los abuelitos y más antes. Esto es costumbre de antes, y esto nosotros no lo podemos dejar." Un hombre lo expresó así: "Aquí, en este pueblo, primero comen los santitos y *Tonantzin.* Es pecado agarrar de tu milpa si no pusiste tu ofrenda. Primero tienes que sahumar (bendecir la ofrenda con incienso de copal). Cuando ya pusiste tu ofrenda, tienes derecho a agarrar todo."

A veces se dice que uno siembra para poder poner los productos de la milpa como ofrenda; de esta manera expresan la idea que trabajan la tierra para las deidades. Una mujer hizo la siguiente declaración al poner su ofrenda en los cerros en septiembre: "Santotzin, aquí está la sandía. No está grande y roja, ni dulce como lo que te di en mayo. ¿No ves? No llovió. Pero esta sandía es la mejor que hay, y ésta es mi trabajo, es mi sudor. Es chiquita, pero es lo que sembré para ti." Es interesante notar que al disculparse por la ofrenda tan sencilla, la mujer reclama a las fuerzas mayores por la falta de lluvia.

Es muy explícita la conceptualización de estos bienes como una expresión concreta del trabajo que contienen. Dentro del pueblo, hay un gran intercambio de productos de la milpa a la hora de la cosecha. No me refiero a la ayuda recíproca de maíz, frijol o zacate, que también se ve, sino a regalos casi ritualizados. Cuando cortan los primeros elotes (o melones, o sandías, o ejotes, etcétera), una parte de este producto se distribuye entre amistades, compadres y familiares. Al obsequiarlo siempre se dice algo como: "Ten este elotito, aquí está mi trabajo *(notequiuh)",* o "coma de mi trabajo", y para ellos dar el trabajo de uno es una manera de expresar afecto, respeto y amistad. Al principio, yo no entendía la costumbre y no quise aceptar todo lo que se me ofrecía por no poder comerlo. Cuando explicaba que yo ya tenía mucho, porque había recibido "regalos" de otras personas, la respuesta inevitable era: "Sí, tienes, pero tienes lo que es del trabajo de otro. No es mi trabajo. Recibe lo que *yo* te doy. Yo quiero que tú tengas lo que es *mío,* quiero que comas de *mi* trabajo."

Para participar en este intercambio, todos sienten que tienen que sembrar para tener algo que dar, y también para poder recibir. Una viuda, al comentar que no sembró lo suficiente para el gasto del año sino sólo un poco "para los elotes", me dijo: "Yo estoy pensando, ¿qué cosa voy a regalar si no siembro? Aunque sea poquito, voy a tener elotitos. ¿No ves cómo todos regalan sus elotitos y sus sandillitas? A mí me van a dar porque soy 'viudita' y yo estoy sola. Pero si no siembro, me va a dar pena recibir. La gente puede pensar que no trabajo; pero si siembro, tengo lo que voy a regalar y también tengo derecho a recibir."

Hablar de motivos subjetivos al analizar relaciones económicas no está muy de moda en las ciencias sociales, pero explorar la conceptualización de la agricultura a nivel ideológico es imprescindible para la comprensión de la visión del mundo de este grupo náhuatl y de lo que los distingue de la cultura nacional. Obviamente, siembran por motivos económicos y conservan las relaciones tradicionales de la agricultura por razones materiales, algunas de las cuales ya se han visto. Sin embargo, al mismo tiempo hay que reconocer que la conceptualización religiosa y la actitud psicológica fortalecen la organización económica tradicional y son elementos centrales del comportamiento social. Además, los indígenas de Ameyaltepec no hacen una distinción entre los motivos económicos e ideológicos.

Escuché una exposición muy clara de la problemática agrícola de un miembro de la comunidad que analizaba los motivos por los cuales seguían sembrando en su casa. Este hombre es uno de los comerciantes más prósperos y más ricos del pueblo y todos los años su familia siembra extensiones grandes. Él no va al campo por ir al comercio, y se encargan de todo el trabajo su esposa, dos hijas adolescentes, una hermana soltera que vive con él, y a veces un sobrino. Consiguen el trabajo de un gañán para barbechar cada año.

Este señor me relató:

A veces pienso no sembrar. Yo estoy ganando bien en la venta. Pienso en mi señora, todo el día va al campo con mis hijas y mi hermana, y cuando llegan, tienen que moler. Se cansan mucho, yo sé. (Se rió.) Yo ya no voy, estoy flojo para este trabajo. Yo trabajo mucho en mi venta pero no en el campo.

Prosiguió:

Yo estaba pensando, "Están sufriendo las mujeres de mi casa", y un día les dije: Mejor ya no vamos a sembrar. Yo puedo comprar maíz. ¡Todas me regañaron! Me dijeron que no vamos a tener qué comer, que no va a haber ni calabazas, ni elotes, ni melones, nada. Yo estaba pensando en el maíz, pero es cierto; sacamos frijolito, semilla, calabacita, zacate, muchas cosas. Es mucho gasto para comprar todo. Somos hartos aquí, y aparte los animalitos comen. Tengo mis marranitos, unos treinta, mis burritos son cinco, también tengo mulas y vacas, todos comen maíz y zacate.

Siguió explicando:

Mi señora dice que quiere sembrar, que va a estar triste si no tiene su milpita, que si no siembran no van a estar contentas en la casa. Ella quiere ver su trabajo. Lloró mi mamá, dijo: "Ay, hijito, ¿por qué hablas así?

¿Qué vamos a poner de ofrendas? Tú nunca vas a poder descansar de la lucha" [el comercio]. Ella dice que tenemos que sembrar porque así nos manda Dios.

Se rió otra vez.

Yo les dije que está bien, que vamos a sembrar. Pues, yo estaba pensando en ellas, que se cansan mucho. Mi señora dijo que no está floja, que aguanta, que nunca me dijo nada (quiere decir que no se queja). Pues estamos de acuerdo. Si quieren trabajar, a mí también me conviene porque no tenemos que comprar nada para el gasto de la casa. Siquiera tenemos animales, no caminan a la milpa como otras. Pueden ir y venir en sus mulas para no cansarse tanto.

Aquí se destacan tanto los motivos económicos como los ideológicos por los cuales sigue sembrando esta familia. A la vez se ve claramente en los comentarios del hombre su conciencia de los inconvenientes de sembrar, y el haber reflexionado seriamente sobre las alternativas de adquirir alimentos en el mercado. A pesar de no expresarse en lenguaje científico, este señor demuestra una capacidad analítica muy desarrollada, que es común en todas las personas del pueblo.

XII. VIVIENDA Y CONSTRUCCIÓN

La construcción en Ameyaltepec es un área de intensa actividad que absorbe gran parte del excedente monetario dentro de la economía local, y es una de las esferas internas más estimuladas por los ingresos del comercio de las artesanías. En contraste con la agricultura, en la construcción se han introducido adaptaciones significativas en las relaciones socioeconómicas internas. Sin embargo, estas modificaciones se han dado dentro del marco estructural tradicional, hecho que se aprecia al analizar con cuidado la manera de llevarla a cabo y las nuevas estrategias que se han desarrollado en su entorno.

La casa tradicional en la zona es de carrizo o de ramas entretejidas, sobre lo cual en algunas ocasiones se aplica un relleno de adobe; su forma puede ser circular o rectangular, y tiene un techo a cuatro aguas de palma o de zacate. Esta vivienda consta de un solo cuarto en medio del patio o "sito", con la cocina independiente a unos pasos de la casa principal. Todos los materiales se consiguen en el medio ambiente local y estas casas son frescas, cómodas y durables; con mantenimiento adecuado pueden servir hasta veinte años. La casa tradicional de lujo es de adobe, con grandes vigas de madera sosteniendo un techo de teja a una o dos aguas. También es de un solo cuarto rectangular, pero tiene un ancho corredor abierto a lo largo de la casa y la cocina es un cuarto pequeño independiente de la casa. Los adobes se hacen en Ameyaltepec y la teja para el techo se consigue en los pueblos vecinos de Xalitla, Tula o San Marcos Guacatzingo.

Aunque todavía se sigue construyendo de la misma manera, en los últimos veinte años se han dado cambios importantes, tanto con la introducción de nuevos materiales como en la modificación del estilo de la vivienda. Las casas contemporáneas nuevas tienen las paredes de piedra o de ladrillo —por lo cual necesitan castillos de varilla para sostenerlas— y tienen los techos de lámina de asbesto o azoteas de cemento colado. Por lo general tienen un corredor muy ancho y suelen ser de varios cuartos, aunque esto es a criterio de cada familia. La cocina es todavía independiente y en muchos casos ésta era antes la casa principal. Estas nuevas casas son más amplias y sólidas que las tradicionales, pero son más calurosas y mucho más costosas para construir, tanto en la mano de obra como en el gasto monetario que exigen.

Los habitantes de Ameyaltepec suelen distinguir entre los tipos de casas según el material usado para el techo; la importancia que le dan al techo no es casual: en las casas antiguas poner el techo de zacate o de palma era

Nicolás de Jesús Salazar, Ameyaltepec, 1984. *Levantando una casa de palma.* Escena del trabajo comunal de hombres y mujeres en la construcción de una vivienda tradicional. *Véase* Tercera Parte, Capítulo 12. Tinta china en papel de amate blanco.

efectivamente hacer la casa. Tradicionalmente para poner estos techos se empleaba trabajo comunal y se sigue recurriendo a él para colar el techo de cemento de las casas nuevas. Por otra parte, describir el techo caracteriza la vivienda completa y ésta indica el nivel económico de la familia que vive allí.

Hasta ahora no ha cambiado la forma de describir las casas en el pueblo y no se ha dejado de usar trabajo comunal para poner los techos, pero en otros aspectos el proceso de construcción en Ameyaltepec se ha modificado mucho en los últimos veinte años. Hacer una casa de material con el techo plano de cemento colado —una casa de "azotea" como la llaman ellos— es un proyecto que puede durar varios años. Es necesario conseguir todos los materiales, buscar mano de obra especializada para la construcción de los cimientos, los castillos y las paredes; además hace falta lograr el apoyo logístico para la construcción y para "colar" el techo. En años recientes se han ido desarrollando estrategias apropiadas para cada etapa; estas estrategias son nuevas, pero se basan en antiguas relaciones recíprocas, no en relaciones monetizadas.

Parte de los materiales para hacer las casas nuevas proviene todavía del ambiente, tales como la piedra, la grava y la arena; la otra parte se consigue en el mercado, principalmente la cal, el cemento, la varilla y los ladrillos. Pocas familias tienen el dinero suficiente como para comprar de una sola vez todos los materiales; en la práctica, poco a poco van adquiriendo algunos materiales mientras van reuniendo otros del medio ambiente hasta tener lo suficiente para iniciar la construcción. Es un largo proceso de acumulación, y en lugar de almacenar estos recursos, muchas familias los "prestan" a otras que están construyendo, tanto los materiales del medio como los comprados; posteriormente se los devuelven, en cuanto las primeras están listas para levantar su casa.

Este sistema beneficia a todos; el que "presta" sabe que cuenta con el material cuando lo necesite, y puesto que los precios están subiendo y lo que se devuelve es el bien y no el dinero, mantiene la ventaja de haber comprado a un precio más bajo. La familia que recibe la ayuda logra construir sin tener que manejar todo el efectivo junto, y al devolver los bienes poco a poco paga en "abonos" los gastos monetarios de su casa. En lugar de que cada familia individualmente acumule y guarde materiales de construcción por años, los circulan y así la inversión se aprovecha en un plazo relativamente corto dentro de la comunidad. Los que compran y "prestan" mantienen la ventaja de haber ahorrado, pero a la vez ni el dinero ni el trabajo quedan congelados en bienes ociosos. De esta manera los de Ameyaltepec se autofinancian y conservan a nivel individual y colectivo su independencia de las fuentes de crédito ajenas a la comunidad. Por otra parte, todos gozan de la ventaja de poder contar con el apoyo moral y físico de otras familias relacionadas con el proyecto por el hecho de haberse prestado ayuda. Independientemente de que algún día se devuelvan los materiales, el prestarlos es un favor en sí que se reconoce y agradece, es una expresión de solidaridad que crea vínculos más fuertes entre las familias.

Construir exige también mucha mano de obra, y las nuevas casas requieren más fuerza de trabajo que las tradicionales. Su construcción involucra tres procesos de trabajo distintos: asentar los cimientos, levantar castillos con varilla y hacer las paredes; realizar múltiples tareas para preparar y apoyar la construcción; y por último, colar el techo de una casa "de azotea". Cada clase de trabajo se moviliza y coordina por vías diferentes que cabe examinar aquí.

En las casas tradicionales se ocupaba mano de obra del mismo pueblo; pero la construcción de una casa con castillos de varilla exige mano de obra calificada. Las familias de Ameyaltepec contratan albañiles asalariados en ciudades y pueblos de la región, principalmente Iguala, Zumpango del Río, Mezcala, y de vez en cuando San Miguel Tecuixiapan, San Marcos Guacatzingo o Tonalapa del Sur. El arreglo monetario consiste en negociar un precio global por la obra terminada con el maestro albañil quien por su cuenta se encarga de conseguir, coordinar, dirigir y pagar a los peones necesarios. El pago a los albañiles es el principal gasto monetario de la construcción que se tiene que hacer de golpe y en efectivo.

Es importante señalar que al introducir mano de obra asalariada, los nahuas la importaron de pueblos mestizos, en lugar de obtenerla de la economía interna. También desarrollaron otro uso para esta fuerza de trabajo comprada: una vez contratados los albañiles, las familias del pueblo los circulan con base en relaciones recíprocas como cualquier otro recurso. Hay tanta construcción que escasea la mano de obra calificada y las personas que emplean albañiles pueden "prestarlos" a otras, sobre todo para trabajos menores.

La gente del pueblo se encarga de conseguir todo el material y de desempeñar todas las demás actividades en apoyo de los albañiles; por eso se ha ampliado mucho el uso de la fuerza de trabajo local para ciertas tareas. Los albañiles se quedan en el pueblo durante la semana, y la familia que los contrata tiene la obligación de hospedarlos y alimentarlos, esto constituye trabajo adicional para las mujeres, quienes se responsabilizan de hacer comida y tortillas tres veces al día para ellos. Construir con cemento exige mucha agua, y hay que traerla del pozo en cántaros de quince o veinte litros cargados por burros o mulas. Esto requiere el trabajo diario de varios hombres o muchachos, y de los animales de carga.

Hasta 1978, cuando abrieron el camino de terracería al pueblo, era necesario transportar los materiales de construcción desde la carretera federal a Acapulco (tres horas de camino en animal), o bien (entre 1974-1978), desde el camino de terracería que llega hasta el pueblo vecino de San Juan Tetelcingo (una hora de camino en animal). Por el calor, la distancia, y la topografía tan accidentada, una bestia podía llevar poca carga en cada viaje y en esa época se formaban caravanas de burros y mulas, ocupando trabajo recíproco y animales prestados. Los habitantes de Ameyaltepec lograron movilizarse a una escala impresionante; en 1972 un hombre trabajó un mes entero todos los días, con diez hombres y veinticinco animales, trayendo los materiales para su casa desde Xalitla.

A partir de 1978, el camino posibilitó la entrada de camiones de carga hasta el pueblo y eliminó la necesidad de coordinar hombres y animales en esta magnitud. Estas caravanas sólo funcionaron entre 1965 y 1978, o sea durante el periodo en que se empezaron a usar materiales comprados para la construcción antes de poder llevarlos directamente al pueblo por carretera.[1] Las menciono aquí como un ejemplo del proceso de adaptación del sistema tradicional frente a nuevas necesidades.

Al iniciarse una obra, el trabajo preparativo más pesado es la excavación de zanjas para las bardas y los cimientos de la casa; es una tarea lenta y cansada puesto que todo se hace manualmente con pico y pala, o con marro y cincel, según las condiciones del terreno. Ahora que la mayoría de las familias está construyendo con material, casi todo el mundo se enfrenta a la necesidad de llevar a cabo esta labor, se ha desarrollado una nueva estrategia para conseguir la mano de obra necesaria. El que construye acude en la noche a las cantinas, a las casas de sus amistades y parientes, y a la plaza del pueblo, donde suelen congregarse los muchachos adolescentes y los hombres casados jóvenes. El interesado los "invita" y los "anima" para que vayan a ayudarle un rato en su obra. Previamente se habrá provisionado de herramienta prestada por otros y habrá tendido cables de luz eléctrica con focos para iluminar el sitio. En cuanto logra reunir un grupo, reparte herramienta y todos empiezan a trabajar. El que "invitó", o sea el dueño de la construcción, compra cigarros, refrescos y cerveza para distribuir entre todos los presentes; a veces pone un estéreo y una radio-grabadora con música ranchera, y así se crea un ambiente festivo. Las personas que están trabajando llaman a cualquiera que va caminando cerca —que son muchos porque los hombres de Ameyaltepec acostumbran pasear por las noches— y le insisten para que se una al grupo, cuando menos un rato.

La disposición de las personas para ayudar depende del estado de ánimo individual y colectivo en el momento de abordarles, y en parte de la calidad de las relaciones sociales que mantiene en el pueblo la familia que solicita

1 A pesar de que ya no transportan los materiales desde lejos, todavía hay mucha necesidad de trabajo animal, ya que los camiones no llegan a todas partes del pueblo para entregar la carga.

la cooperación. En esta forma la excavación avanza rápidamente, los hombres se esfuerzan en el trabajo por tratarse de un periodo corto y porque se van turnando; también se sienten alentados porque son muchos y pueden ver de inmediato el adelanto colectivo. Por ser de noche, no hace calor y casi todos disponen de cuando menos una hora de tiempo libre para ayudar, lo que en el día no podrían hacer por tener otras obligaciones. Este trabajo colectivo funciona para los participantes como una reunión social en donde toman, fuman y platican mientras trabajan y descansan. Al mismo tiempo le permite al que construye preparar su terreno, dado que difícilmente podría conseguir peones en el pueblo por un sueldo. Esta práctica se inició apenas en el año de 1980, pero se está generalizando tanto que casi todos los que construyen a partir de esta fecha han usado trabajo colectivo nocturno para cuando menos una parte de sus necesidades laborales.

Cuando ya están levantadas las paredes de la casa y cuando la familia interesada tiene los recursos para seguir adelante, viene el tercer paso de la construcción: poner el techo de cemento colado. Esto lo hace en un solo día, con trabajo cooperativo de la comunidad, pero la organización de esta jornada y la celebración posterior es todo un proyecto en sí. La familia que construye consulta con sus amigos, compadres y parientes para señalar la fecha más conveniente para todos en la que quiere poner el techo. Avisa al Juez para que dé el visto bueno por parte del pueblo, y después anuncia la fecha al público.

Ese día acuden todos los hombres que tienen la voluntad de ayudar; cuando menos llegarán unos sesenta hombres adultos, y a veces hasta ciento cincuenta cuando es muy grande la casa. Espontáneamente organizan el trabajo en equipos, con tareas establecidas para cada grupo: los niños y los muchachos jóvenes acarrean agua del pozo en animales; los hombres maduros mojan la grava y la arena, y hacen la mezcla con cemento y cal; los hombres jóvenes suben las cubetas llenas con la mezcla al techo; los maestros albañiles vigilan el trabajo, apisonan y emparejan el cemento para darle un buen terminado.

Los hombres no reciben ningún pago monetario, pero tienen derecho a quedarse a comer; el dueño de la casa nueva mata uno o dos marranos (si tiene los medios mata una res) para darles carne a todos. Las mujeres coordinan la preparación de la comida en una casa vecina a la obra, que les presta otra familia. Buscan la ayuda de muchas mujeres para hacer el nixtamal, para moler maíz en metate y echar las tortillas, para hacer las salsas, para guisar la carne, el caldo y los frijoles, para servir a todos y lavar los trastes después. Se movilizan de treinta a cuarenta mujeres adultas, más las niñas, en este trabajo que también cuenta como ayuda recíproca. La aportación femenina a la obra es considerada tan importante como el trabajo masculino.

Los hombres y muchachos que laboran para terminar la casa, y las mujeres y niñas que preparan la comida, tienen el derecho a tomar para "animarse" y "para no sentir pesado el trabajo". Hay gran consumo de cerveza y refrescos en esta ocasión; la familia que construye no compra la bebida sino que la recibe como ayuda de los demás. Desde la mañana, todas las familias que quieren aportar algo llegan a la casa a "prestar" cartones de cerveza y rejas de refrescos para el consumo del día. Los hombres mayores de edad vigilan la recepción y distribución de la bebida, y si algún letrado está presente, toma nota en un cuaderno de lo que aporta cada familia. Posteriormente se devolverá la cerveza y el refresco a quienes lo prestaron, cuando hagan sus casas o cuando tengan un compromiso ceremonial.

El ambiente ese día es de trabajo intenso, pero también festivo; tanto los hombres como las mujeres platican, bromean, se ríen y chismean mientras laboran. El ritmo de trabajo es acelerado pero todo se realiza con un buen espíritu de cooperación y empeño, y en unas cuatro o cinco horas terminan. Desde la tarde empiezan a repartir la cerveza entre los hombres y las mujeres que aceptan tomar, y al terminar el techo, los que quieran se quedan a celebrar hasta la noche.

Esta obra se sigue haciendo en forma comunal, como solidaridad social, a pesar de que representa un costo monetario mayor. Un informante me dijo que había sacado la cuenta de lo que gastaría en ponerle el techo a su casa pagándole a los albañiles por día, y lo había comparado con lo que vale la cerveza, los marranos y toda la comida que consumirían ese día. Concluyó que sería más económico pagar peones, pero dijo que siempre terminaría su casa con trabajo comunal porque "así tenemos costumbre y está bien, porque así estamos juntos. Todos trabajamos juntos, es como una fiesta, y así nos vamos ayudando".

A partir de los años 60, cuando se inició el negocio de las artesanías, se hicieron nuevas adaptaciones en la construcción de la vivienda en Ameyaltepec. Sin embargo, resulta que éstas no significaron el deterioro de las relaciones socioeconómicas existentes sino más bien su modificación selectiva. Tal evolución demuestra tanto la flexibilidad de las relaciones tradicionales como la creatividad de los nahuas al saber utilizarlas.

El cambio más importante fue la introducción de materiales de construcción comprados en el mercado que en gran parte han sustituido los que provienen del medio ambiente inmediato. Como ya he señalado, una vez que consiguen estos materiales muchas familias los prestan dentro de la comunidad sobre la base de relaciones recíprocas. Esto representa una innovación ya que los insumos de las casas antiguas no circulaban en esta forma porque eran de fácil acceso (aunque sí había un intercambio de mano de obra para recolectarlos). El empleo de los nuevos materiales creó la necesidad de mano de obra calificada que los habitantes de Ameyaltepec obtuvieron fuera de su comunidad a través de relaciones salariales. Una vez comprada la fuerza de trabajo especializada, se da la misma tendencia de compartirla dentro del pueblo con base en relaciones no monetarias, al igual que los otros bienes. Estos dos elementos nuevos se incorporaron a través de principios organizativos ya existentes.

Se agregó el uso de maestros albañiles asalariados por necesidad, pero esto no desplazó el trabajo colectivo del pueblo. Más bien en Ameyaltepec se ha ampliado la red de relaciones recíprocas en apoyo a la construcción y se sigue usando trabajo comunal para poner los techos a las casas. Ahora acuden entre sesenta y ciento cincuenta hombres (sin contar los niños), según el tamaño de la obra, mientras que para las casas tradicionales con un techo de zacate se presentaban sólo unos veinte hombres. El trabajo femenino para dar comida a todos ha crecido y se ha intensificado junto con el trabajo masculino, y a la vez se ha incrementado el consumo de bienes en estas jornadas, tanto en cantidad como en calidad.

La sustitución del trabajo comunal por trabajo asalariado, o la introducción de relaciones asalariadas entre los mismos indígenas para realizar el trabajo de albañilería hubieran ocasionado desajustes internos. Sin embargo, esto no sucedió así; más bien se sigue usando el trabajo comunal, y se importó la fuerza de trabajo asalariada de pueblos mestizos con una organización económica distinta de la suya.

El tiempo necesario para construir se ha alargado en los últimos años a consecuencia de las modificaciones descritas aquí. Era relativamente rápido el proceso de hacer una casa de zacate: una vez reunido el material del medio ambiente (lo que requiere cuando mucho un par de meses) y movilizado el trabajo colectivo, la casa entera quedaba terminada en unos días. Ahora, el proyecto completo puede tomar varios años, y por consiguiente las relaciones recíprocas que vinculan a las familias cubren periodos cada vez más largos, lo cual intensifica la interdependencia.

El ritmo de construcción en Ameyaltepec ha llegado a ser abrumador; por ejemplo, en 1980 diecinueve familias levantaron casas nuevas —dos eran de zacate y diecisiete eran de material con el techo "de azotea". Otras veinticuatro familias realizaron trabajos de construcción parcial —bardas, construcción de cuartos adicionales, reparaciones y otras tareas. O sea, en un solo año 43 familias, casi el 25% de las unidades domésticas del pueblo, hicieron alguna obra, y éste no fue un año excepcional. Hacer vivienda nueva y más lujosa se ha convertido en una prioridad para todo el pueblo, y las familias más prósperas construyen segundas y hasta terceras casas como una forma de ahorro. Muchas de estas casas nuevas están vacías; las hacen simplemente porque consideran la construcción como una buena inversión y porque algún día beneficiará a los hijos o los nietos.

Todo este proceso implica la modificación tajante del estilo de las casas. Sin embargo, hasta ahora no se están alterando los patrones de residencia tradicionales: las familias extendidas no se fragmentan y no ha cambiado la definición de la ciudadanía por tener mayor disponibilidad de vivienda. En realidad es muy marcada la subutilización de la vivienda. En 1981 había en Ameyaltepec veintidós casas enteras usadas como bodegas por sus dueños; seis eran casas de adobe con techos de teja, y dieciséis eran casas nuevas "de azotea", construidas simplemente como inversión.

La inversión monetaria en construcción está alcanzando niveles extraordinarios y es el sector que absorbe más dinero. Los mismos indígenas han calculado que el costo aproximado de una casa "de azotea" convirtiendo a términos monetarios el valor de los materiales, de la mano de obra y de los gastos de poner el techo, era el equivalente de 5 500 a 7 000 dólares estadunidenses entre 1980 y 1983. Estas cifras son bastante ciertas y con ellas se puede medir el valor monetario global de la construcción en el pueblo. Por ejemplo, multiplicando las diecisiete casas "de azotea" nuevas en el año 1980 por 5 500 sacamos un total de 93 500 dólares; a éstos hay que sumar un promedio de 450 dólares por cada construcción parcial (que fueron veinticuatro) lo cual nos da otros 10 000 dólares estadunidenses. De esta manera, se puede calcular que la inversión aproximada en construcción llegó a un total conservador de 103 500 dólares, solamente en el año de 1980.

Asimismo se puede calcular que el valor monetario de las dieciséis casas desocupadas en 1981 era de aproximadamente 88 000 dólares. Obviamente, los nahuas de Ameyaltepec no invirtieron estas cantidades de dinero en efectivo, pero las cifras permiten hacer una apreciación del excedente manejado por ellos que es cristalizado en la construcción. Estos números también dan una idea relativa de la tremenda fuerza económica inherente a las relaciones recíprocas; una parte preponderante de estos miles de dólares se moviliza en la comunidad sin que se recurra directamente al dinero.

Después de analizar el caso, concluí que no obstante la introducción del dinero, la construcción de vivienda en Ameyaltepec se ha ido colectivizando en los últimos veinte años. Las relaciones en torno a las casas tradicionales eran más individualizadas cuando la vivienda era más sencilla y utilitaria. Hoy los nahuas están gastando cada vez más dinero en el proceso de construcción pero su uso obedece a ciertas reglas y cierta lógica congruentes con la sociedad tradicional; a la vez están invirtiendo cada vez más en términos de trabajo recíproco en la construcción. Es evidente que en el fondo el propósito de esta empresa colectiva tan ambiciosa no es minimizar el gasto (ni monetario, ni recíproco) *sino intensificarlo.* Los habitantes de Ameyaltepec no están construyendo la vivienda para usarla, ni porque la necesiten, aunque sí les sirve. Más bien optaron por la construcción como una manera para "almacenar" una parte de su ingreso monetario. Hay que concebir estas grandes casas costosas —en muchos casos vacías— como esponjas, cuya función principal es absorber un excedente de dinero cada vez mayor y a la vez expandir las tradicionales estructuras comunales.

XIII. LA RECIPROCIDAD COMO SISTEMA ECONÓMICO

Los CAPÍTULOS anteriores analizan varios aspectos de la vida socioeconómica interna del pueblo de Ameyaltepec; en esta descripción ha reaparecido constantemente un sector de actividades llevadas a cabo a través de relaciones que he llamado "no monetarias" o "recíprocas". Estos términos se refieren a toda una esfera de relaciones observadas en el campo donde los individuos y familias, los bienes y la mano de obra, se movilizan sin recurrir al dinero, por mecanismos muy distintos a los de la economía y la sociedad dominante. La investigación demostró la existencia de una amplia área de actividad económica y social que aún no ha sido subvertida por las relaciones capitalistas; además, esta área persiste y florece no obstante la afluencia creciente de dinero hacia el pueblo a raíz del éxito comercial. Para explicar la sobrevivencia de este sector hay que tomarlo como tema de discusión en sí. Profundizar el análisis de las relaciones recíprocas permite esbozar los alcances y límites del sistema, exponer su lógica interior y contemplar los principios que gobiernan su funcionamiento. Este enfoque es útil en el ámbito informativo también porque son demasiado escasos los datos empíricos sobre redes recíprocas en la literatura antropológica acerca del centro de México.

Es revelador dividir las diferentes actividades en Ameyaltepec según los mecanismos socioeconómicos que emplean los miembros de la comunidad para llevarlas a cabo. Se distinguieron tres grandes categorías, en las que las relaciones entre los habitantes se resuelven por vías completamente monetizadas o parcialmente monetizadas, o bien sin intervención del dinero. Analizar y comparar las características de cada grupo de actividades me ayudó a definir con más precisión la calidad de las relaciones monetarias y recíprocas en la sociedad nahua bajo estudio.

ACTIVIDADES COMPLETAMENTE MONETIZADAS

Dentro de la comunidad, los pobladores de Ameyaltepec emplean el dinero para lo siguiente:

pagan albañiles o peones de fuera del pueblo
pagan cooperaciones a la comisaría cuando el pueblo necesita efectivo para un proyecto
pagan la renta de los bueyes de la Virgen (a un precio casi simbólico)

Alberta "Dionisia" Claudio, Ameyaltepec, 1984. *Una boda nahua.* Procesión con regalos para la novia y el trabajo femenino de preparar la comida para los invitados en una "cocina" (*tequipan*) representativa de las fiestas del pueblo. Tinta china en papel de amate blanco.

compran amates pintados o piezas de cerámica para venderlos al turismo
compran bienes como carne, cigarros, refrescos, cerveza; paletas para comsumo personal, pero no para uso ceremonial
pagan todas las multas al pueblo con dinero —multas por emborracharse, faltar a las faenas, para salir de la cárcel, etcétera
compensan a alguien seriamente agraviado, en un arreglo negociado entre las partes con la participación del Comisario y de los Principales.

Actividades parcialmente monetizadas

En estas situaciones los habitantes de Ameyaltepec usan dinero o se entienden a través de relaciones no-monetarias, según se señala en cada caso:

pueden pagar réditos sobre un préstamo monetario con dinero o pueden ofrecer acceso a una tierra de cultivo durante un año en lugar de pagar intereses (en general, se considera el prestar dinero una forma de ayuda, no un negocio, y es frecuente no cobrar ningún interés)
pueden pagar a alguien para pintar yute, amate o barro; sin embargo, es frecuente que esto se considere como un favor o una manera de ayudar a alguien, sobre todo entre amantes o parientes
pueden comprar y vender animales internamente con dinero; también dan gallinas, marranos o guajolotes como "préstamos" cuando el uso es ritual
pueden ofrecer dinero como parte de lo que es el "derecho" de la familia de la novia; el "precio" de la novia siempre consiste en bienes de un valor superior a lo que se da en efectivo
pueden ofrecer dinero a especialistas como matanceros, costureros, veleros, curanderos, pero también los pueden remunerar con carne, maíz, comida, cerveza y otros bienes en vez de dinero
asignan un valor monetario a lo siguiente: cargas de leña, manojos de zacate, maíz, agua acarreada, el uso de un animal por día, el trabajo de un peón por jornada, aunque en la práctica es frecuente que devuelvan el bien posteriormente
pueden pagar con dinero el uso de animales o el trabajo de un peón por temporada; muchas veces el arreglo se da en términos de cargas de maíz o una cantidad señalada de la cosecha, más una cantidad de dinero menor.

Actividades no monetizadas

Hay un sinfín de actividades en Ameyaltepec donde nunca interviene el dinero para movilizar bienes o trabajo; aquí se incluyen las más sobresalientes. Es basándose en la ayuda mutua que logran conseguir lo siguiente:

trabajo agrícola y uso de animales por jornada para ciertas tareas
cerveza, refrescos, alcohol, cigarros, y otras cosas para consumo ceremonial (como el matrimonio de un hijo varón, el desempeño de un cargo religioso, el poner techo a una casa, el vestir ritualmente a un ahijado)
"regalos" en el matrimonio de una hija
trabajo comunal para poner techo a la casa
ayuda para desgranar, calentar y almacenar maíz en cuexcomate
el trabajo de mujeres en cocinas y como molenderas en compromisos particulares: bautizos, matrimonios y fiestas "familiares"
el trabajo de hombres ayudando en compromisos familiares o particulares.
el trabajo de hombres ayudando a las personas que desempeñan su servicio al pueblo
el préstamo de bienes de uso en la casa o cocina, como ollas, trastes, costales, sillas, mesas, cántaros, herramienta, etcétera, ya sea para un asunto particular o para cumplir con el servicio.

Por último, hay una serie de relaciones en las que los habitantes de Ameyaltepec necesitan y consiguen el apoyo de otros pero sin pagarlo en efectivo, ni devolverlo tal cual, sino mediante una variedad de formas para "agradecer" la ayuda. Entre tales situaciones figuran las siguientes:

los servicios de los cantores para algún acontecimiento familiar o para cumplir con una obligación hacia el pueblo
la presencia de los músicos, las danzas, la Hermandad y los oficiales del pueblo para algún acontecmiento particular
la ayuda del *huehue* o "hablador" cuando se busca esposa para un hijo varón
la ayuda de los Principales y otras personas como "habladores" o representantes de los intereses de alguien cuando es necesario resolver algún conflicto
la comida para cualquier persona que por el motivo que sea no pueda comer en su casa (esto se extiende a sus animales también)
la ayuda y el apoyo de los Principales y otras personas como "habladores" o representantes de los intereses de uno cuando se solicita algún "derecho" al pueblo.

La esfera de actividades en las que se usa el dinero es muy específica y restringida: obviamente se utiliza el dinero para relaciones comerciales o salariales con personas de afuera de la comunidad, precisamente porque son personas con quienes la gente de Ameyaltepec no tiene relaciones duraderas. Entre ellos mismos, usan el dinero principalmente en la compra de artesanías como mercancía, en el pago de cooperaciones al pueblo, para la renta de los bueyes de la Virgen, en la compra de bienes para el consumo propio (*pero no ceremonial*) y en el pago de multas e indemnizaciones a personas o famliares agraviados. Este último caso es particularmente revelador del significado real del dinero en esta sociedad.

Cuando hay algún conflicto o transgresión en Ameyaltepec, lo que se busca y se considera favorable al bien común es una resolución rápida y permanente del conflicto. En el sistema de valores locales, arreglarse con dinero en cualquier contexto significa *cortar* relaciones: al pagar la cuenta, se acaba el asunto. Ésta es la única ventaja que brinda el dinero, y por eso lo usan cuando se trata de un conflicto: el dinero sirve para darle fin al caso, para no dejar lugar a controversias en el futuro. Dar y recibir dinero expresa la conformidad de las dos partes y después de esta acción nadie puede ni debe tocar el asunto de nuevo.

La lista de actividades parcialmente monetizadas refleja situaciones en las que he observado el uso del dinero, a pesar de que no interviene el efectivo como regla general. Con la excepción de la primera lista, lo demás se puede hacer sin dinero, y todas las actividades de la última lista se llevan a cabo sólo por vías no monetarias. Se ve, pues, que el dinero tiene una utilidad limitada dentro de Ameyaltepec como manera de relacionarse con los demás. Para los asuntos económicos y sociales claves en la comunidad como cultivar la tierra, construir una casa, casarse, asumir un cargo religioso, cumplir con el servicio al pueblo, enterrar a un muerto, dependen de un sistema de relaciones socioeconómicas propias. Esta esfera tiene una lógica interior desarrollada a través de generaciones de uso y posee sus reglas particulares. Aquí se presenta una descripción sistemática de los principios organizativos básicos de este sector que es tan importante en la vida de la comunidad, y esencial a la conservación de sus rasgos étnicos.

A través de los años las familia en Ameyaltepec "ayudan" a otras que pueden ser parientes, compadres, vecinos o, simplemente, amistades. "Ayudar" consiste en prestar bienes, el uso de animales y trabajo humano, con la seguridad de poder contar con la misma "ayuda" en el futuro. Puesto que el pueblo está organizado por grupos domésticos compuestos de familias extendidas, esta "ayuda" se presta y se devuelve a nivel de unidades domésticas, no de individuos; cualquier miembro del grupo puede actuar dentro del arreglo recíproco "por parte de" los hombres y mujeres mayores de la casa. La contabilización de los compromisos a nivel de unidades económicas familiares facilita la correspondencia, ya que si por cualquier motivo un individuo no puede cumplir, algún miembro de su unidad se hará responsable. Las obligaciones y derechos son hereditarios lo cual asegura la continuidad: al morirse un señor o una señora, el hijo/a, el hermano/a, o quien herede la casa familiar, hereda también la cuenta recíproca. En el caso de la agricultura, el trabajo y los animales prestados se devuelven durante la misma temporada o, cuando mucho, en la temporada siguiente, pero las demás relaciones pueden durar cinco, diez, veinte, o más años. Esto quiere decir que a través del tiempo un grupo doméstico prestará materiales de construcción, mandará a sus hijos a cortar leña o a acarrear agua para otros, dará cerveza y refrescos a los que ponen techo a sus casas o cumplen cargos religiosos, cooperará en el trabajo femenino como molendera en "casa ajena" *(techan)*, regalará cortes de tela, ollas y cazuelas cuando hay bodas, y todo esto lo hará por su voluntad sin recibir ningún pago monetario. Los habitantes de Ameyaltepec consideran todos estos bienes y todo el trabajo invertido como "ahorros"; van a recuperar lo prestado (bienes y trabajo) y también pueden contraer "deudas" con las mismas personas cuando lo necesiten. Toman en cuenta estas relaciones en la planeación económica, y colaborar con los demás es visto como una inversión para el futuro. Un señor reveló su razonamiento cuando, después de explicar lo costoso que es casar a un hijo varón en el pueblo, me comentó: "Siquiera para este chamaco [indicó a su hijo de unos nueve años] ya tengo ocho cartones de cerveza, dos rejas de refrescos, dos bagazos de panela, un bulto de harina y un kilo de chocolate. Aparte hay lo que va moliendo mi señora y mis hijas, que es mucho." Esto es lo que su familia había ayudado en las bodas de los hijos de otra familias, y él cuenta con ese apoyo para sus propios compromisos futuros. Una mujer que empleó la misma estrategia en el matrimonio de su hija me lo explicó así: "Sí, es muy cara la fiesta que hicimos, pero también nos ayudaron. Yo siempre le dije a mi esposo, desde casarnos, 'Si nos hablan en alguna parte, vamos a ir, tenemos que acompañar y así tenemos derecho'. Y ahora que nosotros hicimos la fiesta de mi hija, hablamos también a la gente, y siempre nos ayudaron un poquito."

El sistema de relaciones no monetarias tiene su propio vocabulario y su propia etiqueta. En Ameyaltepec se usan varias palabras y expresiones en náhuatl para hablar de tales relaciones. En sentido estricto, *macoa* significa "prestar para que se devuelva después", ya sea trabajo o bienes, y *cuepilia* significa "devolver lo que se ha recibido prestado", ya sea bienes o trabajo. (La raíz de *cuepilia* se usa también para decir "regresar", "volver sobre los pasos", o "echarse para atrás".) Hay una variedad de traducciones al castellano que los mismos indígenas dan a este vocabulario. A *macoa* y *cuepilia* los traducen igualmente utilizando las palabras "ayudar", "prestar", "cooperar", o "acompañar", sin distinguir en la lengua europea si es una ayuda por primera vez, o si se está devolviendo lo que ya se prestó (no obstante que esta distinción sí existe en el náhuatl). A veces usan "responder" o "recompensar" para expresar el sentido de *cuepilia*. A *tlailos* muchos lo traducen como "acompañar" y se usa con gran frecuencia en el contexto ceremonial; también lo traducen "tomar" (cerveza o una bebida alcohólica) ya que en un asunto ritual uno siempre toma "acompañando" a alguien como parte de la convivencia colectiva. A veces usan terminología menos técnica; *palehuia* ("ayudar"), o *notza* ("hablar" o "hablar a alguien"). *Itech* e *ipampa* significan "por parte de" al identificar al que ayudan, o los que ayudan. (*Yoniwalah ipampa nocomaletzin.* "Yo vine por parte de mi comadrita".) Se dice *motohlan* o *mogente* ("tu gente") al hablar de las personas que vinieron a trabajar "por parte de", "en ayuda de" uno, también se dice *itech* o *ipampa* de los que trabajan en el lugar de otra persona.

Para hablar de estas relaciones, en Ameyaltepec han adaptado dos palabras del castellano al náhuatl, que manejan según las reglas gramaticales de su idioma. Usan "invitar" para hablar del acto en el que uno "pide" ayuda recíproca o "cobra" una deuda recíproca; los "invitados" son "la gente" de uno. A la palabra "derecho" le dieron un significado más complicado, quiere decir "lo que te deben", "lo que es correcto", "lo que te corresponde *dar* o *recibir*" en el sistema recíproco o como parte de la cortesía y costumbre normales del pueblo. Según el contexto, "derecho" puede ser traducido al español como "recompensar" o "respetar" y se usa en situaciones donde no hay una correspondencia estricta de bien por bien. Por ejemplo, al dar "regalos" a los ancianos "habladores" que ayudaron a resolver algún asunto, dirán que les dieron su "derecho", o dirán también "respetamos a los señores" para indicar que le dieron algo (*ye niquim mak inderecho;* "ya les di su derecho", o "ya les respeté").

En el trabajo agrícola y la construcción, los arreglos recíprocos son explícitos y directos, y se usa el vocabulario técnico (*macoa* y *cuepilia*). Por ejemplo, uno va a la casa de otro y le dice: "yo te ayudo mañana si tú me ayudas el jueves" (*Nimitzmacoas mostla, tla tinechcuepilis*), o "préstame tus burros y yo te presto los míos" (*Xnech macoa moburrowan, nimitzcuepilis*). Pero en las demás circunstancias los protocolos sociales alrededor de las relaciones recíprocas son indirectos, y a veces llegan a ser casi ritualizados. En un asunto ceremonial o de servicio, el que necesita ayuda material o en trabajo no la pedirá muy directamente; llegará a las casas donde busca apoyo sólo para "invitar" o "buscar que lo acompañen". A pesar de que tanto el que invita como los invitados entienden muy bien que "acompañar" implica brindar un apoyo material y dar trabajo, a pesar de que todos saben que el que invita necesita contar con esta ayuda y que los invitados tienen la obligación de darla, esto no se declara. El que invita sólo dice, "yo les hablé, a ver si vienen" o "yo les hablé pero no sabemos cuál es su voluntad".

A los invitados les toca ofrecer su ayuda (material y/o en trabajo) y al ofrecerla insisten en que es su voluntad ayudar o cooperar. A veces el que invita, no obstante que sabe de antemano que le van a ofrecer ayuda, pese a que en realidad la solicitó a través de su invitación, puede reaccionar con sorpresa e inclusive puede rechazar lo que le ofrecen. Protestará, diciendo que no es necesario, que no está "interesado", que no quiere que sus invitados se molesten, y los que ofrecen la ayuda insistirán en que la acepte. En Ameyaltepec consideran que participar en el sistema recíproco es un asunto de "voluntad". Conceptualmente nadie pide ayuda ni exige ayuda, sino que uno *acepta* lo que le ofrecen porque los demás insisten y uno no puede despreciar al que quiere ayudar.

El "invitado" da su apoyo porque debe los bienes o el trabajo, o porque le conviene tener "créditos" en el sistema; también lo da porque ideológicamente no podría "ir" sin ayudar. Acompañar significa necesariamente trabajar o prestar bienes, y sería vergonzoso asistir sin aportar algo. Hay un dicho común que expresa muy bien esta conceptualización. "Ir como un perro" quiere decir ir a algún lado sin aportar o llevar nada, que es precisamente lo que hacen los perros en el pueblo; cuando hay una fiesta, se meten a comer los huesos y lo que sobra, pero no contribuyen en nada. "Ir como un perro" es ir como un animal que no "sabe", es andar sin "pensar"; "ir como un perro" es portarse como un "incivilizado". El que va *tiene* que dar algo, o no va; y el que invita *tiene* que aceptar recibir, o nadie irá a su casa.

Abundan los ejemplos ilustrativos de esta lógica, como el caso siguiente. Un día pasé por la casa de un hombre e inmediatamente después de saludarme, me contó que estaba de muy mal humor y me explicó el problema; un amigo lo había invitado para cuando colara el techo de su casa y el hombre había ido a ofrecer su ayuda, prometiendo darle diez cartones de cerveza. Su amigo le respondió que no los recibiría, porque había decidido que no quería la ayuda de nadie, sino que su familia iba a "disparar" toda la cerveza ese día. El informante se sintió muy ofendido y cuando pasé acababa de regresar a su casa. Concluyó diciendo: "Yo no voy a ir entonces, ¿por qué me dijo así? Yo tengo voluntad de dar esa cerveza, aunque no me la devuelva. Es mi amigo y quiero ayudarlo, ¿cómo cree que voy a ir así, sin nada? Si no recibe, no puedo ir, porque yo no voy como un perro. Nunca me acostumbro así. Mejor me voy, tengo que ir a vender, ya no tengo tiempo para ir con ése."

Este señor se sintió desairado porque no quisieron aceptar lo que ofrecía, y además porque no podría asistir si no daba algo. Sin embargo, los que aparentemente despreciaron su ayuda, tuvieron sus propios motivos. Al hablar con ellos, me enteré que, desde su punto de vista, el problema era *la cantidad* que el señor ofrecía: no podrían "ocupar" toda la cerveza si todos los del pueblo prestaban tanta, y si la aceptaban de uno tendrían que recibirla de los demás. Por fin decidieron poner un límite de cuatro cartones de cerveza y dos rejas de refrescos por familia como "ayuda"; es lo que dio el primero: asistió, trabajó y quedó contento.

En este sistema los compromisos son en forma verbal y las dos partes recuerdan tanto lo que se dio como lo que se recibió; llevan las cuentas de memoria y pueden recordar relaciones recíprocas desde hace más de veinte años, con todos los detalles de las circunstancias particulares de cuándo y cómo se dio, si se recibió o se devolvió el bien o el trabajo. En los últimos quince años, empezaron a apuntar los bienes —pero no el trabajo— que prestan. Apuntan los "regalos" para la novia en las bodas, cigarros, cerveza, alcohol, refrescos y otros bienes que prestan para el consumo ceremonial. Explican los Principales que empezaron a llevar listas porque el pueblo está creciendo y son cada vez más las personas que contribuyen, y además porque todos dan cada vez más bienes. Las listas son para la conveniencia del que recibe, a fin de que pueda cumplir en el futuro, y no las consideran tanto como protección a los que prestan.

En la práctica no existen grandes problemas por incumplimiento ni necesidad de coerción formal dentro del sistema "recíproco". El Juez y los Principales tienen autoridad para intervenir y presionar a los que no dan lo que deben, pero casi nunca llegan a este extremo. Los pocos conflictos observados en el trabajo de campo se debieron a una verdadera equivocación, olvido o falta de comprensión de los términos del arreglo. Por ejemplo, hubo un caso de un hijo que heredó "deudas" cuya existencia ignoraba; el simple diálogo entre familias y testigos fue suficiente para resolver el malentendido.

Todos respetan el sistema sin recurrir a la fuerza, y todos quieren proteger su buena reputación en la comunidad. Puesto que se considera voluntaria la ayuda es mal visto tratar de presionar directamente al que no coopera. Hay otros medios al alcance de uno si una familia no corresponde: me los explicó un señor de unos sesenta años, cuando le pregunté qué hacían en el pueblo si una familia no correspondía. Él contestó:

> Tú no puedes hacer nada, porque tú vas de tu voluntad. Si tú fuiste a acompañar en alguna parte, es porque *quisiste*, no te llevaron a la fuerza. Pero cuando tú ves que no te ayudan, pues ya no vas a ir otra vez. Y tú tienes tu gente, y puedes decir a tus hijos, hermanos, compadres, que no te ayudaron. Si es cierto lo que tú dices, todos van a saber, y a esta gente le van a hablar. Van a preguntar por qué no tienen voluntad de ayudar cuando tú te portaste bien con ellos. Y si todavía no quieren, ya nadie les va a hacer caso. ¿Por qué va la gente a ayudar donde vieron que no saben responder también?

Como mecanismo para hacer circular bienes y trabajo, el sistema recíproco es flexible, y permite cambios y ajustes conforme a las necesidades del momento. Esta flexibilidad le es necesaria para seguir reproduciéndose, como lo son las deudas hereditarias y su traspaso a nuevas generaciones. Otro aspecto que contribuye a la continuidad es que las "deudas" y los "créditos" son transferibles a personas fuera de la unidad doméstica; una persona puede pedir que le den lo que le corresponde a otra: un hijo que se apartó, un ahijado, un compadre, un nieto, un hermano o quien señale. Esto da un incentivo para seguir participando; todos tienen a quien beneficiar, aun si ya lograron construir su casa, casar a todos sus hijos, cumplir con todas sus obligaciones ceremoniales, dar todo su servicio al pueblo, etcétera.

Las deudas se transfieren; sin embargo, no se cancelan; en la práctica, una familia tiene diferentes clases de deudas y créditos simultáneamente con ciertas familias del pueblo, pero también es posible que una familia llegue a tener tanto deudas como créditos de otra índole con el mismo grupo doméstico. Por ejemplo, una familia puede haber prestado cerveza y una molendera a otra para un compromiso ceremonial, mientras sigue debiendo cortes de tela de una boda y trabajo agrícola. En este esquema esperan devolver los bienes o el trabajo en una situación paralela y no quieren que se cancelen porque a todos les conviene acumular créditos.

El sistema se acomoda a condiciones cambiantes, por lo cual es posible negociar con las deudas cuando por algún motivo no es factible devolver exactamente lo que se dio. Un ejemplo de este proceso se observó en 1980, cuando una familia "cobró" una deuda anterior; la ayuda inicial fue el uso de siete burros por seis días, prestados en 1972 para acarrear materiales de construcción desde la carretera federal al pueblo (unas tres horas de camino). En 1978 abrieron el camino de terracería a Ameyaltepec y ya no hay necesidad de acarrear materiales desde tan lejos; además el hombre que contrajo la deuda murió, dejando a una viuda sola, con un solo burro, sin la posibilidad de dar el trabajo animal. Las dos partes decidieron que ochenta y cuatro cargas de burro de arena serían el equivalente, estableciéndose el trato en dos cargas de burro de arena por día-burro prestado en 1972. La arena se entregaría a un hijo "apartado" de los primeros, que estaba construyendo una casa. Después de consultar con familiares y amistades, la viuda decidió comprar un camión de volteo de arena por no tener ni animales ni peones para ir a traer arena de la barranca.

La viuda tenía la intención de darles toda la carga de arena del camión, cuando los primeros le hicieron saber que querían la arena entregada hasta la puerta de su casa; el camión de volteo no podía llegar hasta la casa, y esta exigencia significaba que la viuda tenía que buscar la manera de transportar la arena dentro del pueblo. En la comunidad opinaron que técnicamente la primera familia tenía derecho a pedir la entrega de la arena hasta la puerta de su casa, pero que en realidad era muy egoísta al insistir en eso, ya que la viuda no tenía ni peones ni animales, mientras que la otra familia tenía cuatro hijos hombres, y varios burros y mulas.

Por fin la viuda consiguió ayuda de un ahijado y un yerno que acarrearon la arena en carretillas. Ellos respondieron al egoísmo de los primeros al contar las ochenta y cuatro carretillas, y además al poner sólo catorce palas de arena en cada carretilla (en vez de veinte, la capacidad de la carretilla). Las autoridades del pueblo sugirieron esto porque catorce palas es una carga de arena para un burro (no aguanta más peso) y porque les pareció mezquino el comportamiento de los que cobraban. La viuda dio la arena que sobraba a su yerno y mandó comida para su ahijado, y así fue como liquidó su cuenta.

En realidad, el problema en Ameyaltepec no es el de obligar a las personas a respetar el sistema pagando lo que deben; más bien el problema ha sido poner límites a lo que se va dando, y encontrar formas que permitan invertir cada vez más en el sistema. Colectivamente los habitantes de Ameyaltepec escogieron el sistema recíproco como un sector prioritario para invertir la riqueza acumulada proveniente del comercio de las artesanías, y en los años recientes ha habido una expansión de estas relaciones. Frente a esta situación hay que analizar cómo manejaron el dinero dentro de este sistema, los motivos por los cuales el pueblo tomó esta decisión colectiva y, por último, las implicaciones a largo plazo del hecho de haber conservado la esfera recíproca.

La manera lógica como la gente de Ameyaltepec ha usado el sistema recíproco para absorber dinero ha sido aumentando la cantidad y mejorando la calidad de los bienes invertidos. Un buen ejemplo de esta tendencia es que en los últimos veinte años la cerveza ha desplazado al alcohol de caña como bebida intoxicante para el consumo ceremonial. Cuando antes se prestaban litros de alcohol (a veinte pesos el litro en 1981), hoy se dan cartones de cerveza (a ciento setenta pesos el cartón en 1981). Se ve este mismo proceso "inflacionario" en los regalos que son recíprocos de las bodas; mientras antes se "regalaba" sólo una olla, una escoba o unos dos metros de tela, se dan ahora muchos utensilios de cocina, cubiertos, cubetas, varios cortes de tela y otros artículos.

Una obligación de los que "piden" ayuda es dar de comer y de tomar a todos sus invitados. Hace veinte años daban atole o frijoles y alcohol, pero ahora matan dos marranos o hasta una res, para dar carne junto con los frijoles, y cerveza; esto requiere de mayor mano de obra que antes; cuando matan marranos o reses vienen los matanceros y sus ayudantes y familiares; para cocer la carne necesitan más leña y más muchachos para cortarla; precisan más molenderas para preparar la comida y echar las tortillas; utilizan más platos, más agua para lavarlos y más muchachos para acarrear el agua; requieren más animales para cargar el agua y la leña. Todo este trabajo se consigue a través de la red recíproca y así van creciendo, tanto el trabajo como los bienes depositados en el sistema.

Muchos factores económicos e ideológicos contribuyen a que estos nahuas se comporten de tal manera. En Ameyaltepec hay una marcada preferencia por el uso de relaciones recíprocas porque no se asigna un valor en sí al dinero; tan pronto como logran tener un excedente en efectivo lo invierten en algo que ellos aprecian. En su sistema de valores, la riqueza no consiste en dinero, sino en terrenos, casas, animales, mercancías, maíz, bienes de lujo como joyas de oro, ropa fina, caballos o "ahorros" en el sistema recíproco. El dinero tiene utilidad para ellos por lo que puedan comprar con él o conseguir con él; y puesto que internamente las personas no se movilizan por el dinero en sí, todos buscan asegurarse de la ayuda de los demás, la cual se logra ayudándoles a los otros. Entonces la estrategia interna es invertir el dinero sobrante en bienes que puedan circular en el sistema, y así poder conseguir el apoyo material y moral de otros. El dinero canalizado como inversión en bienes para prestar —no para consumo individual—, tiene mayor utilidad en el pueblo.

En la práctica esto significa que una familia deseosa de asegurarse que habrá bastante cerveza para sus fiestas no ahorrará dinero para comprarla directamente, sino que prestará mucha cerveza a otras familias para que se la devuelvan después. Es permisible consumir esta cerveza (o lo que sea) al recibirla como "ayuda" a través del sistema; pero el "derecho" de usarla reside en que también sirvió como ayuda para otros. Por eso se ve tanto en el pueblo el fenómeno de "exceso de generosidad", como el ejemplo citado arriba, que no es un caso aislado.

Un factor externo que fortalece al sistema recíproco es la tasa tan elevada de inflación monetaria que se observa en el país; todos entienden muy bien que suben los precios de las cosas, y consideran que el invertir dinero *ahora* en bienes prestados amortigua los efectos de la inflación. Todos saben que cuando se les devuelve el bien prestado (o el trabajo) dentro de dos, cinco o veinte años, su precio monetario habrá subido y para ellos vale más asegurar el bien (o el trabajo) y no ahorrar el dinero.

Un ejemplo de esta lógica se observó en una boda, cuando la familia de la novia recibió "regalos" de los demás. Un hombre llegó a "devolver" lo que le dieron a él para una de sus hijas tres años antes: tres metros de tela para un vestido, dos metros de tela para un delantal, tres metros de tela para un fondo, unos dieciocho metros de encaje, e hilo; aparte trajo cazuelas de barro, un par de cucharas, una cubeta de veinte litros, una olla de aluminio y unas tazas. Después de haber regresado lo que a él le dieron, sacó otras cosas y dijo que quería dar más. Todos reaccionaron con sorpresa y la familia de la novia dijo que no las quería recibir. El hombre insistió y explicó que estaba pensando en su hija menor, que tenía unos siete años; dijo que quería dar algo ahora para cuando ésta se casara; que pensaba que podría morir él antes o que no iba a poder darle mucho por lo que están subiendo los precios. Dijo que por lo menos quería contar con la ayuda de otros y les recordó lo bien que recibió todo lo que ellos habían querido darle cuando se casó su hija mayor. Los presentes decidieron que tenía razón y aceptaron la segunda serie de "regalos" y los padres de la novia le advirtieron que estaba corriendo mucho riesgo, porque tal vez en diez años (o cuando se casara la niña) ellos no iban a poder devolverle la ayuda. El señor dijo que dieran lo que pudieran, como él en ese momento estaba dando lo que él y su familia querían y podían.

Los habitantes de Ameyaltepec no han permitido que el dinero desplace o mine las bases de la economía no monetaria, sino que han descubierto nuevas formas para aprovechar las estructuras tradicionales, a fin de almacenar cantidades cada vez mayores de dinero. El efectivo invertido en el sistema recíproco a través de bienes sirve para estrechar las relaciones con los demás. Se puede concebir el sistema recíproco como una especie de banco, donde van depositando su excedente de dinero convertido en bienes, así como su trabajo (aunque por el comercio el dinero disponible ha crecido mucho más rápidamente que la fuerza de trabajo).

A través de las relaciones de ayuda mutua, las familias del pueblo movilizan grandes cantidades de mano de obra y bienes sin necesidad de acumular dinero. Al contabilizar los gastos en las fiestas y ceremonias en términos monetarios, los bienes y el trabajo que se consumen globalmente llegan a cientos de miles de pesos; pero estos nahuas no necesitan efectivo para llevar a cabo sus actividades. A través de los años van "ahorrando" y el resultado final es poder manejar recursos de mucho valor monetario con relativamente poco efectivo, ya sea para la producción agrícola, la construcción o las ceremonias.

Otra ventaja del sistema es que colectivamente todos sacan provecho de las inversiones individuales en el sector recíproco, porque la riqueza colectiva invertida beneficia inmediatamente a alguien. El prestar apoyo material es preferible a la acumulación individual canalizada hacia bienes ociosos que no sirven a nadie. A la vez, los que invierten de esta manera a la larga siguen conservando las ventajas del ahorro. El hecho de que dieran prioridad a esta esfera económica quiere decir que las familias más prósperas en el comercio (y por consiguiente las más ricas del pueblo) tienen mayor inversión dentro del sistema. Esta riqueza que depositan les beneficiará algún día a ellos, cuando se les devuelva lo prestado a través de las vías recíprocas, pero mientras tanto su poder adquisitivo está sirviendo a otros. No es una redistribución de la riqueza pero sí es una socialización de los beneficios, y es significativo que las familias de mayores recursos, que podrían haber abandonado más fácilmente la economía tradicional, son las que más han apoyado a esta esfera.

En un nivel de análisis, se puede tratar el sistema recíproco simplemente como una estrategia económica en la que se puede reducir el intercambio en una especie de trueque bien por bien, o trabajo por trabajo, o hasta convertir todo en términos monetarios contabilizables. Pero no se debe minimizar la fuerza de la tradición y la importancia de los factores ideológicos en el comportamiento indígena. En un sistema recíproco las familias ayudan a otras porque otras las ayudaron y las ayudarán, pero para ellos conceptualmente es producto de la libre voluntad. Según lo perciben ellos las personas ayudan porque *quieren* ayudar, y por amistad; este elemento de solidaridad social es lo que recuerdan, aun cuando quedaran saldadas todas las cuentas. En Ameyaltepec están conscientes de las vicisitudes de la vida y saben que, algún día, quien presta ahora va a necesitar y quien ahora recibe va a poder ayudar. Frecuentemente dicen que la vida es un largo camino, lleno de sorpresas e incertidumbres; para ellos la mayor seguridad que uno puede tener es poder contar con el respaldo de los demás. Lo que todos buscan es comprometerse mutuamente, porque este apoyo se consigue poco a poco, tanto al acompañar y ayudar, como al recibir y agradecer.

El hecho de que en Ameyaltepec decidieran colectivamente invertir cada vez más recursos en la economía tradicional permite cierto optimismo con respecto a su futuro. Un sistema recíproco presume lazos duraderos para funcionar, depende de que las personas nazcan, crezcan, se casen, trabajen y mueran dentro de la sociedad tradicional. Los nahuas de Ameyaltepec escalaron la inversión en la esfera recíproca, lo que es un voto de confianza colectivo en la futura cohesión del pueblo; para recuperar lo que prestan y devolver lo que reciben todos tienen que seguir viviendo y participando en el sistema. Para poder invertir en él es necesario creer que todos los demás harán lo mismo, y, por otra parte, el haber invertido implica comprometerse cada vez más con la conservación de estas relaciones.

Mantener este sistema contribuye estructuralmente a la cohesión de la organización socioeconómica tradicional. La fuerza de las relaciones recíprocas y de su ideología dentro de la cultura local pone una especie de barrera que obstaculiza la penetración de las relaciones económicas capitalistas en su propio terreno. La existencia de la esfera recíproca y la manera en que ha ido creciendo y cambiando es una pieza clave en el análisis y explica en gran parte el exitoso equilibrio establecido hasta ahora entre la economía tradicional y la intensa actividad comercial.

Cuarta Parte

PERSPECTIVAS HISTÓRICAS COMPARADAS SOBRE AMEYALTEPEC Y LA REGIÓN CULTURAL

Desde el inicio de la investigación reconocí la importancia de analizar al pueblo de Ameyaltepec dentro de un contexto histórico y regional. El área geográfico-cultural a la cual pertenece es tan compleja y tan poco conocida que las excursiones a los otros pueblos, y a las fuentes arqueológicas e históricas, rindieron datos que a la vez estimularon la formulación de una serie de problemas que serán trabajados posteriormente. Cabe advertir que aquí abordamos temas sobre los cuales resulta difícil profundizar con el mismo detalle que en las secciones anteriores por obvias limitaciones de espacio. Escogí comentar en esta parte los aspectos del material más relevantes al propósito central de este libro: descubrir la relación entre el desarrollo artesanal-comercial como estrategia económica y la fuerte tendencia de los nahuas de Ameyaltepec a reproducir su cultura tradicional.

En el capítulo XIV presento la historia reciente de Ameyaltepec, enfocada en el periodo anterior a 1960, cuando sus habitantes empezaron a desarrollar el comercio de artesanías. A través de historias orales, logré documentar las diferentes estrategias económicas emprendidas por los nahuas de Ameyaltepec desde el final del siglo XIX hasta la década de los años 1950. Se subrayó el análisis de las diferentes articulaciones entre esta comunidad y la formación económica capitalista dominante, que sirve para destacar las consecuencias inmediatas para ella de cada estrategia económica adoptada a través de los años.

Pese a haber concentrado más atención en una sola comunidad, desde el principio conceptualicé el fenómeno artesanal-comercial descrito aquí como un fenómeno regional, cultural. Cuando hice el planteamiento inicial de la investigación en 1977, el papel de amate pintado sirvió como denominador común para definir el área de estudio, y había establecido que son ocho los pueblos donde se ejerce este arte: Ameyaltepec, San Agustín Oapan, Analco, San Juan Tetelcingo, Ahuelican, Ahuehuepan, Xalitla y Maxela. En el curso del trabajo de campo vi la necesidad de extender la definición de la región cultural, y que existen siete comunidades nahuas a lo largo de la cuenca del río Balsas que no se dedican a pintar amate, pero que sí están ligadas geográfica, cultural y económicamente con las primeras. Estos siete pueblos que no entraron al negocio del amate son: San Marcos Guacatzingo, San Miguel Tecuixiapan, San Francisco Zumatlán, Tlamamacan, Tula, San Agustín Ostotipan y San Juan Totolzintla.

Fue el análisis de los pueblos donde no han empezado a pintar el papel de amate lo que contribuyó a la comprensión de varios factores críticos peculiares de esta actividad económica, los cuales favorecieron la reproducción de relaciones étnicas en el caso de Ameyaltepec. Las consecuencias de emplear estrategias económicas diferentes se percibieron al investigar los pueblos que no desarrollaron esta actividad, cuya situación se explora en el capítulo XV.

Por otra parte, fue útil comparar entre sí los ocho pueblos de la zona donde pintan el papel de amate, ya que éstos no forman un grupo homogéneo. La mayoría de estos pueblos han seguido una trayectoria parecida a la de Ameyaltepec a tal grado que muchas de mis conclusiones sobre esta comunidad son válidas para los demás. Los seis pueblos de pintores-comerciantes tradicionales que presentan características semejantes son Ameyaltepec, Ahuehuepan, Ahuelican, San Agustín Oapan, Analco y San Juan Tetelcingo. Fue especialmente revelador examinar los otros dos pueblos, Xalitla y Maxela, donde también pintan amate, pero que evolucionaron de una manera muy distinta a sus vecinos. El caso de estas comunidades que han perdido sus rasgos étnicos y que han manejado la actividad artesanal en una forma completamente diferente a los otros está analizado en el capítulo XVI.

Históricamente, el eje de esta región fue el pueblo de San Agustín Oapan; por haber sido cabecera de esta área tanto en la época preeuropea como en la Colonia temprana, esta comunidad dejó huellas en los documentos de archivo. Todavía se puede observar una fuerte cohesión a nivel regional, y tomé el pueblo de Oapan como punto de referencia para definir la configuración mayor que hoy consiste en los quince pueblos nahuas arriba mencionados. De acuerdo con la tradición oral, los pobladores de la mayoría de los pueblos de los alrededores —incluyendo Ameyaltepec— han emigrado originalmente de Oapan. Las relaciones que vinculan a estos pueblos entre sí reflejan lo que queda de la unidad político-económica preeuropea y colonial centrada en Oapan, cuya trayectoria histórica y actual es esbozada en el capítulo XVII.

Láminas

Rodrigo Chino Morales, Ameyaltepec, 1983. *Defendiendo el nido.* Policromado en papel de amate café.

Rodrigo Chino Morales, Ameyaltepec, 1984. *Ciervo y aves*. Policromado en papel de amate café.

Rufina de Jesús, Ameyaltepec, 1984. *El ciervo azul.* Policromado en papel de amate café.

Roberto Mauricio, San Agustín Oapan, 1982. *Nubes.* Escena de campo en la época del corte de calabaza. El artista representa fielmente el medio ambiente de la zona. Policromado en papel de amate café.

Roberto Mauricio, San Agustín Oapan, 1984. *Lugar de cañas.* Policromado en papel de amate blanco.

Augustina Mauricio, San Agustín Oapan, 1982. *Caminantes.* Paisaje desolado característico de la zona en época de sequía. Policromado en papel de amate café.

Máximo Santos Ayala, San Agustín Oapan, 1984. *Faena al atardecer.* Policromado en papel de amate café.

Ferman Rodríguez, San Agustín Oapan, 1983. *Río y conejo.* Policromado en papel de amate café.

Tomás Camilo Ayala, San Agustín Oapan, 1984. *Ofrendas de la Santa Cruz de Mayo.* Rebanadas de sandía en un altar de los cerros. Se observan los pájaros azules, llamados *tlapayahualtotomeh,* que anuncian la llegada de las lluvias. Policromado en papel de amate café.

Silvestre Adán, San Agustín Oapan, 1984. *Culebra azul.* Escena de cortadores de leña y pescadores. Policromado en papel de

Ireneo Alarcón, San Agustín Oapan, 1978. *Conejo.* Escena con un cazador al fondo y un entierro. Policromado en papel de amate blanco.

Anónimo, San Agustín Oapan, 1982. *La señora cose elotes para comer.* Obra de un hombre maduro, pero pintor novato. Policromado en papel de amate café.

Inocencio Ramírez, Ameyaltepec, 1978. *Caracol.* Policromado en papel de amate café.

Eusebio Lorenzo, Ameyaltepec, 1984. *Los cargadores.* Escena de campo con mujeres y hombres acarreando leña, agua y costales. Policromado en papel de amate café.

Anónimo, Ameyaltepec, 1980. *La promesa.* Escena de la entrega de una promesa de flores y velas, la danza de las pastoras y el entierro de una mujer, con mujeres cargando el ataúd de acuerdo con la costumbre local. *Véase* Segunda Parte, Capítulo 8.

Felipe de la Rosa, Ameyaltepec, 1984. *La casa de palma.* Trabajo comunal masculino y femenino para levantar una casa tradicional; en la parte inferior riegan huertas en la época de sequía. *Véase* Tercera Parte, Capítulo 3. Policromado en papel de amate blanco.

Pablo de la Rosa, Ameyaltepec, 1979. *El barco.* Presenta el río Balsas, con cazadores y milpas al fondo. Se observan el danzante con máscara de coyote, el insecto gigante y el escudo tipo prehispánico. Policromado en papel de amate café.

Sylvano Chino Morales, Ameyaltepec, 1984. *Zapata* Cuadro de la Revolución Mexicana, con soldados y soldaderas victoriosos. Policromado en papel de amate café.

Rodrigo Chino Morales, Ameyaltepec, 1980. *Atardecer.* Policromado en papel de amate café.

Anónimo, Ameyaltepec, 1974. *Pájaros.* Dibujo de un estilo más primitivo con respecto a la composición. Rojo sobre papel de amate café.

Anónimo, Xalitla, 1980. *Verde.* Policromado en papel de amate café.

Santa Cireño, Ameyaltepec, 1982. *Quetzal.* Policromado en papel de amate café.

XIV. HISTORIA DE LAS ADAPTACIONES ECONÓMICAS DE AMEYALTEPEC

INVESTIGAR la historia de Ameyaltepec para documentar las estrategias económicas empleadas anteriormente a la venta de artesanías condujo a descubrir que la tradición comercial en sí está muy arraigada. Resulta que hasta el año 1939 los nahuas de la zona se dedicaron al comercio de la sal marítima que provenía de la Costa Chica, al sur de Acapulco; este negocio les aportó cierta prosperidad hasta que se acabó abruptamente. Los años de 1940 a 1960 —o sea, el periodo comprendido entre el fin de este comercio y el inicio del trabajo en papel de amate— se caracterizaron por un grave apremio económico. Explorar con cuidado la reciente historia económica de Ameyaltepec nos es muy útil para entender el proceso de adaptaciones que atravesó este grupo étnico.

LOS MERCADERES DE LA SAL

Realizar entrevistas con varias personas, que de jóvenes participaron en el comercio de la sal, rindió suficiente información como para describir, a grandes rasgos, esta empresa durante las décadas de los años 20 y 30. Para obtener la sal formaban caravanas de veinticinco a treinta burros arreados por unos diez hombres y salían de Ameyaltepec rumbo a la costa con los animales cargados de maíz y zacate. Cada noche dejaban una parte de estas provisiones en parajes establecidos y así aseguraban alimentos para los animales durante su regreso sin tener que comprarlos ni cargarlos. Necesitaban siete días para llegar a El Guamuchilito, una cuadrilla ubicada en la orilla de la laguna El Tecomate, donde compraban la sal a mestizos que se dedicaban a producirla; en otro rancho llamado El Recado, conseguían pescado seco y fruta para consumo propio. El viaje de regreso duraba ocho días, puesto que iban más despacio con la carga de la sal y a menudo caminaban de noche para no agotar demasiado a los animales.

La ruta que tomaban era siempre la misma; un informante recitó sin ninguna pausa todos los pueblos y ranchos por los cuales pasaban hace más de cuarenta años (véase el mapa 3): San Juan Tetelcingo, Huitziltepec (donde compraban costales de petate de palma para la sal), Zumpango del Río, Chilpancingo, Las Petaquillas, Mazatlán, Palo Blanco, Agua de Obispo, Rincón, Ocotito, Arrapata, Tierra Colorada, Omitlán, Tepeguaje, Las Pal-

Mario García, Xalitla, 1978, *La cuenca del río Balsas.* Cuadro de la región geográfica cultural mayor, con los distintos pueblos separados por los cerros; trabajo agrícola y una procesión de bodas. Tinta china en papel de amate blanco.

Tlalatecomatl. Cantimplora de barro con dibujos de sirenas. San Agustín Oapan 1984.

mas, Los Zapotes, Chacalopan, Las Mesas, Las Cruces, Llano Grande, Los Otates, San Marcos, San José, El Guamuchilito y El Recado. En la costa compraban la sal a setenta y cinco centavos la carga de dos costales, cada costal contenía cuatro "calitros" de diez cuartillos de sal cada uno, o cuarenta cuartillos. El animal cargaba un costal de cuarenta cuartillos, así que dos burros cargados hacían la carga completa de ochenta cuartillos de sal en total.

Tlalatecomatl. Cantimplora de barro. San Agustín Oapan. 1980.

De regreso, en Ameyaltepec dividían la sal según un acuerdo previo en el que cada burro ganaba una cantidad determinada, y cada hombre ganaba otro tanto. Así, aun las personas que no tenían los recursos para comprar animales podían conseguir sal para comerciar al formar parte de una caravana, y otros podían obtener mercancía sin hacer el largo viaje al mandar a su animal bajo el cuidado de otro. Después, cada quien salía solo o con su familia a vender su porción de sal al menudeo en los pueblos, tianguis populares y plazas urbanas del estado de Guerrero. Algunos de los sitios en donde solían ofrecer la sal eran los siguientes: Iguala, Cocula, Apipilulco, Atlixtac, Tepecoacuilco, Huitzuco, Apatlauco, Zacacoyuca, Tonalapa del Río, Sabana el Grande, Maxela, Coacoyula y "muchos otros; dondequiera andaban nuestros paisanos". El mercado para ellos era mestizo y el objetivo era cambiar la sal por dinero que les servía para complementar la economía de subsistencia. Al mismo tiempo los vendedores llevaban piezas de la loza tradicional que usaban para hacer trueque; este trueque se sigue practicando hasta la fecha durante los meses de sequía, aunque ya no combinado con el negocio de la sal. Se dedicaban a la actividad comercial en los meses que no había trabajo agrícola, y realizaban un promedio de tres viajes a la costa cada año durante la Cuaresma. El primer viaje se hacía inmediatamente después de la cosecha y la fiesta del pueblo, el 7 y 8 de diciembre; el último se realizaba en mayo.

Los informantes indicaron que el comercio de la sal es muy antiguo, uno lo describió como el oficio "de los abuelitos de los abuelitos y más antes". El negocio se practicaba a nivel regional; además de los nahuas de Ameyaltepec, originarios de San Juan Tetelcingo, San Agustín Oapan, Ahuehuepan y Tula iban a la costa. No he investigado todavía el grado de participación de cada una de estas comunidades, ni la extensión del comercio en toda la región, que bien podría haber involucrado a más pueblos de la cuenca del río Balsas. Tampoco he investigado los antecedentes históricos de este comercio en el archivo, pero a través de relaciones orales se ha podido establecer que el comercio de la sal era una actividad ejercida por los nahuas de esta zona durante el siglo XIX y probablemente se practicaba desde la época colonial, si no es que desde antes.

Al hablar con diferentes personas sobre los cambios históricos de la región, parece que no obstante que pasaron una vida de trabajo físico agotador, los indígenas de la zona gozaban de cierta prosperidad económica en el siglo pasado debido a la combinación del comercio con la agricultura. Varios informantes hicieron hincapié en que antes de la Revolución, sus antepasados eran ricos, poseían ganado, animales de carga, y también cosechaban abundantes cantidades de maíz. Por ejemplo, un hombre de San Agustín Oapan me explicó:

> Mi abuelo era rico. Pues, así nos dice mi papá. Mi abuelito tenía mucho ganado. Tenía bestias (mulas), comía queso. Y él no era el único. Había otros... (nombró unas cinco familias) y otros más de aquí que eran ricos. Pero ahora sus hijos y sus nietos ya no tienen nada... Mi abuelito vendía sal también. Pero él no iba a traer. Como era rico, mandaba peones.

En el siglo XIX no había haciendas en la región y aparentemente los pueblos podían sembrar los terrenos que quisieran. Los entrevistados explicaron que aunque sí había terratenientes ganaderos a quienes pertenecían las tierras de la zona, los más importantes vivían en Tixtla, Guerrero, o en Tepecoacuilco, Guerrero; éstos les rentaban parcelas para cultivo a cambio de dinero o de una parte de la cosecha. Con la excepción del cobro de esta renta, aparentemente no interfirieron en los asuntos internos de los pueblos. Así, los nahuas de esta zona no sufrieron el despojo de tierras que se dio en otras partes de México durante el porfiriato, y probablemente por eso no participaron muy activamente en los levantamientos de 1910-1920. Un hombre de Ameyaltepec me describió así la situación:

> Antes, más antes de la Revolución, por Ameyaltepec la gente sembraba mucho. Así me platicaba mi abuelito. Él ya no vive, pero cuando yo estaba chiquito me platicaba cómo eran las cosas de más antes. Dice que la gente tenía más maíz porque llovía bonito, caía mucha agua, no como ahora que se va secando todo. Antes, en mayo ya estaba lloviendo bien, y llovía hasta San Lucas (el 18 de octubre) o más después. Pues entonces sí había mucho maíz, frijol, todo. Ahora no cae el agua así, ahora con trabajo sacamos algo...

Siguió contando:

> Yo me doy cuenta que en otras partes no era así. A mí me platican pues, como yo ando vendiendo. A veces nos hablan de cómo eran las cosas antes, y yo estoy sabiendo que por acá (Morelos, en el porfiriato) la gente quedaba sin nada. Dicen que no tenían ni un terrenito para la milpa, que todos andaban sufriendo harto, que todo compraban, hasta el maicito, todo con dinero, todo con dinero. No había donde sembrar, pues, y la gente andaba de peón. Pero en mi pueblo, no, nosotros siempre estamos sembrando desde más antes.

El cuadro favorable para Ameyaltepec cambió a partir de la Revolución; la interrupción del comercio de la sal duró alrededor de quince años, puesto que ya no había ninguna seguridad física para viajar hasta la costa y dentro del estado. El golpe aún más duro para ellos fue la pérdida de sus animales de trabajo —bueyes, vacas, burros— en los atracos frecuentes perpetrados tanto por el ejército federal como por los revolucionarios. En esos años no pudieron sembrar, quedaron empobrecidos y no había de qué vivir; cuentan que para subsistir, sacaban raíces de la tierra y juntaban la corteza de diferentes árboles para moler y hacer tortillas, ya que no había maíz. En este periodo muchos se murieron de hambre y enfermedades.

Un señor de edad me explicó así los sucesos de los años 1910-1920:

> Mi padre quedó bien pobre cuando vino esa cosa de la Revolución. Él era rico pero perdió todo. A cada rato llegaban soldados y agarraban todo; todos parejos, los gobiernos o los pronunciados que nosotros llamábamos zapatistas. ¿Qué cosa vas a hacer? Aunque agarran y llevan o matan a un animal que tú sabes que es tuyo. Si ellos tienen el rifle, y tú no, ¿qué cosa puedes decir? Pues nada.

Explicó que en esos años, la gente de los pueblos de la zona colocaba vigilancia permanente en los cerros para advertirlos de la llegada de las bandas armadas. Cuando se acercaban a los pueblos tronaban cohetes y todos abandonaban sus casas para esconderse en el campo "...más que nada las mujercitas. Si encontraban a una pobre —señora o muchacha—, la agarraban y la jugaban entre todos como quisieran. Esto parejo: gobierno o pronunciado. Luego la mataban y se iban. Así nos pasó por acá". Concluyó la relación hablando otra vez de su padre: "Mi papá era rico antes, tenía vacas, ordeñaba, comía queso. Era bien trabajador, nunca fumaba, nunca tomaba. Pero se murió el pobre, en el año 1922. Ya no aguantó muchos años de pobre, perdió todo y luego se murió."

En 1925 empezaron a ejercer de nuevo el comercio de la sal a una escala más reducida, no obstante que todavía había peligro de bandas armadas que los emboscaban, les robaban su dinero y sus animales. Este comercio terminó en forma abrupta a finales de la década de los años 30, por la acción concertada del gobierno del estado y de las autoridades militares y/o policiacas. A partir de los datos proporcionados por varios entrevistados se reconstruyeron los hechos siguientes. En los años 1936-1937 se abrió un camino de terracería en la costa hasta las comunidades que les surtían la sal, lo cual permitió la entrada de camiones de carga. Además, el gobierno estatal empezó a cobrar una especie de impuesto o arancel sobre la sal; pagar esta cuota doblaba el precio para el mercader indígena y ya no dejaba margen de ganancia. Los informantes de Ameyaltepec dijeron que intentaban eludir el pago al sacar y transportar la sal de noche y esconderse de día, no obstante el riesgo de ser multados y de perder la mercancía. Siguieron de contrabandistas unos dos años, hasta que las autoridades empezaron a confiscar los animales de carga por evasión fiscal, medida que los obligó a dejar el negocio para siempre. Se puede poner el año de 1939 como límite para el ejercicio de este oficio tradicional, fecha que marcó el fin de una época histórica para ellos.

Los años de crisis: 1940-1960

A partir de 1940 los nahuas de Ameyaltepec y los otros pueblos comerciantes de sal entraron en una fase de desequilibrio económico provocado por la brusca destrucción de su antiguo patrón mercantil. Repentinamente se vieron obligados a buscar una nueva estrategia para subsistir y pasaron un largo periodo en el que probaron una variedad de esquemas para conseguir dinero. Entre las estrategias más generalizadas estaban: la venta de la fuerza de trabajo, la agricultura comercial, el bracerismo, y el seguir con varias actividades artesanales y mercantiles que mantuvieron cierta continuidad entre el comercio de la sal y el de los amates que nació veinte años después. Explorar este periodo de transición con más detalle, permite apreciar el grado de éxito económico actual y sus consecuencias positivas para ellos como grupo étnico.

Después de verse obligados a dejar el negocio de la sal, hombres y mujeres de Ameyaltepec y de los otros pueblos trabajaron como jornaleros durante los meses de sequía en las zonas de riego de Guerrero y de otros estados vecinos. La ocupación principal de los hombres era la zafra en Morelos, donde cada año laboraban como cortadores de caña de azúcar entre enero y mayo. Se trasladaban del pueblo en grupo, mientras las mujeres se quedaban en la comunidad y se encargaban de hacer y mandarles tortillas cada tercer día para que no gastaran su reducido sueldo en comida. Todos los informantes insisten en que este trabajo era demasiado duro, cansado y mal pagado, pero que no había otra alternativa para ellos. Describen las largas horas de trabajo, los engaños del día de raya, la añoranza de su pueblo y de sus familias. Un hombre describió esta vida en la forma siguiente:

> Entonces sí sufrimos harto. Entonces no había este trabajo (el amate) y salíamos lejos, a Morelos, a la caña. Todo el día trabajábamos con machete, y salíamos negros, negros (del tizne porque se quema la caña antes de cortarla). Al salir, sólo se veían los dientes y los ojos. Nomás comíamos tortilla fría con chile. ¡Ay!, ésos sí eran tiempos duros y yo los vi. Ahora estoy trabajando aquí, en mi casa, sentado en la sombra, dibujando. Tengo mi radio, estoy en mi pueblo, contento. Pero antes no, cuando no conocíamos el amate era otra cosa lo que pasamos.

Otros de Ameyaltepec vendían su fuerza de trabajo en Iguala o Chilpancingo como cargadores de camiones, peones en las obras, en la minería y en la construcción de carreteras; se vieron obligados a aceptar cualquier trabajo eventual que pudieran encontrar. También en esos años algunos empezaron a sembrar ajonjolí como cultivo comercial para venderlo en Iguala, y en la década de los años 50, unos treinta y cinco hombres del pueblo fueron contratados legalmente para trabajar en los Estados Unidos como braceros.

La tradición oral sobre estos tiempos refleja una aguda desesperación económica; era un panorama en el que había sombrías perspectivas para ellos como grupo étnico, dada la calidad de las relaciones económicas que entablaron con el modo de producción capitalista en expansión. En ese periodo los nahuas de Ameyaltepec estaban encaminados hacia la aculturación, estaban en vía de desaparición como indígenas para convertirse en mestizos marginados. Es representativo el testimonio de una mujer que describió la vida de ellos y las actividades de su marido en esa época de la manera siguiente:

Pero entonces, Ameyaltepec estaba *bien pobre,* pero estaba bien pobre. Nomás que algunas ya tienen dinero ahora por el amate y por la piedrita. Pero entonces no. ¡Entonces estaban *bien pelados todos!* Yo conocí todo porque yo ya soy vieja, por eso lo vi.

Entonces mi esposo trabajó mucho. Fuimos a Iguala, en la (colonia) Guadalupe. Fue a trabajar mi esposo, era un lugar donde trabajan la madera. Y yo fui con él. Cinco años estamos en Iguala. ¡Yo con mis hijitos, fíjate! ¡Ay! Yo andaba sufriendo por allá. Todos me tenían lástima y me regalaban ropa viejita para mis niños. Ahora unos (del pueblo) nomás dicen "tira esta ropa, ya no sirve". ¡Híjole! Ellos dicen así porque no sufrieron antes.

Después me vino a dejar mi esposo, a sembrar, y él se fue para Huitzuco, a la mina. Es que a él le gustaba trabajar, pobrecito, y él siempre estaba por allá. Nomás me venía a dejar el dinero, me decía: "Ahora ya no te llevo, quédate, con niños está trabajoso por allá." Él me dejaba en la casa de mi mamá, y se fue con sus amigos de Ameyaltepec a trabajar. Después se cayó, era muy hondo, se cayó y se lastimó todo, y se vino y aquí lo curó pues.

Entonces, otra vez dice, "Mira, vieja, ahora me voy otra vez. Dicen que van a querer peones allá en Morelos. Yo voy a trabajar en la caña." Y se fue a la caña con unos de aquí. Pero no le gustó este trabajo y después vino.

Otra vez me dejó sembrar y él se fue por acá, por la carretera se fue a trabajar con un señor. Yo no sé en qué, si en una mina o si en la carretera, no sé en qué trabajó. Nomás me venía a dejar dinero aquí. Yo vivía solita, con mis niños, yo sufriendo por aquí, y él andaba sufriendo por allá. A veces llegaba de noche, caminando, pobrecito, me venía a dejar jabón, dinero y luego se iba otra vez. A veces sin dormir, pobrecito. A veces me llevaba a Iguala, dice, "Vamos a comprar ropita de los niños", y después otra vez se va. ¡Pero deveras andaba sufriendo y todo me dio lástima!"

Después, como siempre tienen envidia, le pegaron, y otra vez lo curé,

> y se alivió pues. Cuando ya se alivió dice: "Mira, viejita, búscalo dinero." Entonces estaba barato todo y dice: "Búscalo cien pesos y vete a Tixtla. Dile a la Virgen que me alivie bien porque ya me voy. Ahora me voy al norte, a los Estados Unidos." Entonces fui con un señor que me prestó, y fui a Tixtla, y le traje florecita y aceitito que me dieron por allá, de la Virgen. Y después se fue, de veras, se fue al norte, y entonces ganaba dinerito más.

Por otra parte, en aquellos años unas personas de Ameyaltepec emprendieron actividades más emparentadas con las estrategias anteriores, y fueron éstas las que condujeron finalmente al amate pintado y al comercio de las artesanías. Algunas familias se dedicaban a criar puercos y gallinas que vendían a compradores mestizos itinerantes que llegaban al pueblo en mulas; otros se dedicaron a la compraventa de frutas, tubérculos y piloncillo traídos de pueblos nahuas y mestizos alrededor de Chilapa. El más importante fue el negocio del camote de Acatlán (véase el mapa 2). Los hombres iban de Ameyaltepec con animales a comprar camote dulce que volvían a vender en plazas públicas y en pueblos de la región en la misma forma que la sal. Es interesante notar que llegaron a manejar recursos económicos considerables en este comercio. Un hombre me dijo que invertía entre cien y ciento cincuenta pesos por viaje a Acatlán en los años 1959-1960, y que doblaba su dinero al vender el camote. Esto sucedió cuando el salario de un peón era entre tres y cinco pesos la jornada. Otras personas de Ameyaltepec iban a comprar una clase de camote distinto en Itzcualtlán, un rancho cerca de Cuetzala del Progreso, para revender en la región indígena más inmediata. Esta venta de tubérculos coincidía con el periodo en que se estaba dando la comercialización del barro en el mercado turístico. Fue este negocio en Taxco, Acapulco, Cuernavaca y México, lo que les encaminó la empresa actual, como ya se ha expuesto en la Primera Parte, capítulo I. La transferencia de los diseños estilizados de la loza al rústico papel de amate fue el paso crítico para los artesanos de Ameyaltepec; con esta nueva mercancía todos volvieron a practicar el comercio como estrategia económica principal.

Conocer estos antecedentes permitió situar el surgimiento del negocio artesanal dentro de un contexto histórico esclarecedor: los nahuas de Ameyaltepec son herederos de una antigua tradición mercantil en la que siempre combinaban las actividades de subsistencia y ceremoniales con el comercio ambulante y las ausencias periódicas de su pueblo que éste requiere. También se vio que existen semejanzas organizativas con respecto al comercio de la sal, el de los camotes, y el de las artesanías que opera actualmente. Cuando practicaban el comercio de la sal salían del pueblo por periodos variables de quince días o más, viajaban distancias largas y se movían como vendedores itinerantes dentro de una variedad de mercados urbanos y rurales distintos. Entonces, como ahora, ofrecían una mercancía a cambio de dinero dentro de un medio mestizo. Así que han funcionado como revendedores, comercializando artículos producidos por otros como en los casos de la sal, del camote y de las artesanías que venden junto con el papel de amate pintado.

En la actualidad estos mercaderes manejan nuevos productos para el medio turístico, pero siguen con una estrategia que representa una innovación en sus dos oficios tradicionales: la alfarería y el comercio. Por esta razón se adaptaron tan rápidamente al nuevo negocio de las artesanías sin desajustes sociales. A partir de 1960, empezaron a abandonar el cultivo del ajonjolí para fines comerciales, y la venta de su fuerza de trabajo. Los braceros de regreso de los Estados Unidos se integraron a la nueva producción y al comercio. Rápidamente los pueblos vecinos que habían sufrido el mismo problema al interrumpirse el comercio de la sal, siguieron su ejemplo al dedicarse al papel de amate pintado. En la actualidad todas las familias de Ameyaltepec viven del comercio, y son contados los casos de venta de fuerza de trabajo fuera del pueblo.

Considerar este periodo histórico ayuda a ver con más claridad varios aspectos clave del proceso de adaptación económica, y sus consecuencias sobre la organización social tradicional. Tomando en cuenta las condiciones de vida producidas por las articulaciones con el modo de producción dominante antes del comercio de las artesanías, es obvio que de haber seguido la existencia precaria de los años 1940-1960, Ameyaltepec ya no sería hoy un pueblo indígena. Si no hubieran descubierto la alternativa económica de vender el papel de amate pintado en el momento decisivo en el que surgió —y que coincidió con el fenómeno del *boom* turístico fuera de su control pero aprovechado por ellos—, ciertamente hubieran pasado por un proceso de desintegración social y la pérdida consiguiente de sus rasgos étnicos.

Al comparar la situación anterior con la actual, se ve que la ventaja principal que brindó el nuevo negocio es la de permitir ganar dinero en circunstancias tales que los indígenas mismos pueden controlar. La producción artesanal y el comercio se manejan en una forma flexible que les da la posibilidad de seguir con su vida ceremonial, cumplir con el servicio en la comunidad, dedicarse al cultivo del maíz, y colaborar libremente con otras familias en trabajos y obligaciones rituales cuando sea que éstas surjan. Sus relaciones con el modo de producción capitalista se dan en una forma más tangencial, más controlable por ellos que antes, cuando vendían su fuerza de trabajo, o cuando experimentaron con la agricultura comercial. Actualmente los mercaderes nahuas hacen incursiones a los centros turísticos para conseguir dinero y bienes, para diversión y aventura, pero ya no tienen la necesidad de entrar en una relación sumisa y pasiva con el mestizo o con la cultura dominante, ni de integrarse a la vida citadina. Otro elemento importante de este cuadro es que el ingreso monetario llegó en un momento en que todavía estaban vigorosas y funcionales las antiguas relaciones recíprocas. Además, el comercio de artesanías combinado con la agricultura de subsistencia fomentó una acumulación de riqueza a una escala que jamás hubiera sido posible con las estrategias anteriores. Precisamente por esta prosperidad, a nadie le conviene salirse de la comunidad, ni dejar de participar en la vida tradicional.

Llegué a la conclusión de que se pueden interpretar el descubrimiento del amate pintado y el desarrollo del comercio de las artesanías como productos del esfuerzo colectivo de estos nahuas para sobrevivir, no sólo económicamente, sino también culturalmente. Los habitantes de Ameyaltepec lograron crear una nueva estrategia después de que las bases económicas de su vida tradicional quedaron destruidas en 1940. Con ésta dejaron las demás actividades arriba descritas para conquistar eficazmente un lugar propio dentro de la formación económica capitalista.

XV. LOS VECINOS NO AMATEROS

Los siete pueblos de la Cuenca del río Balsas guerrerense que no entraron en el negocio del amate pintado tienen también sus particularidades etnográficas, históricas y socioeconómicas. No hay espacio para presentar el conjunto de datos recopilados sobre ellos, ni para detallar los múltiples problemas analíticos que sugiere cada comunidad. Mi propósito aquí es comparar y contrastar a grandes rasgos, la situación de los pueblos no pintores de la misma área cultural con la de Ameyaltepec. Esto sirve para resaltar las ramificaciones internas correspondientes a las diferentes estrategias económicas adoptadas por ellos. El ejercicio resultó útil para clarificar ciertos aspectos del argumento que se viene desarrollando en estas páginas, pese a que requiere simplificar demasiado algunas facetas de un cuadro complejo.

Para fines analíticos es necesario dividir en subgrupos los pueblos donde no pintan el papel de amate, de acuerdo con sus características propias (véasa mapa 2). Tres de ellos —San Francisco Zumatlán, San Agustín Ostotipan y Totolzintla— han iniciado una trayectoria que parece ser paralela a la de los amateros. A partir de 1974, estas comunidades han ido intensificando la producción de máscaras y figuras de madera tallada para vender al turismo. No vamos a profundizar en este fenómeno que ya se ha descrito brevemente en la Primera Parte, capítulo II de este libro. Tula representa una situación particular porque es un pueblo nuevo. Se fundó alrededor de 1880, y allí había una mezcla de cultura indígena aportada por emigrados de San Agustín Oapan, con elementos mestizos de algunos emigrados de Apango. El proceso cultural de esta comunidad es demasiado distinto de los demás para exponerlo ahora, y este caso se tratará en algún trabajo futuro.

Los habitantes de los tres pueblos restantes —San Miguel Tecuixiapan, San Marcos Guacatzingo y Tlamamacan— no optaron por ganar dinero a través de la explotación de una habilidad artesanal para el mercado turístico (como el amate pintado y las máscaras de madera). Ellos se han articulado de otra manera con la formación económica dominante y, debido a esto, siguieron una evolución distinta a la de sus vecinos, por lo cual es revelador examinarlos más a fondo aquí.

Con respecto a las artesanías, dos de estas comunidades producen artículos exclusivamente para el consumo local de la región; en San Marcos fabrican ladrillo y teja de barro, y también tejen hamacas y lazos de ixtle; en San Miguel Tecuixiapan hacen chiquihuites de carrizo y co-

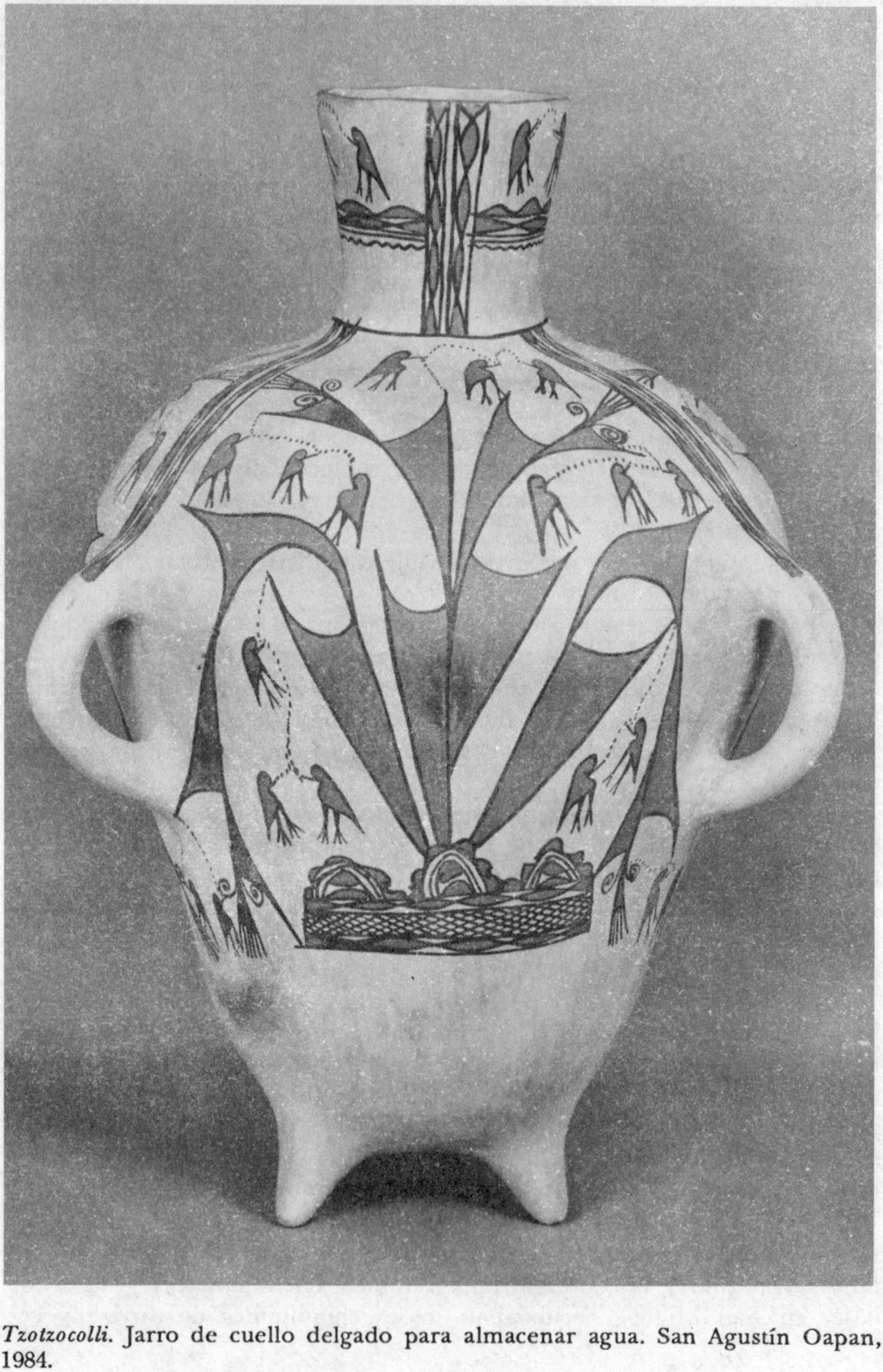

Tzotzocolli. Jarro de cuello delgado para almacenar agua. San Agustín Oapan, 1984.

males de barro. Ninguna de estas actividades rinde un ingreso monetario suficiente para sostenerse, a pesar de que la mayoría de las familias se dedican también a la agricultura de subsistencia. Así que para sobrevivir, los originarios de estos pueblos recurren desde hace años a la venta de su fuerza de trabajo en el medio rural y en el medio urbano, a la agricultura comercial y al bracerismo.

En la época de lluvias, los indígenas de estas tres comunidades venden por día su fuerza de trabajo dentro de la región, sirviendo eventualmente de peones en la agricultura y la construcción en los pueblos vecinos, sobre todo en Ameyaltepec, Ahuehuepan y San Juan Tetelcingo. También practican la agricultura comercial: el cultivo de ajonjolí en Tlamamacan y San Marcos y el cultivo de ajonjolí, maíz y garbanzo en San Miguel Tecuixiapan.

En la época de sequía, los hombres de estos pueblos acostumbran emigrar por periodos de 4 a 6 meses en busca de trabajo como peones en las ciudades, sobre todo en México, D. F. Algunas mujeres de San Miguel Tecuixiapan entran al servicio doméstico en los centros urbanos. En San Marcos y Tlamamacan es frecuente que salgan las familias enteras ya que ganan por destajo laborando en los cultivos de riego alrededor de Iguala. Otros hombres de estos pueblos se han ido a los Estados Unidos a formar parte de la población mestiza indocumentada que trabaja en el campo.

En términos económicos estas tres comunidades son más pobres que Ameyaltepec y los otros pueblos de pintores de amate. La escasez relativa de efectivo se ve en la vivienda, la ropa, los animales y la vida ceremonial; el nivel reducido de recursos económicos es muy obvio a primera vista y es reconocido tanto por las personas que viven allí como por los amateros. Usando la situación de estas tres comunidades como punto de referencia, resulta evidente que la combinación del oficio artesanal con el comercio ha brindado mayores ingresos globales que ninguna otra posibilidad abierta actualmente a los nahuas guerrerenses en México.

De hecho era de esperar que la situación económica de estas comunidades fuera más precaria que la de los pueblos donde pintan el amate; las visité en el trabajo de campo específicamente para evaluar la retención o la pérdida de sus rasgos étnicos en comparación con los demás. Supuse que habría diferencias en el grado de aculturación debido, en gran parte, a las distintas relaciones que mantienen con el modo de producción dominante. Descubrí que en San Marcos, San Miguel y Tlamamacan ha habido un mayor deterioro de las relaciones socioeconómicas tradicionales que en Ameyaltepec. Este hecho se nota sobre todo en la indumentaria, en el idioma y en el concepto que los pobladores tienen de sí mismos como indígenas. También hay evidencia de cambio en la organización ceremonial, en la estructura social y en la economía interna de estos pueblos. Estos cambios se podrían definir como una marcada tendencia hacia la monetarización de las relaciones internas, el consiguiente desplazamiento de las relaciones recíprocas, y el debilitamiento general de la estructura interna del servicio prestado a la comunidad. Hacer esta comparación puso de manifiesto, por lo tanto, que los pueblos de la misma región que no participan en el comercio de papel de amate son más pobres económicamente y a la vez son relativamente más aculturados que Ameyaltepec y sus vecinos amateros.

Esta situación es evidente no sólo para esta investigadora, sino que ha sido observada por los habitantes de los mismos pueblos no-pintores, por los habitantes de los pueblos amateros, y también por algunos mestizos que han trabajado en la zona. Reflexionar sobre estas diferencias en el apego a la identidad étnica nos lleva a tocar algunos elementos fundamentales del problema indígena. El componente ideológico es de primordial importancia para entender el proceso de transmisión de la cultura tradicional dentro del contexto de la sociedad mestiza dominante. En este sentido es útil explorar las variadas actitudes que se registraron en el trabajo de campo con respecto a la valorización de la tradición étnica en la región.

Empezando por la opinión del foráneo, varios agentes de desarrollo mestizos, portadores de la ideología modernizante del estado nacional, han comentado conmigo las diferencias que observan entre estas comunidades. Uno de los más perceptivos fue un médico que cumplía su servicio social en un centro de salud en San Juan Tetelcingo. Él había notado que los habitantes de San Marcos y Tlamamacan acuden a la clínica con mayor frecuencia que los habitantes de Ameyaltepec y aun del mismo San Juan donde está ubicada la unidad médica. Enfatizó que los originarios de San Marcos y Tlamamacan hablan más español que los de San Juan y Ameyaltepec, a quienes describió como reticentes para hablar español *aun cuando dominan este idioma.* Indicó que los que vienen de San Marcos y Tlamamacan demuestran "más ganas de aprovechar la ayuda que les proporciona el gobierno" que sus vecinos. El joven médico había observado que son más aculturados en Tlamamacan y San Marcos a pesar de estar más incomunicados porque no tenían ni acceso por carretera ni luz eléctrica en ese momento. También se había dado cuenta que estos pueblos son más pobres económicamente que Ameyaltepec y San Juan; esta aparente contradicción lo dejó perplejo. Para él era una sorpresa descubrir que los pueblos tradicionales tenían más dinero pero menos "cultura" que los otros, mientras que, en cambio, los pueblos más "civilizados" eran los más pobres. Su actitud era tolerante y respetuosa hacia los que prefieren seguir con sus tradiciones, sobre todo porque esta postura no interfería con su empeño profesional más allá de la desconfianza que manifiestan a los programas oficiales.

Es muy distinta la manera de pensar y reaccionar de los maestros en la región, ya que para ellos es ideológicamente inaceptable que un indígena siga siendo indígena cuando a su criterio debería hacerse mestizo. Una maestra rural que había trabajado primero en San Marcos y después en Ameyaltepec, les anunciaba a muchos de Ameyaltepec que la gente de San Marcos es "mejor" y "más inteligente". Basaba su opinión en el hecho de que los sanmarqueños quieren "avanzar", "progresar" y "superarse" porque quieren aprender el español y usar "ropa de gente civilizada". Ella hacía hincapié en que los habitantes de San Marcos procuran mandar a sus hijos a la escuela, y que en ese pueblo la gente la respetaba mucho por ser la maestra. En privado, calificaba a los nahuas de Ameyaltepec de "tercos" y "atrasados" porque no les hacen caso a los maestros, porque los padres se resisten a mandar a sus hijos a la escuela, porque ni los niños ni los adultos quieren castellanizarse. Otra maestra me dijo que se sentía frustrada porque las mujeres de Ameyaltepec no quieren cambiar su indumentaria tradicional y no quieren poner uniformes escolares a sus hijos, quienes "sin uniforme no se ven limpios. No se ven bien los niños, como gente". Esta actitud negativa, que a veces llega hasta la hostilidad, es generalizada entre los maestros, quienes consideran que se están sacrificando para "civilizar a los indios", y observan correctamente que los "indios" de Ameyaltepec no aceptan su versión de la "civilización". El problema de la escuela reside en que la función real del sistema escolar oficial en zonas indígenas no es la docencia sino la propagación de los valores de la sociedad nacional.

Un hombre de Ameyaltepec, que había analizado esta situación por su cuenta, entendió y me explicó las diferencias entre su comunidad y San Marcos en la forma siguiente:

> Yo creo que es cierto lo que dice la maestra. Pues allá en San Marcos no tienen trabajo; cuando se va el agua [cuando no llueve] no ocupan a los niños y los pueden mandar a la escuela. De todos modos, allí son puros peones. En Cuaresma se van los señores [a trabajar fuera], y las señoras no tienen trabajo para los niños y los mandan a la escuela. Pero aquí no, como pintamos amate, luego luego que ven que un hijo sabe agarrar el pincel, ya no lo mandan. También ocupamos a los niños para ir al (pozo de) agua, para traer leña, para trabajar. De todos modos, ¿qué cosa van a hacer en la escuela? Van a perder el tiempo, y estos maestros son bien flojos. Les paga el gobierno, ellos están ganando todos los días, pero no hacen nada. Las gusta andar hablando, pero no enseñan nada. Como todos salimos a hacer la lucha, mejor llevamos a los niños por allá a vender en la ciudad y rápido pueden hablar castilla.

Aquí se puede apreciar que este hombre percibió que es precisamente por sus diferentes estrategias económicas que hay actitudes distintas hacia la escuela en San Marcos y en su comunidad. Esta realidad no la pueden ni captar ni aceptar ideológicamente los maestros, con todo y su supuesta superioridad "cultural" y su mejor nivel de escolaridad. Además este informante expresó la opinión compartida por otros en Ameyaltepec de que la escuela no sirve para mucho, que la escuela es una pérdida de tiempo para los niños, aunque no para los maestros porque ganan un sueldo y gozan de ciertos beneficios por tener puestos gubernamentales.

Los comentarios de este informante reflejan también la postura crítica que adoptan los habitantes de Ameyaltepec hacia los pueblos que no entraron al comercio. Él dijo "de todos modos, allí son puros peones" con cierto desprecio, y hay que recordar que en Ameyaltepec se considera la venta de la fuerza de trabajo como un mal negocio (pero emplearán con gusto a las personas dispuestas a hacerlo). Para ellos trabajar de peón por un sueldo es una tontería, como también lo es mandar un hijo a la escuela del pueblo para "perder el tiempo" en vez de "ocuparlo" en actividades productivas para la familia.

La actitud de los nahuas de Ameyaltepec hacia la escuela es complicada, y en realidad ellos tienen mucho interés en la educación desde el punto de vista práctico. Quieren adquirir conocimientos útiles para el comercio: sobre todo quieren aprender a leer, a llevar contaduría, y a hablar idiomas extranjeros. En mi opinión, los pobladores de Ameyaltepec tienen una curiosidad intelectual muy desarrollada; constantemente me usan como informante sobre acontecimientos políticos e históricos, sobre ciertos aspectos de ciencia y tecnología, y sobre formas de vida en otros países. Su falta de entusiasmo por el sistema escolar oficial se debe a la marcada falta de importancia del material didáctico, y a la ineptitud de los maestros para comunicar sus conocimientos ya que tienen una preparación deficiente para trabajar en este medio.

En Ameyaltepec han logrado un buen nivel económico sin escolarización y por eso no ven una gran ventaja económica en la educación formal y, de hecho, para ellos no la hay. Y como hasta ahora no ha sido una meta para ellos integrarse en la cultura nacional, tampoco les interesa demasiado la escuela como puerta de entrada a la sociedad mestiza. La situación contraria en San Marcos, San Miguel, Tlamamacan (y en muchos otros pueblos indígenas en toda la República), explica su aceptación de la escuela. Por la misma escasez de recursos materiales, mandan a sus hijos a la escuela con el anhelo de que al aculturarse mejoren su nivel económico.

El hecho de que los pueblos no-amateros sean más aculturados no requiere de explicación, pero al observar su situación surgió otro problema que cabe señalar ahora. Tomando en cuenta que todos estos pueblos forman parte de la misma región cultural, que todos mantienen relaciones económicas, sociales y ceremoniales con Ameyaltepec y los otros pueblos pintores, hay que preguntárse porqué estos tres pueblos no adoptaron la estrategia artesanal cuando los otros sí lo hicieron. También es interesante considerar porqué no intentan entrar en ella ahora, una vez que han visto la situación económica relativamente privilegiada de los que han hecho este negocio.

Los comentarios de los nahuas de la región no arrojan mucha luz sobre el problema. Los originarios de Ameyaltepec, y también los de San Juan, dicen que los pobladores de San Miguel Tecuixiapan, San Marcos y Tlamamacan "son flojos", que "no piensan", o que "no les gusta trabajar". Un señor de Ameyaltepec me dijo acerca de los de San Miguel, perplejo y compadecido: "Esta gente no sabe defenderse, dejan que los hagan como quieren. Pero mis paisanos no, nosotros somos buenos para pelear." Varias personas de San Marcos y Tlamamacan me comentaron que quisieran poder ganar como los habitantes de San Juan o de Ameyaltepec, pero que no saben cómo hacerlo. Una mujer de San Marcos me dijo: "Sí, vemos que estos señores (de San Juan) ganan buenos centavos con su trabajo, pero nosotros no nos enseñamos a pintar." Cuando le sugerí que podrían aprender a pintar y a vender como los otros pueblos, simplemente respondió con resignación que "no sabemos cómo". A la misma sugerencia, otros paisanos de San Marcos o Tlamamacan dijeron que "no vamos a poder", o "nosotros somos más tontos que ellos", y no manifestaron ningún interés en considerar en serio la posibilidad de seguir el ejemplo de los otros. Obviamente, estas opiniones sólo reflejan cierta renuencia y pasividad, pero no explican el porqué los nahuas de estas comunidades no se integraron a la corriente del amate pintado. Por eso parece que la mejor alternativa es tratar de encontrar más bien factores de carácter histórico.

En el caso del pueblo de San Miguel Tecuixiapan, hay antecedentes muy claros que pueden ayudarnos a entender porqué no han optado por la estrategia artesanal de sus vecinos. Según la tradición oral de la zona, los habitantes de este pueblo son descendientes de personas que vinieron de afuera para asentarse en la región. Su lugar de origen era Tequicuilco, de donde se dice que acostumbraban a bajar al río Balsas a pescar. Llegó el tiempo en que, por algún motivo, buscaron nuevas tierras de cultivo y pidieron permiso a Oapan para vivir donde ahora están. Como antes había menos población, los habitantes de Oapan les concedieron tierras, y desde entonces hay una comunidad de nahuas "extraños" —San Miguel Tecuixiapan— en medio de los otros pueblos, los cuales están casi todos emparentados con los nahuas originarios de Oapan.

Es muy probable que la tradición oral sobre la fundación de San Miguel sea verídica, puesto que este pueblo todavía mantiene relaciones ceremoniales con Tuliman y Tequicuilco (véase mapa 2), y porque es el único pueblo de la zona que conserva lazos matrimoniales con Tequicuilco. En una entrevista con personas de Tuliman, confirmé que también en Tuliman se conserva la tradición oral acerca de que los habitantes de San Miguel eran originalmente de Tequicuilco. Es posible que esta migración se diera en la época preeuropea; de no ser así, se dio en la época colonial temprana, ya que hay mención de San Miguel Tecuixiapan en un documento del siglo XVII. Las diferencias entre San Miguel y los demás pueblos son mucho más pronunciadas que entre San Marcos y Tlamamacan y sus vecinos. En el área lingüística hay variaciones dialectales entre el náhuatl de San Miguel y el de Oapan. En el ámbito etnográfico también existen diferencias que no pueden explicarse solamente por las distintas estrategias económicas emprendidas por ellos. El pueblo de San Miguel está en pugna permanente con el pueblo de San Agustín Oapan, y a veces ha habido enfrentamientos violentos entre ellos. La causa ostensible de este conflicto es el acceso a la tierra de cultivo, pero me inclino a pensar que en el fondo también reside en antiguas fricciones étnicas no resueltas.

Regresando al problema analítico que enfrentamos, San Miguel carece de la tradición comercial de la sal y también del trabajo alfarero, las dos actividades que sirvieron a sus vecinos como antecedentes para desarrollar el negocio de las artesanías. Además, los lazos socioculturales de San Miguel han estado orientados hacia otra área geográfica (Tuliman-Tequicuilco) desde hace mucho tiempo. Estos factores, combinados con la relación conflictiva entre San Miguel y San Agustín Oapan dan una base parcial para explicar el porqué los primeros no adoptaron la misma estrategia económica que los habitantes de Oapan y Ameyaltepec.

La escasa información histórica reunida hasta ahora no es suficiente para entender la falta de comercio en San Marcos y Tlamamacan, y sólo logré formular una hipótesis tentativa al respecto. Estos pueblos no tienen la tradición alfarera, y es probable que también carezcan del antecedente comercial de la sal. Pero el factor más sugestivo que entra aquí es la ubicación geográfica de los dos pueblos al otro lado del río Balsas, opuesto al de los pueblos pintores (véanse mapas 1 y 2). Ésta abre la posibilidad de que, desde hace mucho tiempo, pertenecieran a otra jurisdicción político-administrativa que los pueblos amateros y efectivamente hoy pertenecen a un municipio distinto. Si resultara así, esto nos daría una pista histórica para explicar algunas diferencias en la organización interna de estas comunidades y en su articulación en el ámbito regional, las cuales han tenido efectos reconocibles hasta hoy. En la Colonia estos pueblos pudieron haber formado parte de la encomienda de Huitziltepec, situado al sur del río Balsas, a diferencia de los demás pueblos que pertenecían a la encomienda de Oapan (véase Cuarta Parte, capítulo IV). Tal división tenía quizá sus antecedentes en la delimitación de unidades políticas en el periodo preeuropeo. Sin embargo, quedan muchas incógnitas sobre la historia de la región que no se resolverán sin más investigación tanto en el campo como en el archivo.

Explicar porqué estos tres pueblos no entraron al negocio del amate cuando lo hicieron los demás, resulta complicado, y realmente quedó fuera del alcance de mi investigación. Es probable que hayan intervenido diversos factores a lo largo de su historia que arrasaron con la iniciativa propia de los pobladores. Lo que más sobresale en los pueblos que no cuentan con el negocio de las artesanías es la falta de espíritu emprendedor tan arraigado en Ameyaltepec y en sus vecinos comerciantes. El contraste con estos pueblos permite ver con más claridad el grado de éxito logrado por las otras comunidades amateras.

XVI. LOS PUEBLOS AMATEROS NO TRADICIONALES: XALITLA Y MAXELA

Dentro del marco regional, el comparar entre sí los ocho pueblos que se dedicaron al amate pintado reveló que dos de ellos presentan características socioculturales distintas. A diferencia de los otros trece pueblos de la región bajo análisis, Xalitla y Maxela son casi completamente mestizos, y por este motivo merecen más atención. Si en Ameyaltepec el comercio a base del amate pintado sirvió como una estrategia económica conservadora de la etnicidad, es necesario explicar la pérdida de estos rasgos étnicos en Xalitla y Maxela donde también se dedican a pintar el amate. La dinámica histórico-económica tuvo resultados muy distintos allí, y contrastar la evolución de estas comunidades con la de Ameyaltepec contribuye a dar otra dimensión al argumento de este libro. El hecho sobresaliente es que los habitantes de Maxela y Xalitla aprendieron a pintar el papel de amate, pero no desarrollaron una red comercial propia; por esta razón la producción artesanal se articuló dentro de su economía interna en una forma muy diferente a la de los otros pueblos de pintores-comerciantes.

La ausencia del comercio directo en estos dos pueblos es notable en comparación con los demás: en Xalitla, aproximadamente 25% de los grupos domésticos del pueblo salen con regularidad a vender directamente al cliente en los centros turísticos. Es interesante notar que en muchas de estas familias de mercaderes xalitleños se encuentra un originario de Ameyaltepec, o de alguno de los pueblos de comerciantes más tradicionales, que emigró a Xalitla desde hace años, principalmente por haberse casado con un nativo de allí. En Maxela hay aún menos ejercicio comercial que en Xalitla; sólo he conocido a una pareja de ancianos que vende amate directamente a los turistas en Taxco.

La gran mayoría de los pintores de Xalitla y Maxela entregan su obra a intermediarios que tienden a llegar directamente a las comunidades, especialmente a Xalitla, por su ubicación sobre la carretera federal a Acapulco. Los intermediarios a quienes venden tienen negocios de importación y exportación, son dueños de tiendas en los centros turísticos, son clientes particulares que compran a mayoreo para volver a vender, o son instituciones gubernamentales que fomentan las artesanías. Los intermediarios cada vez más importantes para ellos son los mismos comerciantes de Ameyaltepec, Oapan y los otros pueblos más tradicionales, quienes adquieren

Tepalcatl. Platos de barro. Se observan los dibujos de viñedos y plantas creciendo. Ameyaltepec, 1984.

amate pintado en Xalitla y Maxela para llevarlo a vender junto con su propia obra.

El hecho de que los habitantes de Xalitla y Maxela no sean comerciantes ha sido decisivo para el manejo de la producción artesanal dentro de estas comunidades. Los pintores reciben poca remuneración por su trabajo puesto que es necesario dejar un margen de ganancia para el que lo vende al menudeo, y como regla general la producción proveniente de estos pueblos es corriente. Las hojas son pintadas en serie con un diseño estandarizado, tienden a ser de menor calidad que las de otros pueblos, y en el mercado turístico suelen valer menos. Los pintores de Xalitla y Maxela tienen la misma capacidad artística que los originarios de los otros pueblos, sólo que, dada la forma en que la comercializan, las fuerzas del mercado operan para empujarlos hacia la ejecución de un trabajo más abaratado.

Por el hecho de no vender su obra directamente, los originarios de Xalitla y Maxela no perciben mucha ganancia por su trabajo artístico, lo cual contribuye a que esté manejado en forma familiar como una actividad de escasa importancia. Más importante aún, por no controlar el comercio ellos mismos, no han explotado tampoco el mercado de otras artesanías, tales como las joyas de piedra y las máscaras de madera. Así que además de ganar mucho menos sobre su propio trabajo, nunca desarrollaron el negocio de las otras artesanías complementarias que trajo mayores utilidades a los comerciantes de Ameyaltepec y de los demás pueblos.

Por estas razones, en Maxela y Xalitla el amate pintado no aportó un ingreso monetario suficiente como para que sobrevivieran económicamente, y sus habitantes siguen dedicándose a otras actividades para conseguir dinero. Tanto los hombres como las mujeres van a Iguala, a Acapulco y a la ciudad de México, donde procuran vender su fuerza de trabajo en diversas situaciones. El grado de escolaridad de estos pueblos es mayor que el de San Miguel Tecuixiapan, San Marcos o Tlamamacan, y los xalitleños y maxeltecos tienden a trabajar no como jornaleros, sino más bien como obreros, empleados, maestros de primaria, o en puestos burocráticos de bajo nivel. Dada la clase de trabajo que encuentran, la estancia fuera de su pueblo es semipermanente, y a veces se casan con mestizos de origen urbano y radican ya definitivamente en las ciudades.

También hay una alta incidencia de bracerismo como alternativa al trabajo asalariado en la economía nacional; son cientos las personas de esos dos pueblos que trabajan en los Estados Unidos. Tienden a quedarse afuera como indocumentados durante varios años, lo que provoca una ruptura en la estructura familiar y comunitaria. En los dos pueblos muchas mujeres cuyos maridos están en los Estados Unidos se dedican a pintar amate; esta actividad les permite percibir un ingreso monetario mientras cuidan a los niños y la casa, y esperan el dinero que les pueden mandar del "norte". Varias de ellas me han comentado que no pueden comercializar su obra directamente porque están solas, y tienen a sus hijos en la escuela del pueblo —lo que es una prioridad para ellos— y por eso se ven obligadas a vender el amate a cualquier intermediario a bajo precio.

El haber recurrido a estas otras estrategias económicas ha tenido una fuerte influencia en la evolución interna de la comunidad y en los valores de sus habitantes. Tanto en Xalitla como en Maxela se está dando la monetización creciente de las relaciones entre los miembros de la comunidad y, a la vez, se asiste al debilitamiento de las relaciones recíprocas. Se está dando la pérdida de ciertos elementos organizativos comunales de la vida ceremonial y del servicio prestado a la comunidad por los ciudadanos. Otra área en donde se ven cambios significativos es la agricultura de subsistencia.

En Xalitla muchas familias han abandonado por completo el cultivo del maíz para comprar alimentos en el mercado. Esto se debe en parte a la falta de fuerza de trabajo masculina a consecuencia del bracerismo, en parte a la escasez de animales de trabajo, y también a la alta dependencia del dinero para conseguir mano de obra para la agricultura. Dada la incertidumbre con respecto a la precipitación pluvial, y el gasto monetario relativamente alto que requiere la siembra en Xalitla, muchas familias prefieren dedicarse de tiempo completo a varias actividades para ganar dinero y luego comprar maíz. Un comisariado ejidal de Xaltila explicó que en su comunidad la gente deja de sembrar porque los jóvenes ya no quieren trabajar en el campo, y porque no invierten en animales de tiro dado que muchos han sido muertos por camiones en la carretera federal. Comentó que las familias de Ameyaltepec que siembran parcelas colindantes con los terrenos de Xalitla están entrando cada vez más dentro de la dotación ejidal de Xalitla, apropiándose *de facto* de estas tierras. Dijo que cuando reclama a las autoridades de Ameyaltepec, su respuesta es que no tienen motivo para quejarse porque los xalitleños ya no trabajan estas tierras. El comisariado ejidal de Xalitla con tristeza concedió la razón a las autoridades de Ameyaltepec cuando alegaron que los xalitleños ya no quieren sembrar. Dijo que miembros de su comunidad no le hacen caso cuando les advierte que están perdiendo tierras por no trabajarlas.

En Maxela las familias siguen sembrando y parecen más apegadas a la agricultura que en Xalitla; inclusive unos maxeltecos expresaron su opinión negativa acerca de los xalitleños porque dejan de sembrar mientras que ellos —de Maxela— quisieran tener acceso a más tierras. En Maxela se siembra ajonjolí con fines comerciales y se han llegado a usar fertilizantes y otros insumos químicos para todos sus cultivos. Ellos también han empezado a depender de créditos y programas del gobierno para estimular la agricultura, los cuales a la larga minan las relaciones económicas tradicionales en torno a la producción.

Es importante resolver el porqué la actividad artesanal no sirvió para fortalecer la identidad étnica en Xalitla y Maxela, cuando sí cumplió este papel en las otras comunidades, como en Ameyaltepec. Parte de esto se debe a la manera muy diferente en que la producción artesanal se articuló dentro de estos pueblos, como ya lo hemos visto. Otra consideración consiste en definir la situación interna de estas dos comunidades en el momento en que empezaron a pintar en papel de amate.

Descubrí que en Maxela el proceso de pérdida de los rasgos étnicos comenzó en las décadas de los años 30 y 40. En la actualidad sólo las personas mayores de unos sesenta años, pueden hablar el náhuatl, y esa generación no transmitió el idioma indígena a sus hijos, sino más bien sólo el español, con el resultado final de que los menores de unos cuarenta o cincuenta años no entienden ni hablan el náhuatl. Maxela es un pueblo "nuevo" que fue formado por descendientes de familias de Ameyaltepec que sembraban en la región, y por descendientes de mestizos originarios de Coacoyula. Así que no estaba tan arraigada la cultura nahua en este pueblo como en los demás, y lo que había ya estaba en proceso de desaparición desde mucho antes del inicio del dibujo en papel de amate. Los maxeltecos empezaron a pintar por influencia de las relaciones que mantenían con la zona nahua, a través de sus miembros, con parientes de Ameyaltepec. Pero la actividad artesanal no se articuló sobre las mismas bases históricas, económicas y culturales que en las otras comunidades más tradicionales.

En Xalitla, la pérdida de rasgos étnicos no es tan avanzada como en Maxela; sin embargo, el español ha empezado a sustituir al náhuatl desde los años 50. La mayoría de los xalitleños son bilingües todavía, pero los menores de treinta y cinco años demuestran menos conocimiento del idioma indígena, y casi todo el mundo usa exclusivamente el español con los niños, quienes han dejado de entender y hablar el náhuatl.

Xalitla ha estado sujeto al asalto de la cultura nacional desde los años 30, por la cercanía de la carretera federal a Acapulco, y probablemente esto es lo que provocó la desintegración de la cultura tradicional. Este pueblo ha quedado abierto y vulnerable a los esfuerzos de las instituciones modernizadoras que promueven los valores de la formación económica dominante. Por el hecho de estar situado junto a la carretera, Xalitla ha tenido luz eléctrica, acceso a vehículos motorizados, escuelas primarias completas con maestros de origen urbano, se volvió sede de la parroquia con un sacerdote residente, todo esto mucho antes de que se empezara a pintar el amate. Por su ubicación, esta comunidad ha sido objeto de programas estatales y federales de desarrollo, objeto de trabajo político de partidos de izquierda (y también del PRI), y objeto de investigaciones antropológicas y sociológicas. La presencia de la carretera facilitó la propagación de nuevas ideologías y permitió a la vez la penetración de las relaciones económicas capitalistas, dos elementos perjudiciales para las relaciones socioeconómicas tradicionales.

En síntesis, se puede afirmar que tanto en Xalitla como en Maxela (aunque en cada caso con sus particularidades) se dieron cambios económicos e ideológicos desde *antes* del inicio del amate pintado, los cuales influyeron en una forma decisiva, tanto en la articulación de esta nueva actividad dentro de la economía de estas comunidades, como en su evolución posterior. En cierto sentido, la única semejanza que hay en los procesos de estas dos comunidades mestizas en comparación con las otras seis comunidades más tradicionales, es la coincidencia de que producen la misma artesanía. Pero fuera de eso, casi todos los matices y trayectorias posteriores se dieron en una forma completamente distinta.

El factor fundamental que explica la evolución tan diferente de la empresa artesanal en Xalitla y Maxela es el hecho de que ellos no desarrollaron el comercio. Por no manejar la venta directa de su trabajo al consumidor final no percibieron las mismas ganancias (ni sobre su propia producción ni sobre la venta de las otras artesanías) que los pueblos más tradicionales, lo que influyó en la forma en que se acomodó la producción artesanal internamente. Nos enfrentamos nuevamente con la necesidad de reflexionar sobre los motivos por los cuales estas dos comunidades, a pesar de pintar en amate, no optaron por el comercio con la intensidad de los artistas de Ameyaltepec.

La carencia del antecedente del comercio de la sal es un factor obvio que contribuye a explicar esta falta. Aparentemente los maxeltecos nunca practicaron este negocio; más bien los mercaderes de Ameyaltepec iban a vender su sal a Maxela. En Xalitla había algunas familias que practicaban el antiguo comercio, pero eran pocas y probablemente lo hacían en una forma más eventual que los de Ameyaltepec. Sería interesante investigar si las familias comerciantes de Xalitla tienen alguna relación con las familias que fueron comerciantes de sal; también sería interesante explorar si las familias de comerciantes xalitleños de ahora son más "tradicionales" que las que no practican esta actividad. Mi observación es que las familias de vendedores tienden a ser menos aculturadas, aunque no lo he estudiado sistemáticamente.

Existe para Xalitla una posibilidad que no tienen los demás pueblos, que es la de ofrecer artesanías sobre la carretera federal a Acapulco; algunas familias utilizan una serie de locales construidos por el gobierno federal en el año de 1964. Allí esperan la llegada de sus clientes, que son los turistas que pasan por la carretera rumbo a la costa. Todos los informantes coinciden en que son dos las buenas temporadas —las vacaciones de Navidad y las de Semana Santa—, pero que por lo general no es muy buen negocio vender allí. Más desventajoso aún, ya que esperan a compradores en los puestos de la carretera, no salen a otros lugares a abrirse mercado. Lejos de haber "ayudado" al pueblo, la construcción de estos puestos contribuyó a su pasividad en el comercio y a la disminución de las ganancias que perciben.

A pesar de que estos dos pueblos mestizos ya habían perdido gran parte de sus rasgos étnicos —los cuales ya no son recuperables—, lo más lógico hubiera sido que explotaran al máximo el potencial económico de la artesanía, simplemente para lograr un bienestar material mayor. Pero no sucedió así, sino que más bien se observa lo contrario. Los pueblos más mestizos son los que *menos* beneficio sacan de su propio trabajo, y por no desarrollar el comercio, además dejan de ganar sobre las otras artesanías. Tal situación aún persiste o se agudiza, no obstante el haber observado el éxito económico de Ameyaltepec. Esta realidad me llevó a sospechar que la falta de empeño mercantil en Xalitla y Maxela se debe en alguna medida a cambios provocados por el proceso de aculturación que está tan avanzado en estas comunidades en comparación con las demás.

Obviamente fue por la presión del modo de producción capitalista en expansión que Xalitla y Maxela abandonaron sus relaciones socioeconómicas indígenas. Pero cabe enfatizar que a la vez adoptaron una ideología apropiada que acompañó al deterioro de la cultura tradicional. Desde hace años los habitantes de Xalitla y Maxela internalizaron el mito del "progreso" a través de la aculturación. Creyeron que tenían y debían dejar de ser "indios" para poder "superarse", y por otra parte ven con desprecio a los nahuas de Ameyaltepec y de las otras comunidades por "atrasados", por su indumentaria, y por conservar el "dialecto indio" como le llaman despectivamente al náhuatl. Ellos se consideran superiores porque "se civilizaron", se convirtieron en "hombres blancos". Los originarios de estas dos comunidades están orgullosos de que ahora sus hijos se pongan zapatos, se corten el pelo y usen pantalón; presumen de hablar español y de haber mandado a sus hijos a la escuela. En estas comunidades es común que los padres se sacrifiquen por "educar" a sus hijos con el propósito de que sean diferentes a ellos. Muchos me han expresado su deseo de que los hijos "'estudien" para que "ya no sean campesinos como nosotros", para que se conviertan en asalariados.

Pero aquí hay una contradicción crítica: a pesar de que los pobladores de Xalitla y Maxela se sienten en cierta medida superiores por haberse hecho mestizos, en realidad están en peores condiciones económicas que los comerciantes de Ameyaltepec. No sólo esta investigadora, sino ellos mismos y los originarios de todos los pueblos de la región entienden que los "indios" de Ameyaltepec son más prósperos que sus vecinos "civilizados".

Como es de esperar, los de Xalitla y Maxela reaccionan con amargura y guardan cierto rencor hacia los originarios de las comunidades tradicionales por su éxito. Es contrario a su nueva ideología que aquéllos sean más acomodados y a la vez más "indios". Es difícil para ellos entender analíticamente el proceso y dónde quedaron atrás en una situación insólita; los que dejaron de ser indígenas para "progresar", se ven enfrentados con la realidad de que los indígenas "progresaron" mucho más que ellos. Los habitantes de Xalitla y Maxela seguirán siendo mestizos marginados, cuya reacción es aferrarse cada vez más a su decisión de ser mestizo y despreciar a los otros por ser "indios". Los habitantes de Ameyaltepec sobrellevan esta situación con aplomo; no les afecta mucho que los xalitleños y maxeltecos los critiquen por mantener su vida tradicional ya que gozan de la seguridad de una posición económica superior.

En estas páginas he tratado de demostrar cómo los habitantes de Ameyaltepec desarrollaron el comercio artesanal y cómo lo utilizaron para fortelecer su organización socioeconómica tradicional. El contraste con Xalitla y Maxela, y también con las comunidades no-amateras, permite entender cómo y porqué sucedio esto. Después de observar la situación en Maxela y Xalitla, cabe plantear otra serie de preguntas y sugerir una interpretación de los sucesos.

En teoría estas comunidades deberían tener mayores posibilidades para acomodarse ventajosamente dentro del modo de producción dominante que los pueblos más tradicionales. La suposición general es que el indígena, por el simple hecho de serlo, está condenado a la marginación económica y a la explotación; sin embargo, en este caso sucedió lo contrario. Al reflexionar sobre esta situación llegué a la conclusión de que fue precisamente la transformación ideológica de los habitantes de Xalitla y Maxela lo que los hizo *menos* hábiles para defenderse económicamente. Los originarios de estas dos comunidades no aprovecharon la oportunidad económica que les brindó el amate pintado por razones históricas; tampoco la aprovecharon por su rechazo ideológico a la cultura tradicional. La aceptación entusiasta de los ideales y aspiraciones de la cultura nacional, los dejaron con menos capacidad de adaptación frente a ella. Los xalitleños y maxeltecos en su afán de aculturarse, se hicieron mestizos explotados en lugar de "indios" exitosos. Optaron por la pasividad del comercio, la aceptación del paternalismo de las instituciones oficiales, y la subordinación a los valores de la sociedad dominante. Esto quiere decir que prefieren tener trabajo asalariado como "hombres blancos" aunque no ganan lo que ganarían en el comercio, sintiéndose compensados por una superioridad "cultural" ficticia. Se quedan en su pueblo y mandan a sus hijos a la escuela, en lugar de desarrollar el comercio. El resultado de haber sacrificado su herencia étnica por los valores de la sociedad dominante es que son más pobres que los "indios", pero orgullosamente mestizos. Por querer ser mestizos, se dejan explotar hasta por los mismos indígenas que compran su trabajo artesanal y ganan más por éste que ellos.

En este caso, la tradición étnica fue el recurso clave para los pueblos de pintores, y los que la conservaron y la aprovecharon lograron una posición económica hasta cierto punto mejor que los que sacrificaron su cultura tradicional para hacerse mestizos. El hacerse mestizos ideológicamente implicó necesariamente la aceptación de las condiciones de explotación por el capitalismo. Mientras tanto, los pueblos tradicionales de comerciantes buscaron sobrevivir culturalmente y por eso no se sometieron de la misma manera al modo de producción dominante.

XVII. HISTORIA ANTIGUA DE LA REGIÓN

HASTA ahora, se ha llevado a cabo demasiado poco trabajo etnohistórico y arqueológico de lo que hoy es el estado de Guerrero, por lo que son escasos los datos disponibles sobre la situación de esta entidad en la época preeuropea y durante la Colonia. A pesar de que en la década de los años 40 hubo un corto periodo de interés por Guerrero, en opinión de un investigador: "Hoy sabemos muy poco más sobre la arqueología de Guerrero de lo que se sabía en 1946, lo cual quiere decir que, efectivamente, no sabemos nada" (Schmidt, 1975:5); la misma afirmación es pertinente con respecto a su historia y etnohistoria. Si bien el trabajo de archivo quedó fuera del alcance de esta investigación, se analizaron los documentos ya publicados y las pocas fuentes secundarias que existen para hacer una breve reconstrucción general de la situación prehispánica y colonial temprana de la zona, cuya cabecera fue San Agustín Oapan.

ÉPOCA PREHISPÁNICA

El noreste del actual estado de Guerrero fue habitado por nahuas desde antes de su incorporación al imperio de la Triple Alianza en el siglo XV. La región alrededor de Chilapa, junto con Oapan y sus aldeas sujetas, formaba parte de la zona ocupada por un grupo nahua llamado coixca. Los coixca-nahuas, que hablaban una variante "rústica" de la lengua náhuatl, probablemente entraron en esta región a principios del siglo XIII, si no antes. Barlow indica que esta migración coincidió con las peregrinaciones que llevaron a los mexicas al sitio donde fundaron Tenochtitlán:

> Sobre chontales y matlazincas llegó una oleada de nahuas que habitaban entre ellos antes de las invasiones de Itzcóatl. Estos nahuas, que se llamaban coixca, figuran como una de las tribus de la Peregrinación, y probablemente fueron compañeros de los nahuas advenidizos del pueblo chontal de Cuezala, quienes declaran que "...sus antepasados habían salido todos juntos de la probincia de Michoacan en campanya de los demas mexicanos que fueron a poblar a la ciudad de México..."
>
> Puesto que los nahuas que poblaron a México, la tribu mexica propia, ya estaba en Chapultepec a mediados del siglo XIII, esta época discutible de las migraciones a través de Michoacan debía remontarse hasta una fecha anterior a 1250, y quizá mucho antes. Y puesto que los Chontales (y los matlazincas?) eran los antiguos de la tierra, según reclamaban en el siglo XVI estaban ella también desde antes de 1250 (Barlow 1948:183).

Eusebio Días, Ameyaltepec, 1981. *Doce tecolotitos en la estación de la primavera.* Tinta china en papel de amate blanco.

Paradis (1974:85-85) señala que la ruta natural a Guerrero que habían tomado los coixca-nahuas y también los cuezala-nahuas (un grupo nahua emparentado con los coixcas que se asentó alrededor del actual pueblo de Cuetzala del Progreso (véase mapa 5), atravesaba la cuenca del río Balsas desde el actual estado de Michoacán. Grupos escindidos de esta migración coixca probablemente se establecieron a lo largo del río Balsas incluyendo el tramo donde está ubicado Oapan y los otros pueblos de la región abarcada por la presente investigación. Paradis sugiere la posibilidad de que los coixca-nahuas existieran como una entidad política desde la época de los toltecas; sin embargo, hasta ahora no se pueden establecer con precisión los orígenes, los movimientos ni la organización sociopolítica de los antiguos nahuas de Guerrero.

Hay todavía menos información sobre los grupos étnicos que habitaban esta comarca antes de la llegada de los coixca-nahuas. Gerhard (1972: 111, 316) menciona que sobrevivían en el siglo XV pequeños grupos de matlazincas y tuxtecos alrededor de Tixtla y Chilapa, y sugiere que los tuxtecos eran posiblemente el mismo grupo étnico también llamado chontal en algunas fuentes (1972:111). Una frase (confusa en el original) de la Relación de Iguala (1579) parece apoyar esta posibilidad: "son de nación chontales o tuxtecos que se interpretan que hablan en la garganta no se escribe porque no se pronuncia..."

Litvak (1972:66) sostiene que había población matlazinca y chontal en los pueblos de Oapan y Tlacozoltitlan en el siglo XV, pero no cita la fuente de este dato. La Relación de Iguala señala una presencia matlazinca y chontal alrededor de Iguala y en las aldeas dependientes de Tepecoacuilco, pero no menciona la presencia de otras etnias (además de los nahuas) en la referencia concreta de Oapan.

Quezada (1972:28) cita fuentes coloniales que establecen una pequeña población matlazinca y tuxteca (¿chontal?) entre la mayoría nahua de "Tlacozauhtitlan" (véase mapa 4) todavía en el siglo XVI. Quezada argumenta que los matlazincas de Guerrero eran los que quedaron de una población emigrada de lo que ahora es el Estado de México. Opina que este grupo étnico probablemente dominaba la cuenca del río Balsas guerrerense antes de la llegada de los coixca-nahuas en el siglo XIII. Desgraciadamente, hasta ahora se desconoce por completo la procedencia, la filiación y la organización interna de estos diversos grupos étnicos, tanto de los coixca y de los cuezala-nahuas como de los matlazincas, chontales, tuxtecos y posiblemente otros. El problema de la reconstrucción de la historia premexica de Guerrero queda pendiente mientras no haya más trabajo arqueológico e investigación de archivo.

La Triple Alianza inició sus guerras de conquista en el norte de Guerrero bajo Izcóatl, entre 1433 y 1440, y su control sobre esta región fue consolidado por Moctezuma Ilhuicamina (Moctezuma I) alrededor del año 1452. Según Barlow, los asentamientos de los coixca-nahuas facilitaron la conquista de esta región de Guerrero por los mexicas. Este autor sugiere que, por afinidad cultural, los coixcas se aliaron con los mexicas (también nahuas) contra los otros grupos étnicos de la región que podrían haber sido todavía poderosos en este momento (Barlow, 1948: 185-186); sin embargo, hace falta más información etnohistórica para verificar esta suposición. Al quedar concluida la conquista militar de Guerrero, los mexicas consolidaron su frontera con el señorío de Yopitzingo y crearon las provincias tributarias de Tepecoacuilco y Cihuatlán (véanse mapas 4 y 5).

Oapan y la zona en estudio formaron parte de la provincia de Tepecoacuilco (véase mapa 5); esta provincia se dividió en trece distritos, cada uno compuesto por una cabecera y sus respectivas aldeas sujetas. Tepecoacuilco era una rica fuente de importantes artículos tributarios dentro del esquema imperial mexica. En la Matrícula de Tributos encontramos que una de las trece cabeceras de esta provincia era el pueblo de Oapan. Desgraciadamente, la Matrícula no especifica ni el origen de los artículos tributados ni las cantidades de tributo por cabecera; más bien nos proporciona las cifras globales para toda la entidad de Tepecoacuilco.

La Matrícula de Tributos tampoco da noticias de los servicios y la mano de obra rendida a la Triple Alianza. Pero cuando menos, a través de este documento sabemos que la jurisdicción político-administrativa mayor que incorporaba a Oapan y sus pueblos sujetos daba lo siguiente a los mexicas: "Cada ochenta días los de Tepequiquilqo (tributaban) 400 mantas de labor, 400 mantas listadas de negro, 400 mantas finas, 400 huipiles, 1 600 mantas, 100 hachas de cobre, maíz y frijol, 8 000 medidas de copal, 400 espuertas, 5 collares de jade, 1 200 tecomates, 200 jarros de miel"; también tributaban oro (Matrícula. . . : 31), 22 trajes de guerrero y 22 rodelas (Broda, 1976:173).

La importancia de la provincia de Tepecoacuilco para los mexicas se debía también a consideraciones geopolíticas: su territorio, que se extendía hasta varias leguas al sur del río Balsas, constituia una zona fronteriza entre los mexicas y los yopes más al sur (Gerhard, 1972:316). Por otra parte, la defensa de toda la cuenca del río Balsas era una necesidad político-militar para evitar la infiltración tarasca dentro del territorio dominado por los mexicas (Paradis, 1974:90, 92-93). Así que había un doble interés mexica en el norte de Guerrero; por una parte, querían abastecerse de los valiosos artículos de tributo producidos por la población local, y por otra, había que defender posiciones estratégicas contra las etnias hostiles que nunca lograron conquistar.

No obstante que los mexicas mandaran soldados para poblar y defender esta área fronteriza, he llegado a la conclusión de que los nahuas de Oapan y sus aldeas sujetas (incluyendo Ameyaltepec) son probablemente descendientes de los coixca-nahuas que habitaron la región antes de la conquista mexica. Ésta sería la explicación más lógica para la persistencia de la identidad étnica en esta región. Sería difícil sostener la sobrevivencia de este grupo nahua durante 450 años de dominio europeo y republicano con sólo 60 o 70 años de arraigo a partir de su incorporación al imperio mexica. Mientras podrían haber llegado nahuas del centro como colonizadores y guarniciones bajo los mexicas, éstos debieron haber sido absorbidos por los coixca-nahuas, sobre todo durante la Colonia temprana.

La Colonia

Con la llegada de los europeos, Cortés mandó a Gonzalo de Sandaven a apaciguar a los coixca-nahuas de Guerrero (Relación de Iguala). Ellos opusieron poca resistencia después de la caída de Tenochtitlán y se rindieron en el verano de 1521 (Gerhard, 318; Relación de Zumpango, 1581). Posteriormente Oapan y sus pueblos sujetos "Fueron encomendados en un conquistador hijodalgo: llamado Martín Dircio que fue paje del marqués don Fernando Cortés" (Relación de Iguala, 1579). Dircio se casó con la hija del virrey Antonio de Mendoza y recibió la encomienda de Oapan junto con tres encomiendas vecinas: Huitziltepec, Muchitlán y Tixtla. Cuando murió Dircio le sucedió como encomendero su yerno, Luis de Velasco *el Joven* (también virrey de la Nueva España), quien se había casado con María Dircio, único descendiente del encomendero original.

Figuran varias menciones a las encomiendas de Dircio en el Libro de Tasaciones, con fechas tan tempranas como 1531 hasta 1566; en esta fuente no hay ninguna referencia específica a la encomienda de Oapan, aunque sí la hay sobre las otras tres —Tixtla, Muchitlán y Huitziltepec. Se puede suponer que las tasaciones para Oapan eran semejantes a las de las otras tres encomiendas, y yo sospecho que Oapan estaba incluida junto con las otras en la tasación para Tixtla. Estos documentos son útiles porque sirven para indicar la articulación de esta región dentro de la temprana formación económica colonial. En este contexto, es de especial interés considerar la relación de estos pueblos con la minería y los posibles orígenes de la tradición comercial. Las tasaciones de tributos nos proporcionan evidencias sobre el desarrollo progresivo de empresas europeas en esta región de Guerrero en el siglo XVI. El establecimiento de estas nuevas empresas obviamente repercutía de una manera decisiva sobre las poblaciones locales, incluyendo, desde luego, a Oapan y sus aldeas sujetas.

En la primera entrada del Libro de Tasaciones, con fecha de 1531, aparecen los caciques y principales indígenas de Tixtla (todavía sin bautizo) en "Tenuxtítlan" para fijar el tributo que debían entregar a Martín Dircio. Esta tasación consistía en los mismos productos tributados a los mexicas: oro, cinco panes de cera, 20 jarros de miel, 20 jícaras y considerables cantidades de diversos tejidos de algodón e ixtle. Todo este tributo se pagaba "de ochenta en ochenta días" de acuerdo con el sistema prehispánico de recaudación. La única novedad de esta tasación inicial es la orden: "que sirven en las minas[1] de dicho su ánimo como solían hasta aquí, y les llevan maíz y todo lo demás según y como solían, y siembran las sementera acostumbradas a sembrar" (Libro. . . :489-490). Las minas probablemente eran las minas de plata de Zumpango del Río y no las de Taxco, y se ve que tributaban tanto trabajo en las minas como alimentos. Sería sumamente interesante saber más sobre el origen de las "sementeras acostumbradas a sembrar", que bien podrían ser tierras trabajadas para fines tributarios desde la dominación mexica.

En la segunda entrada, de 1543, los nombres cristianos demuestran que ya estaban bautizados los caciques y principales de Tixtla (por las labores de los agustinianos que llegaron a Guerrero entre 1534 y 1536). Los indígenas se presentaron otra vez en la (ahora) ciudad de México para verificar sus obligaciones con Dircio porque: "Por no estar la dicha tasación bien declarado, y especialmente en el servicio de las minas y en el proveer de ellas, ha habido confusión" (Libro. . . :490). La nueva tasación estipula, primero, la entrega de los mismos bienes que en 1531, "de ochenta en ochenta días" que eran: oro, cinco panes de cera, 20 jarros de miel, 20 jícaras grandes y las mismas cantidades de tejidos. Pero en esta tasación aparecen obligaciones nuevas, debido a que el encomendero ya había empezado a desarrollar sus propias empresas en la región. A partir de esta fecha, los indígenas tenían que dar por año: 15 marcos de plata, 60 mástiles para esclavos y 60 bateas. Ya se les tasaba también en mano de obra: "20 indios para hacer casas, y corrales los cuales pueda ocupar en lo que bien le estuviera, y en beneficio de la seda" —los cuales trabajabajaban sesenta días del año (Libro. . . : 491).

[1] Es de notar que esta fecha es más temprana que las fechas comúnmente manejadas referentes al inicio de la explotación de plata en Mesoamérica. Mientras esta mina era pequeña y se dejó de trabajar muy pronto, llama la atención la rapidez con la cual los españoles empezaron a desarrollar esta actividad en el Nuevo Mundo. Paso y Troncoso (1905) encontró mención sobre estas minas en documentos de la primera década de ocupación europea. Dice: "Una. . . es de Francisco de Hoyo, quien estaba en Nueva España desde el año 1523 y dice que hizo con Vasco Porcallo la campaña de Yopilcingo, que tuvo lugar en 1531, 'de donde benydo fué uno de los primeros que descubrieron metal de plata en Cumpango'. La segunda petición es de Rodrigo de Tamara, poblador de Nueva España desde 1527, y éste, sin poner data, dice que 'fué el primero descubridor de las mynas del cerro de San Martyn de Cumpango'."

Y prosigue: "De veinte en veinte días, le han de dar diez cargas de frisoles de media hanega cada carga, y quince gallinas de Castilla, y una talequilla de cacao piñol y cinco jarros de miel y treinta indios de servicio" (Libro. . . :491). Además, les exigía "quince indios, los cinco para la huerta, y cinco para los puercos y cinco para las vacas, y cuatro carpinteros para el ingenio cuando fueron menester pagándoselo". También se les pedían cargadores (tamemes) y un mensajero. Sigue enumerando cantidades de comida, y entre las entradas "Iten, que el dicho maíz y frisoles y demás bastimiento lo han de llevar a las minas como suelen" (Libro. . . :491).

En esta entrada de 1543 no hay ninguna mención al servicio en las minas en términos de mano de obra sino sólo de la obligación de dar "bastimento". Por primera vez aparecen como artículos de tributo monedas de plata y cacao, y hay una mención de esclavos (¿indígenas?). Por otra parte se ve que Dircio intentaba establecer producción de seda y un ingenio de azúcar por lo cual pensamos que debía de haber plantado caña en la zona. Parece que se empezaba a pagarles moneda a los indios en ciertas circunstancias, y hay que destacar que seguían produciendo para las minas de Zumpango.

La entrada siguiente, de 1550, consiste en cambios en la tasación de Tixtla:

> Pareció don Tomás, Juez y Gobernador que al presente es en el pueblo de Tixtla, y don Domingo Alcalde y don Esteban y Agustín y Don Francisco Tecatecal, y otros principales y naturales de dicho pueblo, y dijeron, mediante Hernando de Tapia, intérprete, que ellos fueron tasados juntamente con el pueblo de Mochitlan, el cual al presente tributa y sirve por sí, y ahora ellos de su voluntad y porque les está bien han conmutado algunas cosas de las contenidas en la tasación. . . (Libro. . . : 492).

Se agregan varios bienes, de los cuales el único significativo para la presente investigación es la indicación de que a partir de esta fecha empezarían a dar "cuatro panecicos de sal cada día" (Libro. . . :493). Ésta es la primera y única mención de la sal en las fuentes históricas sobre esta región registradas hasta ahora. Esta referencia indica que Mochitlán fue tasado con Tixtla, por lo cual es posible que Oapan también fuera tasado con Tixtla.

La única mención específica al pueblo de Oapan en el siglo XVI encontrada en los documentos ya publicados viene de una "Suma de Visitas de Pueblos", anónimo de mediados del siglo XVI. La información que contiene sobre Oapan concuerda con el patrón general visto en las entradas que mencionan las encomiendas de Dircio en el Libro de Tasaciones. Esta Visita dice:

VAPA, junto a Çumpango. En Mardin D'Yrcio. Este pueblo es de tierra muy calida y esteril, sin ningun regadio ni para ninguna grangeria: es agra y sin montes, esta ribera de vn rio grande. Tiene nouenta tributarios: dan cada dia treynta yndios en las minas de Çumpango, y cinco para guardar el ganado, y cada veinte dias seys hanegas de axi y cinco xarros de miel, y ochocientos cacaos y quinze pollos y otras menudencias, y cada ochenta dias quinze mantas y doze naguas y doze camisas, como mas largo se contiene en el libro de las tasaciones. (Paso y Troncoso, 1905.)

Regresando al Libro de Tasaciones, su siguiente entrada con fecha de 1551 concierne a Mochitlán, pero es de interés para el presente bosquejo histórico porque todavía hace alusión a las minas, y porque a partir de esta fecha los tributos estipulados se convierten en tasaciones en moneda. Este cambio de tributo en especie a tributo en moneda refleja una política general en toda la Nueva España, pero es de notar porque dice:

En acuerdo, de pedimento, y consentimiento de los indios de Mochitlan, que tiene en encomienda Martin Dircio, conmutó los sesenta quintales de sembradilla, y los doce indios de servicio que daban en las minas, y las naguas, y las camisas, y mantas, miel, gallinas, y cacao que eran obligados de dar por la tasación, que de aquí adelante en lugar de lo susodicho, den al dicho Martin Dircio, cada ochenta días, dos cientos y ochenta y cuatro pesos y tres tomines de plata de rescate, cada ochenta días, *la cual dicha conmutación se hizo de pedimentos de los de Mochitlan y porque dijeron estarles bien* y que así lo traían pintado..." (Libro...: 493), (cursivas de la autora).

La última entrada en el Libro de Tasaciones es del año 1566, y menciona las encomiendas de Dircio en Guerrero (con la notable ausencia de Oapan) ahora en manos de don Luis de Velasco. Se fijaba una nueva tasación como resultado de visitas realizadas a estos pueblos y sus sujetos. Las tasaciones de 1566 consisten ya exclusivamente en cantidades de maíz y moneda y, por primera vez, se estipula la forma de cobrar este tributo por grupo doméstico, que era la misma orden en las tres encomiendas:

Para pagar el dicho tributo, se reparte en todo el año a cada tributario casado, diez reales de plata y media hanega de maíz, y al viudo o viuda, soltero o soltera que viviere de por sí, fuera del poderío de sus padres, y tuvieren tierras, la mitad ... no se cobre el dicho tributo ni otra cosa alguna de los mozos solteros que estuvieron debajo del poderío de sus padres, en el entretanto que no se casaren o salieren dél aunque tengan tierras, ni los viejos, ciegos, tullidos que están imposibilitados para pagar tributo..." (Libro...: 494-497).

Este dato es interesante porque demuestra la definición colonial de los tributarios utilizada en la zona. Hay que destacar que difiere de la definición actual de "tributario" o *tequitlacatl,* usado en Ameyaltepec y Oapan (véase Segunda Parte, capítulo I).

Al reflexionar sobre las tasaciones citadas, me llamó la atención el hecho de que, aparentemente, los indígenas de esta región no sólo estaban conformes con la conmutación del tributo en bienes a moneda, sino que inclusive *prefirieron* y *solicitaron* cumplir su obligación en efectivo. Cabe preguntarse en dónde y de qué manera consiguieron la moneda para pagar el tributo. Mientras la venta de la fuerza de trabajo por un sueldo podría ser una alternativa para ellos, existen otras posibilidades que pudieron haber sido más ventajosas. Quizás había algún trato comercial en la región en el que participaban los indígenas de las encomiendas de Dircio. O bien algo semejante al trato descrito en la Relación de las Minas de Zumpango, que colindaban con Tixtla, Oapan, Mochitlán y Huitziltepec:

> La contratación destos naturales es llevar la costa del Sur gallinas, mayz y esteras de la tierra, y mayz molido, y algun aji para vender; tanbién llevan myel blanca que se da en esta tierra en cantidad, y, en trueque desto, traen cacao que es una fruta que se cria en arboles, dentro de unas maçorcas grandes; el qual vsan por moneda. Vsanlo por bebida y comyda; traydo esto lo venden y hazen rreales, de que pagan su tributo;..." (Relación de Zumpango: 1582.)

Otra opción para conseguir moneda podría haber sido la venta de bienes producidos por los indígenas mismos. El hecho de que se desató una espiral inflacionaria en la Nueva España en el siglo XVI argumentaría a favor del pago de tributo en moneda en lugar de especie. Al indígena de la época le convendría vender su producción (cuyo precio monetario iba a seguir subiendo) para pagar una tasación fija en moneda. Por otra parte sería lógico que los indígenas de la zona tuvieran acceso a moneda de plata también a través del trabajo que algunos tuvieran la obligación de dar en las minas de Zumpango. Lo más probable es que los indígenas consiguieran efectivo para pagar tributo combinando varias de estas estrategias y que decidieran que era más ventajoso para ellos dar moneda en lugar de especie. Sin embargo, falta trabajo de archivo para resolver éste y otros problemas sobre la articulación de esta región dentro de la formación económica colonial.

Un factor importante que ayuda a explicar la continuidad étnica de los nahuas de Oapan y sus alrededores, es el hecho de que allí nunca se llevaran a cabo las congregaciones. Una orden en 1603 mandó concentrar a toda la población indígena de sus estancias sujetas a la cabecera de Oapan, pero ésta no se ejecutó. Oapan fue la única encomienda de las Dircio-Velasco que no fue reducida a principios del siglo XVII; la congregación no se llevó a cabo en Oapan porque la presencia de los pueblos dispersos facilitaba el transporte de carga y pasajeros y permitía múltiples puntos para cruzar el río Balsas (Gerhard, 1972:317). Durante la Colonia, las rutas más importantes entre México y Acapulco cruzaron el río Balsas en Mexcala, Totolzintla, y Tlacozoltitlan; hay que recordar la llegada de bienes de Asia a Acapulco y las ferias comerciales que se celebraban en aquel puerto, por lo cual había considerable tráfico de bienes y personas transitando la región.

Documentos del siglo XVII indican que también había importantes movimientos por el río Balsas hacia Michoacán y a la costa del norte de Acapulco. Por ejemplo, el fichero del Archivo General de la Nación contiene un documento de 1685 que menciona a la mayoría de los pueblos de la región con referencia a sus obligaciones de dar servicio para este tráfico:

> TECUICILAPA, SAN MIGUEL; TULIMAN, SAN AGUSTÍN;
> TECUATZINGO, SAN JUAN; TETELCINGO, SAN JUAN;
> GUACATZINGO, SAN MARCOS; GUAPA, SAN AGUSTÍN;
> SUMATLAN, SAN FRANSISCO; AZTOTITLAN, SAN AGUSTÍN
>
> Para que la justicia de San Juan Totolzintla ordene se cumpla el mandamiento que estipula que los naturales de...acudan al paraje del río Balsas para ayudar a la conducción de soldados y forzados.

Durante el siglo XVII los indígenas de esta zona tenían la obligación de proveer de mano de obra a las minas de Taxco. Existen documentos donde consta la presión constante a que estaban sometidos el pueblo de Oapan y sus estancias sujetas para mandar indios de repartimiento a trabajar en las minas de Taxco (o para no mandarlos). Mientras una Cédula Real de 1601 suprimió la exacción de indios de repartimiento en general (Viquiera, comunicación personal), documentos fechados en 1634, 1656 y 1658 demuestran que todavía enviaban mano de obra a Taxco. Es hasta un documento del año 1695 cuando Oapan y sus pueblos sujetos quedan exentos de esta obligación, como consecuencia de la alta mortandad de sus pobladores, diezmados por epidemias.

Estos documentos reflejan que los "naturales" de Oapan se resistieron a mandar esta mano de obra a Taxco hasta una última referencia con fecha de 1695 que dice:

> HUAPAN (1695)
> Se ordena a las justicias de Tixtla y real de Taxco no obligar a los naturales de...al repartimiento y coatequil para minas en virtud de no

reunirse el pueblo el número suficiente de Tributarios.
(Vol. 32, exp. 317, 282v-284v.)

Gerhard (1972: 317) verifica la rápida despoblación de esta parte de Guerrero a lo largo de los siglos XVI y XVII, hasta darse una ligera recuperación a principios del siglo XVIII. Sin embargo, sobrevivieron los originales poblados y cita un censo de 1743 de los indios tributarios de la región de Oapan, que numera los pueblos siguientes: Oapan, Ahuelican, Ameyaltepec, Guacatzingo, Zumatlán, Tecuixiapan y Tetelcingo. Las fuentes consultadas por Gerhard indican que en esta fecha el pueblo de Totolzintla se había pasado de la jurisdicción de Tlacozoltitlan a la jurisdicción de Oapan.

De modo que se puede esbozar un cuadro general de esta región de Guerrero durante la época colonial. Los indígenas de Oapan lograron defenderse de las congregaciones, lo cual permitió que mantuvieran su patrón de asentamiento preeuropeo. Impedir el despojo directo de sus tierras a través de las reducciones evitó cierto tipo de penetración europea en el corazón de la unidad política conservada desde la época prehispánica. El hecho de que no se llevaran a cabo las congregaciones abre la posibilidad de que los de Oapan y sus estancias sujetas siguieran reproduciendo formas de organización social preeuropea durante la época colonial.

Este acontecimiento histórico favorable fue contrapesado por las obligaciones tributarias de todo tipo, incluyendo la necesidad, a lo largo del siglo XVII, de proveer fuerza de trabajo a las minas de Taxco. Por otra parte, por lo diezmado de la población por epidemias también se minaba la base de la sociedad antigua. Oapan y los pueblos vecinos se vieron influidos por la presencia europea, si no por la residencia permanente, sí, en cambio, por el tráfico constante a través de su territorio tanto por tierra, de norte a sur entre la ciudad de México y Acapulco, como por el río Balsas, de este a oeste, hacia la costa. En realidad, esta región ocupaba un lugar estratégico para la comunicación y el transporte en el esquema colonial temprano, así como lo había hecho también en la época preeuropea. Es probable que la tradición comercial heredada por los nahuas de hoy tenga su origen en este periodo formativo, transicional, entre la estructura indígena preeuropea y la sociedad colonial.

La región hoy

En la actualidad, los habitantes de estas comunidades están interrelacionados por lazos múltiples que aún reflejan los límites de las unidades político-económicas prehispánica y colonial. Estas relaciones han favorecido la conservación de la cultura tradicional, ya que no son pueblos indígenas aislados enfrentando la cultura nacional, sino que pertenecen a una zona nahua mayor con un alto nivel de integración y con una población total de aproximadamente 20 000 habitantes. Los pueblos actuales manifiestan todavía una interdependencia sobre la base de factores económicos, socioculturales, ceremoniales e históricos, que se resumen muy brevemente a continuación.

Todavía existen relaciones comerciales entre los pueblos que se dan en la producción de objetos artesanales intercambiados en la economía local para uso doméstico: trastes, muebles, hamacas, objetos de ixtle o palma; para uso ceremonial: velas, incensarios, veleros, cohetes, y varios otros efectos de uso ritual; para el comercio de artesanías: la producción de objetos para venta al turismo fuera de la región (véase Primera Parte, capítulo I). Aún existe la producción para trueque o venta de diferentes bienes agrícolas entre estos pueblos, como limones, guajes, cebolla, yerbas, flores, chile, huazontle, melón, sandía, tomate —esto sobre todo entre los pueblos que tienen agua para regar huertas y los pueblos que no la tienen, durante los meses de sequía—. A nivel regional también se da la venta o trueque de bienes como miel, pan, animales de caza, pieles, pescado, queso, etcétera.

El intercambio de fuerza de trabajo a través de la contratación de peones por pago monetario y la movilización de trabajo recíproco entre personas de diferentes pueblos en la construcción o en el trabajo agrícola, es otra característica de la zona. Eventualmente se da el uso compartido de tierras de cultivo o de animales de trabajo entre miembros de diferentes comunidades. En general, se puede notar la especialización en el aprovchamiento de ciertos recursos naturales, instrumentos de producción, mano de obra y producción artesanal, que se ha desarrollado en forma complementaria entre todos estos pueblos, probablemente desde la época preeuropea y seguramente durante la colonial.

A nivel sociocultural, cada comunidad tiene sus peculiaridades, pero se puede observar la conservación de varios elementos organizativos tradicionales comunes: se sigue usando el idioma indígena en la gran mayoría de ellos, y las personas de los diferentes pueblos están relacionadas por lazos de parentesco y compadrazgo. Es frecuente el matrimonio entre originarios de diferentes comunidades vecinas dentro de la zona, pero es relativamente raro el matrimonio con personas de fuera de la región cultural. Por este motivo es común que los nahuas tengan familiares en los otros pueblos del área mayor y, asimismo, han extendido los lazos de compadrazgo entre los habitantes de los diferentes pueblos de la zona.

Todas estas comunidades mantienen una vida ceremonial compleja y etnográficamente muy rica y se dan intercambios rituales importantes entre ellas. Hay asistencia recíproca en las fiestas de cada pueblo tanto entre individuos como entre los pueblos en tanto unidades. Así que a la fiesta del santo patrón de un pueblo acuden personas de los pueblos vecinos individualmente; además, las autoridades civiles y religiosas se organizan para mandar representaciones de sus comunidades respectivas a las fiestas patronales de sus vecinos. Estas delegaciones oficiales de pueblo pueden incluir los elementos siguientes: la banda de músicos, toros y jinetes, danzas tradicionales, las autoridades religiosas, una réplica del santo festejado con encargados y limosna, los Jueces o Comisarios y otras autoridades civiles con obsequios de flores, alcohol, cohetes, cerveza, cigarros, etcétera para sus cooficiales. Se considera que estas delegaciones representan a las comunidades de donde provienen, y la decisión de mandarlos, o no, se adopta en la asamblea de los ciudadanos. Conceptualmente es un intercambio recíproco, y el pueblo a donde se mandan toros, danzas o los oficiales del pueblo, adquiere la obligación de responder en la fiesta de la comunidad que asistió formalmente a la suya. En la práctica, esta correspondencia no es muy estricta, pero se la toma en cuenta cada año al decidir si un pueblo se solidariza con la fiesta de algún vecino.

Además de estos intercambios ceremoniales interregionales, los habitantes de estas comunidades acuden a ciertos acontecimientos rituales fuera de su zona, también en forma colectiva. Éstos son principalmente peregrinaciones a lugares sagrados en otras partes del estado de Guerrero: las más importantes son a Cuetzala del Progreso el Miércoles de Ceniza, Tonalapa del Río o Ameyanalan el cuarto viernes de Cuaresma; a Tixtla el 8 de septiembre y el 30 de mayo y a Atlixtac el 5 de mayo. Participan también originarios de varios pueblos de esta región en las ceremonias de la Cueva de Ostotempan, a principios de mayo, y conjuntamente cooperan en las ofrendas colocadas en los cerros principales de la región en petición de las lluvias en los últimos días de abril y los primeros días de mayo.

Mientras buscaba delimitar la zona de estudio para el trabajo de campo sobre los pueblos que pintan el papel de amate, descubrí la existencia de un escenario todavía más complejo. Es evidente que algunos de los pueblos de la zona inmediata mantienen relaciones ceremoniales, económicas e históricas con otras áreas nahuas del estado de Guerrero. No pude investigar estas relaciones a fondo en el trabajo de campo, pero es importante señalar aquí las regiones indígenas principales colindantes con los pueblos cuya cabecera tradicional es Oapan.

Algunos pueblos de esta área están vinculados con la zona nahua Tulimán-Tequicuilco, al noreste de Oapan (véase Cuarta Parte, capítulo xvii). Ostotipan y Totolzintla mantienen relaciones con los nahuas de Tlacozoltitlán y posiblemente con otras comunidades cercanas, situadas al este sobre el río Balsas (véanse mapas 1 y 2). Varios pueblos de la cuenca del río

Balsas están relacionados con los nahuas de Copalillo y con aldeas que están alrededor de Atenango del Río. Por otra parte, los habitantes de toda la cuenca del río Balsas siguen manteniendo lazos comerciales con la zona nahua mejor conocida de Guerrero, al sur del río Balsas: Xitlala, Acatlán y otras comunidades alrededor de Chilapa. También se mantienen relaciones con Huitziltepec, y otras comunidades de sus alrededores.

Al percibir la existencia de estas relaciones entre diferentes regiones étnicas nahuas observé la necesidad de considerar conceptualmente a Oapan, Ameyaltepec y los pueblos de la región inmediata descrita en este libro, como eslabones de una cadena que vincula cada vez más a los grupos nahuas de Guerrero. La extensión total de las áreas geográficas no se conoce, como tampoco se han explorado las relaciones entre todas estas partes. Sin embargo, es evidente que se trata de una región indígena nahua de un tamaño considerable, casi completamente inexplorada. La existencia de documentos hace factible la reconstrucción de la historia de los nahuas de Guerrero que, para más precisión, no se debe limitar a un solo pueblo o a un pequeño grupo de poblados. Más bien debería enfocarse el área nahua mayor, que incluye más de veinticinco comunidades que, aparentemente, siguen conservando algunas relaciones con sus respectivas cabeceras antiguas, preeuropeas y coloniales.

CONCLUSIÓN

ESTE libro documenta el proceso a través del cual los nahuas de Ameyaltepec crearon un arte nuevo —pintura en papel de amate— y, armados con esto, emprendieron una aventura comercial extensa, activa y sumamente lucrativa en toda la República Mexicana. Realizaron todo sin abandonar su cultura tradicional; más bien, esta adaptación económica sirvió para consolidar y revitalizar su herencia étnica. Se trata de un caso excepcional: un grupo indígena que, con sus propios esfuerzos, alcanza una prosperidad económica extraordinaria mientras sigue reproduciendo su organización socioeconómica tradicional. Uso el adjetivo "excepcional" conscientemente, porque no concebí la trayectoria de Ameyaltepec —y la de los cinco pueblos vecinos que siguen el mismo proceso— como representativa; al contrario, siempre pensé que estaba viendo un fenómeno inusitado. Es un caso que nos induce a ampliar nuestra visión sobre la variedad de posibilidades abiertas a los indígenas dentro de la formación económica capitalista dependiente en México y en otros países de América Latina. También nos obliga a reflexionar sobre las teorías antropológicas comúnmente manejadas y evaluarlas a la luz de complejas realidades económicas, históricas y políticas que se descubren en el campo.

Al principio planteé el problema de la comercialización del papel de amate pintado en el mercado turístico en términos derivados del análisis de la economía campesina. Conceptualicé la venta de esta producción artesanal como una vía de extracción del excedente; como una manera específica, entre muchas, en que el modo de producción capitalista explota y exprime al sector denominado campesino. Escogí un ejemplo de producción artesanal proveniente de una región indígena porque quise establecer una correlación entre la capacidad de los grupos indígenas para seguir reproduciendo sus relaciones étnicas y la articulación económica que los vincula con el modo de producción dominante. El planteamiento en términos teóricos sobre la economía campesina resultó demasiado limitado con respecto a su utilidad para analizar este caso. Pero el intento de vincular la capacidad de estos nahuas para reproducirse culturalmente con la articulación específica entre su economía local y el modo de producción dominante, fue sumamente productivo. Antes de explorar las razones por las cuales los modelos basados en la teoría sobre la economía campesina no se podían aplicar a Ameyaltepec, quiero destacar algunos elementos particulares a este caso. Hay que explicar por qué estos indígenas se

Rodrigo Chino Morales, Ameyaltepec, 1982. *El cacto florido.* Tinta china en papel de amate blanco.

reivindicaron económica y culturalmente, cuando tantos otros han quedado sumidos en la miseria o han desaparecido como grupos étnicos. Se identificaron varios factores interrelacionados que contribuyeron a permitir este proceso evolutivo tan distinto.

La adaptación al negocio de las artesanías representaba una innovación sobre sus antiguas habilidades y tanto la artesanía misma como la manera de acceder al mercado turístico fueron creaciones de los nahuas de Ameyaltepec. La forma de acomodar la producción artesanal dentro de la economía familiar-comunitaria, y el oficio de pintar en sí, fueron nuevas aplicaciones de técnicas perfeccionadas en la tradición alfarera, antecedente directo del amate pintado. La organización de la producción artesanal ha sido tan flexible que no ha estorbado las actividades de subsistencia, las relaciones ceremoniales ni el servicio a la comunidad. Por el bajo costo y la libre disponibilidad de los materiales, no se dio un monopolio interno de materia prima, ni de instrumentos de trabajo, ni de créditos u otros recursos económicos, ni de tecnología especializada. Todas las familias de la comunidad tuvieron la misma posibilidad de participar en esta empresa y, de hecho, fue adoptada globalmente como estrategia económica preferencial.

Un factor de gran importancia en este caso fue el hecho de que, desde el principio, los pintores de Ameyaltepec ejercieron control sobre la comercialización de su obra. No cayeron en manos de intermediarios, algo que ha sido la causa de la explotación de artesanos indígenas en muchas otras áreas del mundo. Manejar ellos mismos el comercio tuvo dos consecuencias importantes: en primer lugar los mismos artistas lograron las máximas ganancias sobre su producción, que si no fueron muy elevadas en el caso del amate, cuando menos fueron mucho mayores de lo que habrían sido si hubiesen entregado la obra a intermediarios. Por otra parte, debido a su presencia en el medio turístico y al trato directo con los clientes, los nahuas de Ameyaltepec percibieron la posibilidad de introducir otras mercancías en su red comercial; con eso aumentaron considerablemente sus utilidades y evitaron la dependencia de un solo producto.

Al analizar las estrategias comerciales empleadas por los vendedores de Ameyaltepec, es evidente que han demostrado mucha sofisticación, creatividad y agresividad; además de introducir nuevas mercancías para complementar su propia producción, han multiplicado sus contactos comerciales de diversas maneras con el fin de ampliar su mercado más allá del turista ocasional. Siguieron experimentando con diferentes opciones comerciales en el intento de compensar ciertos obstáculos concretos como los siguientes: la saturación del mercado; el desplome del precio del amate y de otros artículos; la periódica escasez de papel; los esfuerzos para limitar su acceso al turista por parte de las autoridades políticas y policiacas locales; la competencia entre vendedores de los diferentes pueblos de la zona, y la amenaza de invasión de su territorio comercial por los mismos productores o intermediarios que les surten de algunas mercancías.

Los nahuas de Ameyaltepec se adaptaron al nuevo comercio de las artesanías sin graves desajustes internos, porque el comercio mismo fue su oficio tradicional. Refinaron las técnicas de manejarse en el mundo mestizo y desarrollaron la ideología y la astucia mercantil en generaciones anteriores mientras practicaban el comercio de la sal. Hoy ofrecen artículos diferentes dentro de un mercado nuevo, pero en realidad la estrategia actual nació de una combinación de dos habilidades tradicionales propias: el oficio artesanal y el comercio ambulante.

Contribuyó a este proceso un "accidente" histórico: la política oficial de estimular el turismo en los años 40. A consecuencia de ésta, el estado de Guerrero se convirtió en un atractivo turístico de tal envergadura que fue prácticamente inundado por extranjeros. Estos turistas sirvieron de mercado a los indígenas, primero para la línea de alfarería comercial y, posteriormente, para el amate y las otras artesanías. El inicio del *boom* turístico coincidió con el periodo de crisis interna en la región nahua, provocada por la destrucción del antiguo comercio de la sal que dejó a los indígenas repentinamente sin manera de obtener ingresos en efectivo. El descubrimento del amate pintado y la posibilidad de comerciar artesanías con los turistas, se dieron en un momento crítico para este grupo étnico. Si esta alternativa no hubiera existido, si los originarios de Ameyaltepec hubieran seguido unos años más con las mismas estrategias económicas que intentaron en el periodo entre 1940 y 1960, hubiesen perdido para siempre las bases de su propia cultura.

En este caso, a diferencia de tantos otros, el turismo creó circunstancias que propiciaron la conservación de la cultura tradicional cuando menos para otra generación más. No se trata, por cierto, de defender la industria turística, ni negar su efecto destructor sobre las costumbres de poblaciones locales. Aquí había características particulares con respecto a la relación entre los pintores de Ameyaltepe y el desarrollo del turismo para las cuales éste no fue tan perjudicial. El extranjero sirvió de mercado para una clase de trabajo artesanal que no se valorizaba todavía en el mercado nacional en las décadas de los años 1940 y 1950; la clientela se restringió a un territorio neutral —el centro vacacional— y no invadió los pueblos. El turismo sirvió asimismo a los nahuas para darles acceso al dinero de una manera que ellos pudieran controlar, que era precisamente lo que les hacía falta después de ver arruinado su comercio anterior. Además, por tener la opción de vender como comerciantes ambulantes directamente al turista, los nahuas de esta región no se dejaron explotar por intermediarios mestizos.

El hecho de que generó suficiente riqueza como para fomentar la acumulación de recursos en Ameyaltepec es otro elemento singular en este ejemplo de comercialización de artesanías. No es un caso como tantos otros en los que el ingreso proveniente de la venta de artesanías quedó en un nivel tan reducido que sólo permite la sobrevivencia marginal del productor; aquí se generaron utilidades mucho más allá de un simple complemento a la economía de subsistencia. Las ganancias de la venta de artesanías han sido tan altas que sirvieron para estimular radicalmente la economía de toda la región, aunque no de acuerdo con la lógica capitalista.

Por eso analicé con detalle en la presente obra la disposición del ingreso monetario; la canalización interna de éste es de crítica importancia para explicar cómo los habitantes de Ameyaltepec han podido seguir reproduciendo sus relaciones étnicas hasta ahora. Colectivamente optaron por usar su excedente monetario inicial para fortalecer su economía tradicional. Invirtieron en animales, en tierras, en el ciclo ceremonial, en bienes de consumo coincidentes con sus propios valores culturales, en la construcción de viviendas y fueron depositando una parte considerable de este excedente en el sistema recíproco. Últimamente han convertido otra parte del ingreso monetario en capital comercial, al invertirlo en las mercancías complementarias para expandir el negocio artesanal.

Quiero señalar aquí unos aspectos clave para explicar cómo se sostiene un comercio que provee altos ingresos monetarios, sin que esto socave las bases de la economía tradicional. Primero, el dinero no subvirtió el sector económico precapitalista que aquí llamo "recíproco", al contrario, el sector recíproco les sirvió para absorber y almacenar el efectivo. A la vez, el dinero invertido en tierras, animales, construcción y en el ciclo ceremonial subsidió la organización social existente. Por otra parte, el dinero *no* provocó la capitalización de las relaciones económicas internas en esta comunidad; no se usó para empezar negocios en el pueblo, ni para financiar el agiotismo y, más importante aún, no se usó para convertir la fuerza de trabajo interna en una mercancía. El acceso general al dinero, que *todos* han logrado a través del comercio, ha evitado la monetización de las relaciones internas. El hecho de que todas las familias del pueblo vendieran artesanías impidió la capitalización de sus relaciones, ya que a nadie le conviene convertir sus recursos y fuerza de trabajo en mercancías cuyo precio sería forzosamente menor que la tasa de ganancias en el comercio. Se siguen modificando las relaciones socioeconómicas tradicionales, pero la evolución no es hacia el capitalismo, sino de otra índole.

La lógica que hay detrás del uso conservador del dinero en Ameyaltepec obedece a una serie de reglas socioeconómicas propias cuyo papel central para controlar el manejo interno del dinero hay que enfatizar. Estas relaciones estaban todavía intactas cuando descubrieron el comercio de las artesanías y efectuaron la rápida transición a esta manera de ganar efectivo. Es valioso recordar el contraste entre Ameyaltepec y Xalitla y Maxela, donde el deterioro de las relaciones tradicionales estaba tan avanzado cuando empezaron a dedicarse al trabajo artesanal, que ya no fue factible recuperar su herencia étnica.

El empleo de modelos teóricos derivados de investigaciones en zonas campesinas mestizas resultó relativamente infructuoso para estudiar el caso de Ameyaltepec. Después de considerar las múltiples facetas del caso, concluí que las formas en que la economía dominante explota las relaciones de producción internas de estos pintores nahuas son mínimas. Es decir que, en la actualidad, descubrí relativamente pocas vías de extracción del excedente en la articulación entre Ameyaltepec y el modo de producción capitalista, en comparación con la mayoría de las comunidades campesinas en la mesa central que se han estudiado (Alonso, *et al.*, 1974; Helguera, *et al.*, 1974; Stavenhagen, *et al.*, 1973 y 1976; Warman, 1972 y 1976; De la Peña, 1980). Estos autores han analizado una multiplicidad de mecanismos a través de los cuales la formación económico-política dominante logra apropiarse sistemáticamente de una parte de la riqueza producida por el sector campesino, que se caracteriza por reglas de producción propias. Estos mecanismos de extracción del excedente son más eficientes en ciertas articulaciones entre el modo de producción capitalista y el del campesino, como las siguientes: la venta de fuerza de trabajo; la comercialización de productos agrícolas; la depedencia del sector capitalista para insumos esenciales para la producción agrícola (como crédito, abono, semilla, plaguicidas, etcétera); la dependencia de tecnologías monopolizadas por el sector capitalista, y el pago de renta por la tiera o la aparcería.

Hoy, los pobladores de Ameyaltepec no se articulan con la economía dominante a través de estas relaciones, sino principalmente a través de su comercio. Están insertos y subsumidos en la formación económica capitalista como lo están los campesinos, pero su vinculación con el modo de producción dominante es de una naturaleza altamente especializada que minimiza la explotación directa.

La forma principal en que los comerciantes de Ameyaltepec transfieren una parte de su excedente a la formación económica capitalista es por medio de la compra de ciertos bienes de consumo: sirven de mercado para las compañías refresqueras y cerveceras, las empresas que manufacturan materiales de construcción, los pequeños comerciantes de los centros urbanos, los taxistas y transportistas de Iguala, entre otros. En el curso de sus viajes comerciales, una parte de sus ganancias se canaliza hacia los hoteles, restaurantes y pensiones que utilizan; también es captada por las líneas de camiones foráneos, medios de transporte público o aerolíneas, de cuyo servicio dependen. Se puede considerar "desigual" la relación entre los mercaderes nahuas y los mestizos mayoristas que les surten la joyería de piedra semipreciosa importada que revenden junto con el amate. Aquí hace falta señalar también que, dada su posición en la estructura sociopolítica, estos vendedores indígenas son el blanco de la policía local, que los extorsiona, les decomisa su mercancía y les exige pagos de permisos y "mordidas".

La producción artesanal es otra área donde se puede percibir una relación económica desfavorable a los pintores. Compran algunas de las materias primas en tiendas para artistas en las ciudades y, a pesar de que venden su obra directamente, reciben relativamente poca remuneración por su trabajo. Esta subvaloración se agudiza en el caso de la exportación del amate, ya que no se cotiza el trabajo que contiene cada cuadro en términos relativos a los precios del mercado internacional. El pirateo comercial de los diseños es otra forma de explotación del artesano, porque las compañías que los usan no pagan ningún derecho al artista.

Sin embargo, por haber dominado el comercio de su obra, estos comerciantes evitaron caer en la relación de explotación que más frecuentemente se ejerce sobre el artesano rural. Novelo (1976) califica de "atrasada" la producción artesanal familiar en la cual no intervienen relaciones salariales y que se combina con la agricultura de subsistencia. La dinámica descrita por ella da como un hecho la exclusión del productor de la comercialización de su propio trabajo. Dice:

> [La forma de producción artesanal "tradicional"] tiene fundamental importancia en el proceso de acumulación privada de capital que se constituye en la esfera del comercio. Hemos visto cómo el valor de las mercancías producidas en las condiciones más precarias no es retribuido en su totalidad al productor sino al gran comerciante, que puede aumentar su capital-dinero exprimiendo al productor en ocasiones más allá de su salario necesario y convirtiéndolo de hecho en un obrero a domicilio al aprovechar las condiciones que ligan al productor a su localidad; estas condiciones impiden al productor escapar a la explotación intensiva que sobre él ejerce el capital comercial (1976: 232.).

Si bien esta perspectiva esclarece la dinámica de las comunidades estudiadas por esta investigadora en Michoacán, su análisis no se puede aplicar a Ameyaltepec y a los otros cinco pueblos de mercaderes indígenas, puesto que en el caso guerrerense los nahuas controlan también el comercio.

En el intento por caracterizar las relaciones que vinculan a la gente de Ameyaltepec con sectores ajenos a su economía local, hay que considerar las relaciones económicas que mantienen con otros sectores "campesinos", o con mestizos "marginados" en el medio urbano. Los originarios de Ameyaltepec adquieren fuerza de trabajo mestiza para la construcción de sus casas y, eventualmente, contratan mediante pago en dinero a peones de comunidades vecinas, sobre todo de las que no han desarrollado el comercio de las artesanías. Este uso de mano de obra ajena está limitado y nada más cubre ciertas necesidades internas o es para la agricultura de subsistencia.

Un área de relaciones más difícil de evaluar consiste en los tratos comerciales por los cuales compran parte de su mercancía a mestizos y a otros productores indígenas. Es indiscutible que los comerciantes nahuas están en una situación económica más aventajada que los otomíes fabricantes del papel, los lapidarios de Taxco o de Iguala, las familias que pintan amate en Xalitla o en Maxela y los artesanos que tallan máscaras en San Francisco Zumatlan. Sin embargo, en esta situación no hay una transferencia de plusvalía, porque los artesanos no son trabajadores asalariados de los mercaderes de Ameyaltepec; tampoco hay una apropiación de excedente entre dos sectores desiguales. Los vendedores ambulantes obtienen ganancias de este trabajo artesanal comprado porque son expertos en manipular las condiciones del mercado para su provecho. Su prosperidad no se basa en la apropiación del excedente de otros, y por eso opté por calificar esta relación de no-explotativa en el sentido más usual del término. Hay que recordar que guardan una ventaja sobre los otros productores (y ciertos intermediarios) en el mercado por combinar el comercio con sus relaciones económicas tradicionales.[1] Si estuvieran completamente integrados en la formación económica capitalista y no contaran con la base de su economía de subsistencia, no habría mucho margen de ganancia para ellos en el comercio.

Ha resultado de utilidad limitada en mi investigación aplicar el marco teórico desarrollado en los estudios sobre economía campesina; esto se debe a que el caso de Ameyaltepec es muy particular. En uno de los estudios clásicos Wolf caracteriza la sociedad campesina en la forma siguiente:

> ...sistemas tan simples como el expuesto han sido reemplazados por otros en los cuales el control de la producción incluyendo el trabajo humano, pasa de las manos de los productores primarios a las de grupos que no cargan con el proceso de producción propiamente dicho, sino que asumen funciones especiales de administración y ejecución, fundadas en el uso de la fuerza. La constitución de una sociedad de este tipo ya no se basa en los intercambios directos y equivalentes entre un grupo y otro, de productos y servicios, sino que éstos son facilitados a un centro para su última redistribución. En la sociedad primitiva los excedentes son intercambiados directamente entre grupos o miembros de grupos; los campesinos en cambio, son agricultores rurales cuyos excedentes son transferidos a un grupo do-

[1] Tal vez se podría conceptualizar una especie de "auto-explotación"; el indígena como comerciante logra utilidades porque transfiere excedente de sí mismo —o de otros miembros de su unidad doméstica— como productor de parte de su mercancía y como agricultor de subsistencia.

minante de gobernantes que los emplee para asegurar su propio nivel de vida y que distribuye el remanente a los grupos sociales que no laboran la tierra pero que han de ser alimentados a cambio de otros géneros de artículos que ellos producen. (Wolf, 1971: 11-12; original en inglés 1966.)

Así que, por definición, lo que caracteriza al sector campesino —y lo que lo distingue de otros sectores precapitalistas— es la relación asimétrica que mantiene con una formación económica dominante. El resultado de esta relación asimétrica es la transferencia sistemática de una parte de la riqueza producida internamente por el sector campesino hacia el sector dominante (que es el modo de producción capitalista hoy en México pero que era otro en la época prehispánica y en la Colonia). Por basarse en este planteamiento, los investigadores sobre campesinos en México han enfocado su atención hacia el estudio de los mecanismos estructurales que los explotan y los despojan.

La evolución de los pintores-comerciantes de Ameyaltepec y de los demás pueblos ha sido de una índole cualitativamente diferente a la de la evolución de los campesinos mestizos descrita en la mayor parte de la literatura reciente. Este grupo nahua ha desarrollado una estrategia económica gracias a la cual evita relaciones con el modo de producción dominante que impliquen sacrificar su excedente interno. Prefiero usar el cancepto de "nicho" para describir la adaptación específica que lograron, en lugar de emplear la terminología derivada de los estudios sobre campesinos mestizos.

Los nahuas de Guerrero carecen de poder político y están sujetos a las presiones socioeconómicas de la esfera capitalista, como sucede con los campesinos en general. Pero éstos crearon un lugar dentro de la formación económica dominante en el cual son relativamente autónomos, mientras exista el espacio vital para su comercio y para ellos como grupo étnico. Se les puede concebir como *raiders* (Murra, comunicación personal) que "asaltan" los centros urbanos, aprovechando una coyuntura internacional que trae oleadas de turistas a México, dispuestos a gastar su dinero en la compra de artesanías. Ellos participan en el mercado para vender y para proveerse de algunos artículos, pero siguen una forma de vida que les permite equilibrar su estructura socioeconómica tradicional con el modo de producción capitalista.

Hay que destacar que no han permanecido aislados y que hace veinte años estaban integrados a la formación económica dominante de otra manera; muchos recurrían a la venta de su fueza de trabajo en el medio rural o urbano, en tanto que otros se dedicaban al cultivo del ajonjolí para el mercado. Su articulación con el modo de producción dominante en las décadas anteriores al comercio artesanal era semejante a la del campesino mestizo. Es necesario subrayar que hemos observado una serie de adaptaciones sucesivas de un grupo cuya organización interna no obedece a la lógica capitalista; lo significativo y sorprendente es el hecho de que lograran sustrarse de la trayectoria "campesina" clásica. Al describir el proceso, he enfatizado la etnogénesis, la creatividad y la vitalidad indígena; mientras circunstancias fuera de su control les ofrecieron una situación objetiva para explotar, fue por iniciativa y determinación propia que descubrieron un nicho donde acomodarse.

Encontrar actualmente un grupo étnico tan vigoroso y con tanta capacidad adaptativa subrayó la necesidad de considerar factores históricos para explicar su evolución. No he podido realizar todavía el trabajo de archivo necesario para hacer una reconstrucción etnohistórica, pero de manera tentativa puedo señalar aquí unos antecedentes importantes.

La región cultural nahua donde hoy pintan el papel de amate refleja los límites de lo que fue una unidad político-administrativa en el imperio mexica.

Oapan fue la cabecera del distrito de la provincia tributaria de Tepecoacuilco que incluía a los pueblos que ahora son los pueblos de artistas-comerciantes. Después de la llegada del europeo en el siglo XVI, Oapan y sus aldeas sujetas pasaron a ser la encomienda de Oapan. Es de importancia primordial que nunca se llevaran a cabo las congregaciones en esta región, por lo cual los patrones de asentamiento prehispánico pudieron conservarse hasta hoy.

Durante la Colonia, Oapan y sus pueblos sujetos tenían la obligación de entregar tributo en bienes y de proveer "indios de repartimiento" a las minas de Zumpango del Río en el siglo XVI, y a las minas de Taxco en el siglo XVII. Sin embargo, los españoles nunca iniciaron grandes empresas agrícolas en la región, y tampoco formaron allí nucleos de población europea. Parece que lo largo de la Colonia, y también en el siglo XIX, los nahuas de la cuenca del río Balsas pudieron continuar con la agricultura de subsistencia y no perdieron el acceso a las tierras de cultivo. Habría que investigar con más cuidado la relación entre los habitantes de Oapan y la minería, pero aparentemente nunca se articularon dentro de la economía colonial en una forma que destruyera por completo la base económica existente.

No se puede establecer el origen de la tradición comercial de este grupo nahua sin hacer trabajo de archivo. Es probable que el comercio de la sal haya empezado en la época colonial temprana, o es posible que aun antes, por lo cual históricamente estos nahuas se han articulado con las cambiantes formaciones económicas dominantes a través del comercio. Para profundizar en lo teórico en este caso habría que seguir una línea de investigación acerca del comercio; sería más útil comparar la situación de este grupo con otras sociedades mercantiles y no con sociedades campesinas.[2]

Además de las consideraciones históricas ya mencionadas, la capacidad de sobrevivir culturalmente se debe a la flexibilidad y adaptabilidad inherentes a las relaciones socioeconómicas tradicionales de Ameyaltepec. Éstas tienen una dinámica interior frente al capitalismo cualitativamente diferente a la de las relaciones campesinas. Los modelos de economía campesina citados plantean la persistencia de relaciones de producción precapitalista dentro del capitalismo; sin embargo, no se han descubierto adaptaciones en las que el sector precapitalista conserve el grado de autonomía, como es el caso de los nahuas de Guerrero. Esto se debe, principalmente, a la esfera de relaciones que he denominado recíprocas.

En Mesoamérica, éstas son tan poco conocidas que dediqué mucho espacio a explicar la estructura económica interna de Ameyaltepec, tal como la observé en el campo. El complejo de relaciones recíprocas no es fácil de percibir y analizar porque penetra todos los aspectos de la vida humana; además está imbricado en diversas esferas que acostumbramos a tomar como unidades de análisis independientes: la economía, la organización social, la psicología, la vida ritual, etcétera. Un enfoque que no englobe todas estas áreas no puede dar cabida a la reciprocidad como *sistema,* aunque puede encontrar ejemplos aislados de estas relaciones. Conceptualizarlas como conjunto coherente requiere trabajo de campo prolongado, porque está compuesto de lazos que se extienden por años, entre "préstamos" iniciales y "pagos" finales.

Existe otra explicación por la cual no se ha escrito mucho sobre la reciprocidad en el centro de México. Por limitaciones de recursos, muchos investigadores trabajan esporádicamente, por temporadas demasiado cortas como para poder estudiar este complejo de relaciones. Más importante aún, muchos heredan marcos teóricos cerrados a la posibilidad de que existan. Se han descrito sistemas de reciprocidad con más frecuencia en zonas indígenas andinas, no tanto porque no los haya en Mesoamérica, sino porque los modelos teóricos y métodos de trabajo aplicados allí han estado más abiertos a ser descubiertos. Cuando menos aquí tenemos el caso de un grupo

2 Indico tres áreas generales relacionadas con el fenómeno comercial. Sería útil considerar otros grupos étnicos cuya especialización económica viene siendo el comercio, ya que existen culturas mercantiles en otras regiones del mundo. Se puede tratar la tradición comercial de esta región de Guerrero en relación con el tráfico e intercambio altamente desarrollado en Mesoamérica en la época prehispánica. Se podría analizar el manejo y la función del comercio dentro de otros modos de producción ya que éste existe en muchas sociedades antiguas y en casi todas las formaciones económicas complejas anteriores al capitalismo.

indígena en el que internamente siguen funcionando relaciones socioeconómicas cuya lógica y dinámica es precapitalista, pero que también son distintas de las "campesinas", tal y como éstas se han definido en función de las adaptaciones de comunidades rurales mestizas, carentes de tradición étnica. Hay que explorar su naturaleza más a fondo.

He demostrado cómo el sistema recíproco tuvo la elasticidad necesaria para acomodar los ingresos monetarios crecientes; dado que éste se perfiló como uno de los sectores prioritarios en la inversión de recursos materiales, impidió la capitalización de las relaciones económicas internas. El sistema recíproco era seductor; todos se comprometieron con él cada vez más, de manera que era difícil para un individuo o una familia salirse de él. Y como las relaciones recíprocas infiltran toda la vida social, no abandonarlas ha implicado necesariamente seguir reproduciendo el conjunto. Las familias de mayor excedente monetario fueron las que invirtieron más en el sistema tradicional, con el interesante resultado de que el grupo de la comunidad que estaba en mejores condiciones materiales para romper con la sociedad tradicional fue el que más invirtió en mantenerla.

No se debe minimizar la importancia que tienen las relaciones recíprocas para la sociedad entera; sostenerlas da acceso a recursos y fuerza de trabajo ajenos a la unidad doméstica individual sin recurrir al dinero y, además permiten el aprovechamiento complementario de recursos en el ámbito de la comunidad[3] y en el regional. El sistema recíproco de Ameyaltepec no es un sistema que redistribuye riqueza y tampoco es un sistema de bienestar social, o caritativo, en el sentido moderno. Todos los recursos invertidos en él están controlados por una contaduría interna, no dejan de pertenecer a quienes los "depositaron", y algún día todos los bienes y trabajo se tendrán que devolver. Pero hasta que se cobren estas deudas, los recursos sirven a la colectividad de tal modo que se socializa el beneficio de la capacidad de trabajo y del poder adquisitivo de los más pudientes.

Aquí intervino otro rasgo "tradicional" para orientar el empleo de la riqueza internamente: el control colectivo sobre recursos como las tierras de cultivo y los sitios habitacionales que evitó el acaparamiento de éstos por una *élite*. Existe estratificación económica en Ameyaltepec, pero está sustentada en las diferencias de habilidad comercial y en los ingresos monetarios que perciben los mercaderes. Esto no condujo a la monopolización de recursos clave por un grupo reducido, ni al endeudamiento crónico de un sector con otro; tampoco se tradujo en la explotación, por los más acaudalados, de la fuerza de trabajo de los menos prósperos. Si bien hay una estra-

[3] El estudio de la economía campesina debe conceder más atención a la esfera recíproca. Yo sospecho que cobra importancia en comunidades mestizas, también, donde los investigadores no la han observado en parte por enfocar su atención principalmente en la unidad interna individual como unidad de análisis básica.

tificación según los ingresos monetarios, no existe una clase interna cuya prosperidad dependa de la explotación sistemática de otro grupo dentro del pueblo.

El factor crítico aquí es la capacidad de los nahuas para funcionar simultáneamente en dos esferas y mantenerlas mutuamente exclusivas: se relacionan con el sector capitalista a través del comercio, pero siguen obedeciendo a una lógica anterior, precapitalista, en su propia comunidad. Esto implica que han refinado su actitud y su sensibilidad empresarial: entienden las reglas de la economía capitalista y han logrado manipularlas para su beneficio en el comercio. A la vez, en su propio terreno cultural, participan en una economía cuya lógica es completamente distinta a la de la formación económica capitalista y siguen reproduciendo el complejo de relaciones ceremoniales, sociales e ideológicas, que los distingue como grupo étnico de la sociedad nacional. La gente de Ameyaltepec maneja simultáneamente dos juegos de reglas socioeconómicas, y lo hace sin que una esfera quede absorbida o subvertida por la otra. Es una adaptación económica, cultural y psicológica sumamente sofisticada, por lo cual he explorado sus componentes con tanto detalle. La coexistencia de estas dos esferas sólo fue posible porque el sector tradicional pudo adaptarse frente a circunstancias cambiantes.

Uno de los peligros principales para el equilibrio interno de Ameyaltepec que he observado no viene directamente del capitalismo; más bien, la amenaza mayor viene del mismo éxito indígena. Los comerciantes de esta comunidad han sido tan asiduos y eficientes que sus ingresos son cada vez mayores; mientras que hasta ahora la economía tradicional ha podido absorber un incremento considerable de dinero, la entrada de efectivo es tan desproporcionada que está llegando al límite de no poder manejarlo estructuralmente. Se tendrán que inventar nuevas maneras para consumir el dinero —más allá de lo que ya está invertido en animales, vivienda, bienes de lujo, el ciclo ceremonial, el sistema recíproco y las mercancías— o correr el riesgo de que la existencia en exceso de dinero mine el orden establecido. Hasta ahora han guardado los excedentes en cuentas bancarias y surge la posibilidad de comprar propiedades fuera del pueblo como inversión. Es posible que lleguen a la destrucción sistemática de bienes (al estilo *potlatch*), como una forma de deshacerse del excedente, ya que de hecho se puede observar una tendencia generalizada al derroche en las fiestas. También sucedió que uno de los comerciantes más exitosos decidió demoler parte de su casa y volver a construirla con más lujo, no obstante que la primera vivienda era perfectamente habitable. Paradójicamente, uno de los problemas que enfrenta esta sociedad tradicional es idear nuevas formas de gastar su ingreso monetario.

Dentro de este análisis sobresale el hecho de que los nahuas de Ameyaltepec reprodujeron sus relaciones étnicas a consecuencia de su éxito comercial. La etnicidad no obstaculizó el proceso que les llevó a la prosperidad, y esto demuestra que el avance económico del indígena es posible sin que se dé, por fuerza, la destrucción de su cultura tradicional. Puede ser que la búsqueda inconsciente pero real de una manera de seguir reproduciéndose culturalmente haya sido lo que los estimuló para que descubrieran una estrategia económica compatible con esta meta. Su singular actitud frente a la sociedad mestiza puede ser un factor que los ha impulsado a salir de las estrategias tipo "campesinas" que los amenazaban con la extinción como grupo étnico.

Un caso semejante al de Ameyaltepec, ya ampliamente estudiado, es el de los tejedores de Otavalo, Ecuador. Este grupo quechua logró desarrollar un gran comercio de textiles y tejidos a partir de la década de los años 30; con esto llegaron a un alto nivel de prosperidad económica mientras conservaban su cultura tradicional. Canalizaron sus ganancias hacia la compra de tierras para ampliar la agricultura de subsistencia y el ciclo ceremonial, de tal forma que el ingreso monetario del comercio sirvió para fortalecer la economía tradicional (Salomon, 1972; Walter, 1981; Meyer, comunicación personal; Murra, comunicación personal). Salomon utiliza una serie de fuentes etnohistóricas que apuntan hacia la cohesión de los otavaleños como grupo étnico y a su persistencia como entidad cultural, desde el siglo XVI.

Tanto los comerciantes guerrerenses como los tejedores de Otavalo confirman que es posible para un grupo autóctono crear una adaptación económica propicia a su bienestar económico y a su reproducción cultural dentro del capitalismo dependiente. Además de la existencia de algunas condiciones objetivas, era esencial también cierto control e iniciativa indígena. En Ameyaltepec es notable la ausencia de trabajadores sociales, de asesores técnicos, de programas de desarrollo, de proyectos de fomento artesanal y similares. Si hubiera habido una intervención de organismos oficiales o particulares ajenos a la cultura tradicional, seguramente hubiésemos presenciado otro ejemplo de "desarrollo" fracasado.

El análisis de la trayectoria de los pintores-comerciantes nahuas ilustra que puede haber éxito económico sin la destrucción de la cultura indígena, y además revela otra dinámica: tanto dentro de cada comunidad, como entre los pueblos de la cuenca del río Balsas, se observó consistentemente que los grupos más acomodados son los más tradicionales. No es una situación sencilla en la que, simplemente por la prosperidad económica, se dieron el lujo de seguir siendo tradicionales. La investigación sugiere que los habitantes de Ameyaltepec lograron riqueza precisamente porque son indígenas. Todo el complejo de relaciones socioeconómicas exploradas aquí —lo que constituye su tradición étnica— les sirvió de recurso en sus adaptaciones a las condiciones cambiantes impuestas por las formaciones económico-políticas dominantes.

Esto difiere sustancialmente de las conclusiones de muchos otros investigadores. Por ejemplo, Arizpe (1976) describe cómo en la zona mazahua, el estigma social asociado con el ser "indio" es un elemento clave por el cual la sociedad dominante justifica su exclusión de los medios para ascender dentro de la formación económica capitalista. El efecto de haber mantenido relaciones étnicas entre los mazahuas, según esta autora, contrasta de manera tajante con la situación de los artistas-comerciantes nahuas de Guerrero. Arizpe concluye:

> El análisis ha puesto al descubierto una serie de mecanismos entretejidos que explican objetivamente porqué los mazahuas han quedado rezagados en los estratos económicos más bajos (...) El que no participen en el poder, los ha dejado indefensos ante el despojo y les ha impedido establecer contactos políticos que les rindieran ventajas económicas. En virtud de que se les clasifica como indios, se les excluye de los medios sociales donde se reparten el poder y la riqueza. Ciertos valores acordes con su vida comunitaria, ya en el contexto de la economía capitalista, han permitido e incluso fortalecido su descapitalización. Finalmente, no han tenido acceso a medios de producción complementarios como son créditos, maquinarias, fertilizantes, etcétera, por la discriminación de que son objeto en oficinas y establecimientos comerciales, por su desconocimiento de cómo realizar trámites y por su imposibilidad de establecer contactos sociales ventajosos. Además, han perdido los ingresos de ocupaciones y actividades tradicionales sin que hayan podido incorporarse a los nuevos empleos y oportunidades que ha creado el exiguo desarrollo económico de la región. (129-130.)

En el planteamiento citado aquí, la única salida abierta para los mazahuas es integrarse en el modo de producción capitalista, lo cual los llevaría a su extinción como grupo étnico. Esto cambiaría las formas de su explotación, pero no la eliminaría y, a la larga, sólo haría más eficiente el saqueo de sus relaciones de producción internas.

Hay que destacar que algunas de las características étnicas que señala Arizpe para explicar la marginación de los mazahuas son las mismas que ayudaron a los de Ameyaltepec a eludir las articulaciones que para ellos pudieran ser destructivas económica y culturalmente. Obviamente, en los dos casos son determinantes distintas condiciones históricas y actuales, fuera de su control. Pero compararlas verifica que hay una gran variedad de posibilidades abiertas a los grupos étnicos dentro de los procesos sociales: éstas se dan conforme a sus diferentes formas de organización sociocultural y conforme a las presiones históricas específicas que el modo de producción dominante ejerce sobre ellos.

No se debe suponer que el indígena, por el simple hecho de serlo, está siempre en desventaja socioeconómica dentro del capitalismo dependiente. Se han documentado muchos ejemplos en los que la identidad indígena en sí parece haber frenado el avance económico y, en algunos casos, hay que admitir esta conclusión. Pero es un error plantear que la pobreza es *siempre* un corolario de tradicionalismo, como es también un error exigir la aculturación del indígena como condición necesaria para mejorar su nivel de vida material.

Se necesitan más investigación y más estudios comparativos con marcos teóricos flexibles, para poder entablar una discusión seria sobre el papel en la etnicidad dentro del capitalismo. Por lo menos tenemos un caso que nos permite argumentar que la herencia étnica puede ser una ventaja para el indígena. Descubrir que el éxito de los nahuas de esta región de Guerrero se debe precisamente al hecho de haber mantenido sus rasgos tradicionales, nos obliga a buscar perspectivas nuevas para aplicar al estudio de grupos indígenas.

Incensarios de barro. San Agustín Oapan, 1984.

Tepalcatl. Plato de barro.
Ameyaltepec, 1984.

Tepalcatl. Platos de barro. Ameyaltepec, 1984.

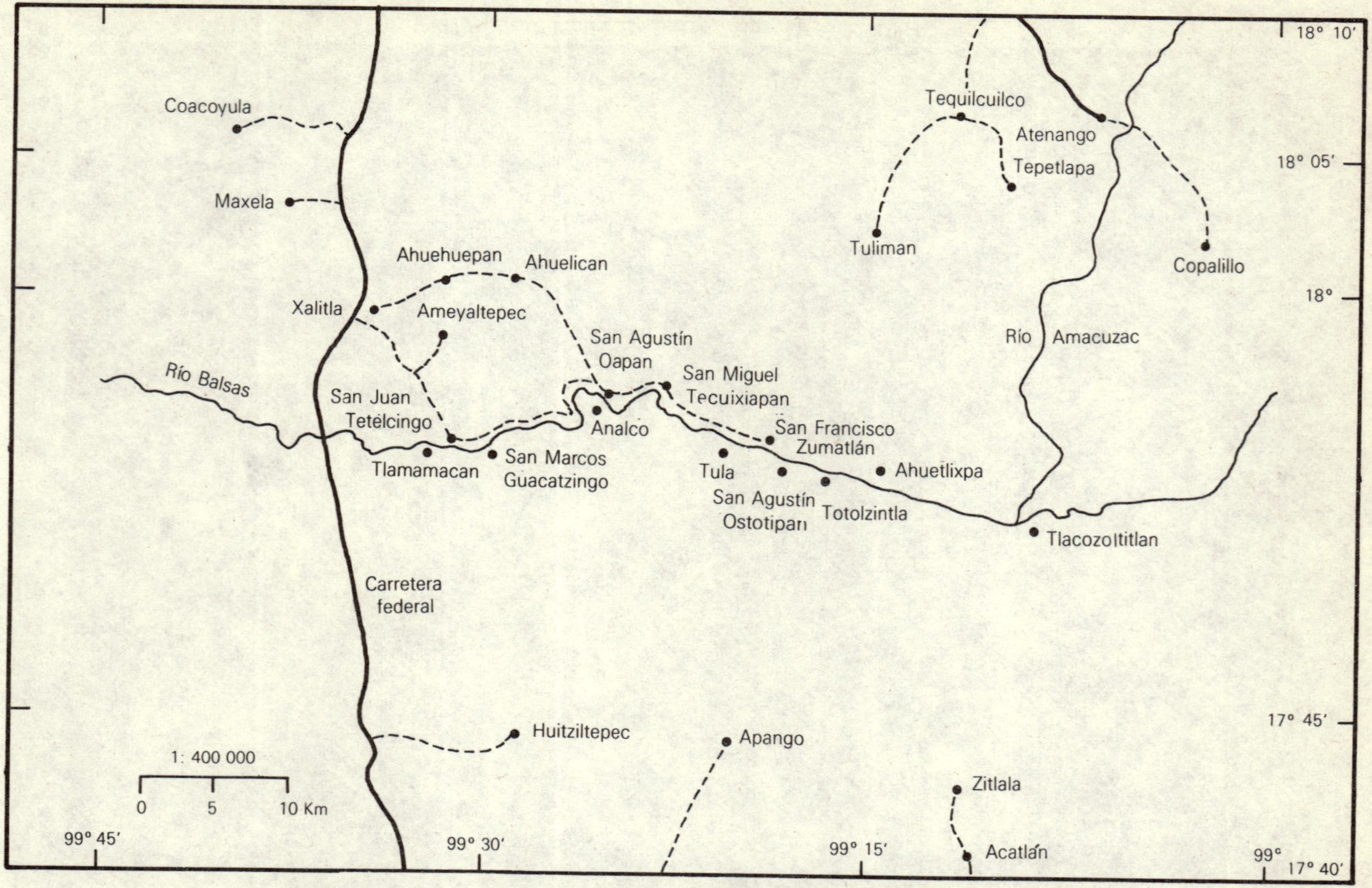

Mapa 1. *Pueblos nahuas de la cuenca del río Balsas, 1984*

MAPA 2. *Pueblos de la cuenca del río Balsas en la configuración regional, 1984*

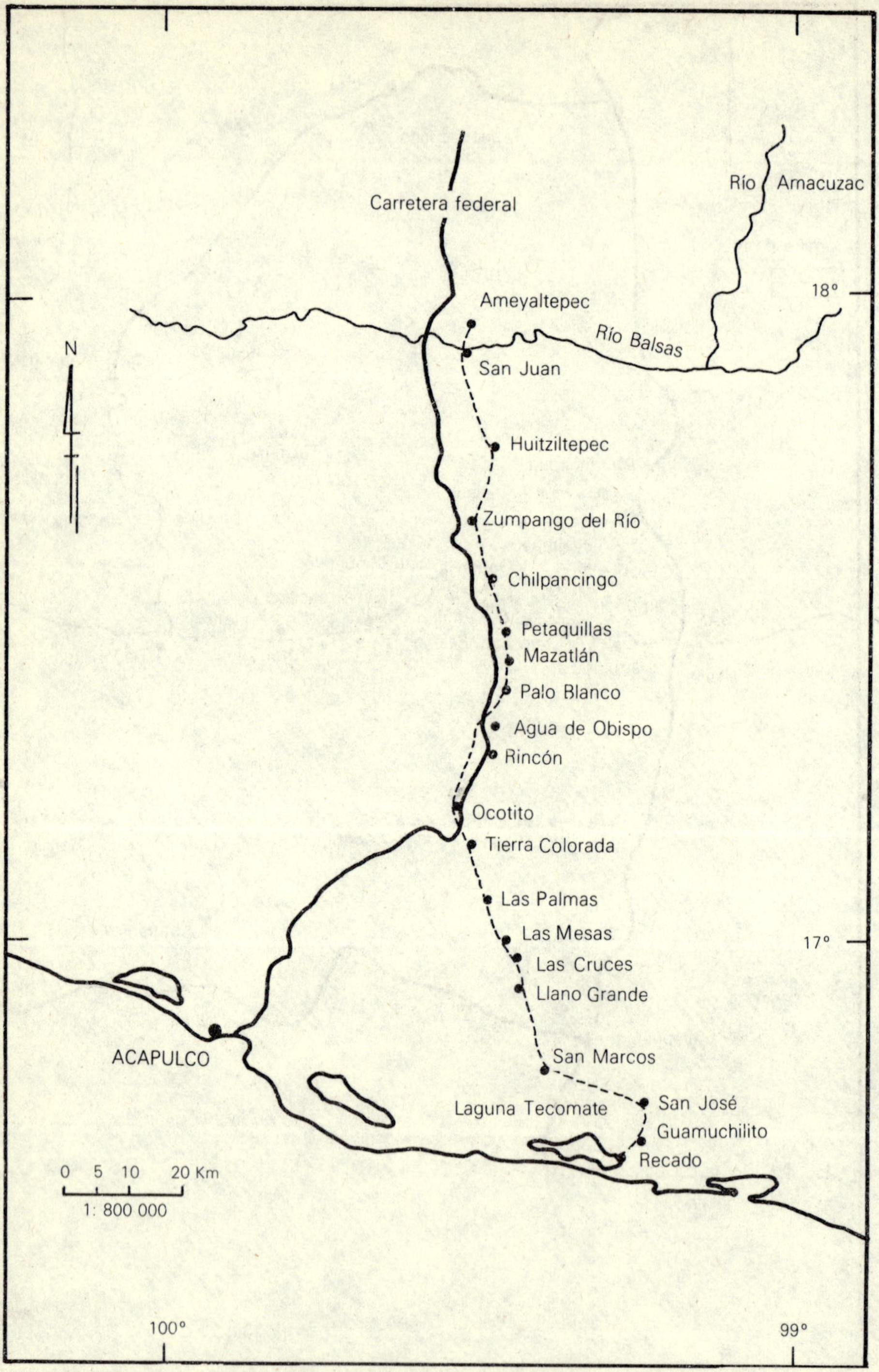

MAPA 3. *Antigua ruta a la costa*

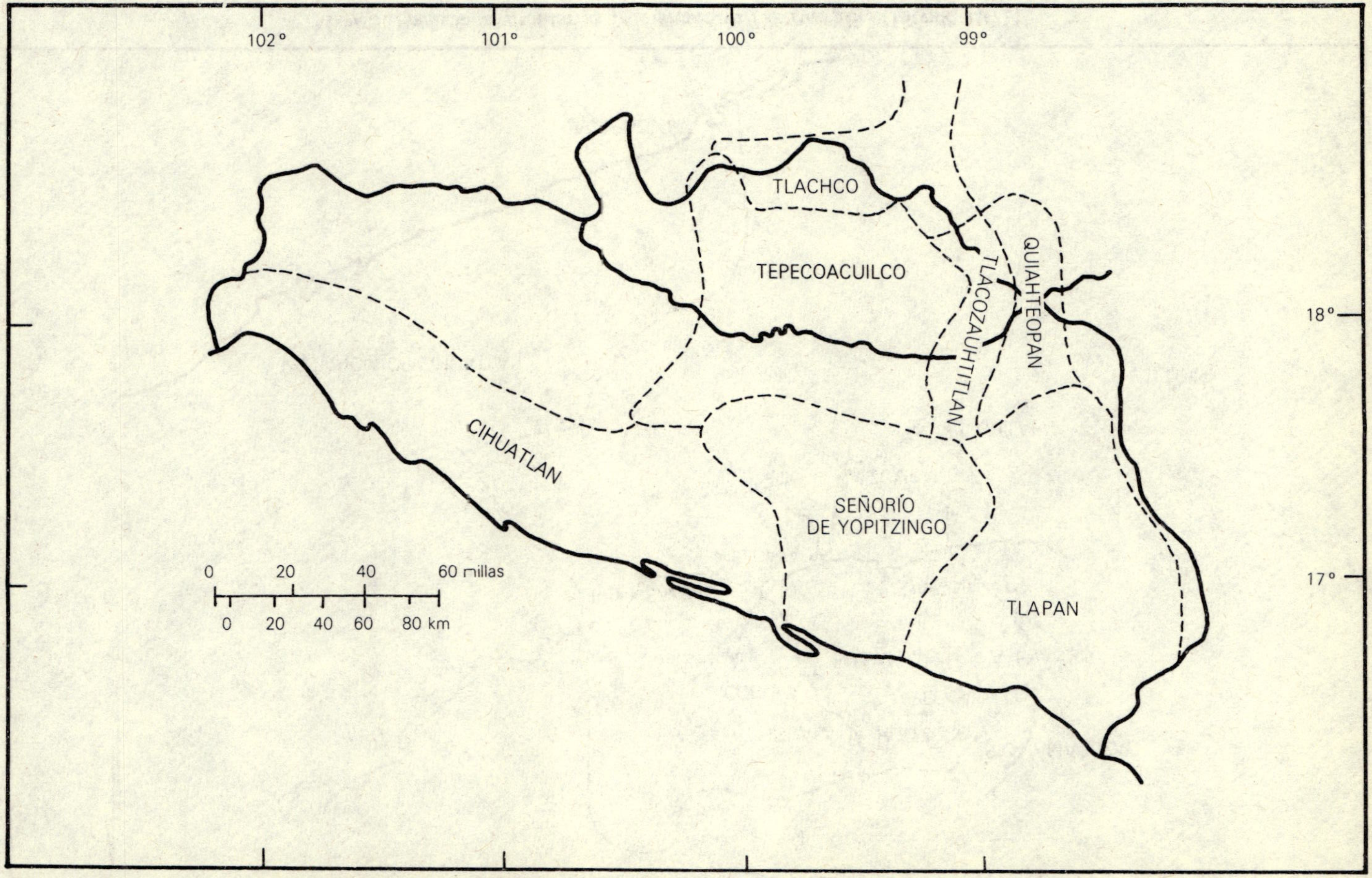

MAPA 4. *Provincias tributarias de Guerrero en el imperio culhua-mexica* (Harvey, 1971)

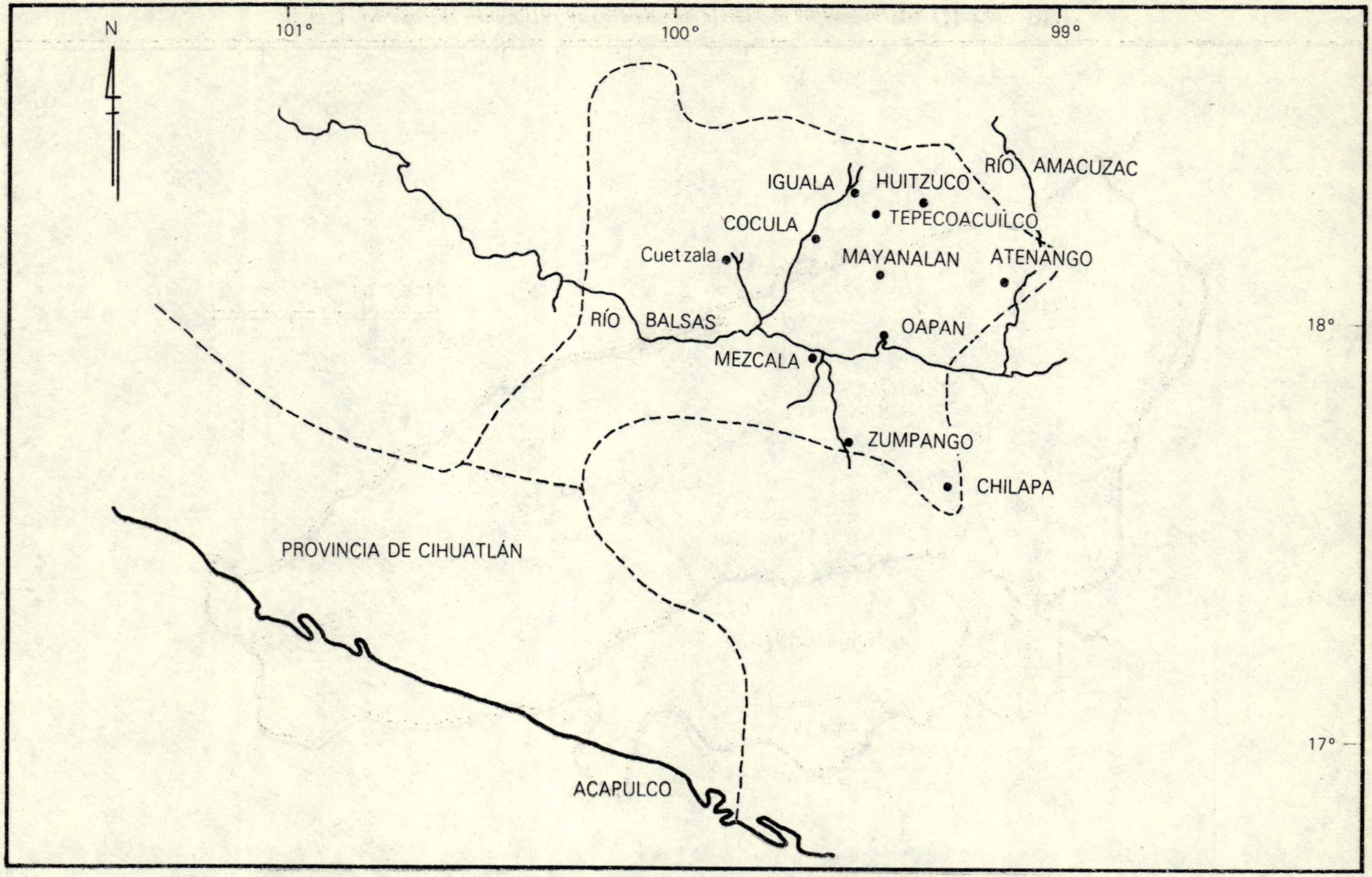

MAPA 5. *Poblaciones tributarias de la provincia Tepecuacuilco* (Litvak, 1971)

BIBLIOGRAFÍA

Alonso, Jorge, Alfonso Cuercuera y Roberto Melville, 1974, *Los campesinos de la tierra de Zapata II: Subsistencia y explotación.* SEP-INAH, México, D. F.

Arizpe, Lourdes, 1973, *Parentesco y economía en una sociedad nahua.* Instituto Nacional Indigenista, México, D. F.

——, 1976, "La ideología del indio y la economía campesina" en, Stavenhagen, *et al.*, *Capitalismo y campesinado en México.* SEP-INAH, México, D. F.

Armillas, Pedro, 1948, "Informe a la Sección de Arqueología", el occidente de México, IV Mesa sobre problemas antropológicos de México y Centro América. Sociedad Mexicana de Antropología, México, D. F., pp. 211-216.

Barlow, R. H., 1948, "Apuntes para la historia antigua de Guerrero", IV Mesa Redonda, Sociedad Mexicana de Antropología, México, D. F., pp. 181-190.

Broda, Johanna, 1978, "El tributo en trajes guerreros y la estructura del sistema tributario mexica" en, Carrasco, Pedro y Johanna Broda, eds., *Economía política e ideología en el México prehispánico.* Editorial Nueva Imagen, México, D. F.

——, 1980, "Corona española, comunidades indígenas, y tributo en el centro de México en el siglo XVI" en *Cuicuilco,* año 1, núm. 2, oct. de 1980, pp. 29-36.

Cancian, Frank, 1965, *Economics and Prestige in a Maya Community.* Stanford University Press, Palo Alto.

——, 1967, "Political and Religious Organization", en *Handbook of Middle American Indians,* vol. 6, University of Texas Press, Austin.

Carrasco, Pedro, 1961, "The Civil-Religious Hierarchy in Meso-American Communities. Pre-Hispanic Background an Colonial Development" en *American Anthropologist,* vol. 63, núm. 3, pp. 483-497.

——, 1964, "Family Structure of Sixteenth Century Tepoztlan", en Manners, R. ed., *Process and Pattern in Culture.* Univerity of Chicago Press, Chicago, pp. 185-210.

——, 1968, "Las clases sociales en el México antiguo". Verhanbergen des XXXVIII Internationalen Americanisten Kongresses, Stuttgart-Munchen, 12-18 agosto, 1968.

Christensen, Bodil y Saúl Martí, 1979, *Witchraft and Pre-Colombian Paper.* Ediciones Euroamericanas, Klaus Thiele, México, D. F.

Codry, Donald, 1980, *Mexican Masks*. University of Texas Press, Austin,

Comisión Nacional de Salarios Mínimos, 1980-1982, "Salarios mínimos por zonas y municipios", México, D. F.

Gerhard, Peter, 1972, *A Guide to the Historical Geography of New Spain*. Cambridge University Press, Londres.

Good Eshelman, Catharine, 1976, *Economía campesina y trabajo familiar en Chacaltzingo, Morelos*. Instituto Nacional de Antropología e Historia, México, D. F.

——, 1981, "Arte y comercio nahua: el amate pintado de Guerrero", en *América Indígena,* año XLI, vol. XLI, núm. 2, abril-junio, pp. 245-264.

——, 1983 "La mujer nahua de Guerrero", Ponencia a Cibola Society Meeting, Tijuana, B. C., 26-29 octubre, 1983.

Graburn, Nelson, 1976, *Tourist and Ethnic Arts in Cultural Expressions of the Fourth World*. University of California Press, Berkeley.

Hagen, Victor von, 1944, *The Aztec and Maya Paper Makers*. J. J. Augustin, Nueva York.

Harvey, H. R., 1971, "Ethnohistory of Guerrero" en *Handbook of Middle American Indians,* vol. II., University of Texas Press, Austin.

Helguera, Laura, Sinecio López y Ramón Ramírez, 1974, "Los campesinos de la tierra de Zapata, I; adaptación, cambio y rebelión", SEP-INAH, México, D. F.

Henderson, John, 1974, *Pre-Classic Archeology in the State of Guerrero, México*. Tesis para el doctorado, Yale University.

Isbell, Billie Jean, 1977, *To Defend Ourselves. A View Through an Andean Kaleisdoscope*. University of Texas Press, Austin.

Libro de Tasaciones, 1952, de los pueblos de la Nueva España, siglo XVI, Prólogo de Francisco González de Cossío, Archivo General de la Nación, México, D. F.

Lister, Robert, 1971, "Archeological Synthesis of Guerrero" en *Handbook of Middle American Indians. Vol.* II., University of Texas Press, Austin, pp. 603-618.

Litvak, Jaime, 1971, *Cihuatlan and Tepecoacuilco. Provincias tributarias de México*. Instituto de Investigaciones Históricas, UNAM, México, D. F.

Matrícula de Tributos, 1980, Akademische Druck - U. Verlagsanstatt, Graz, Austria.

Meyer, Enrique, 1974, *Reciprocity, Self-Sufficiency and Market Relations in a Contemporary Community in the Central Andes of Peru*. Tesis para el doctorado, Cornell University.

Novelo, Victoria, 1976, *Artesanos y capitalismo en México*. SEP-INAH, México, D. F.

——, 1981, "Para el estudio de las artesanías mexicanas" en *América Indígena,* año XLI, vol. XLI, núm. 2, abril-junio, pp. 195-210.

Quezada, María Noemí, 1972, *Los matlatzincas. Época pre-hispánica y época colonial hasta 1650*. INAH (Departamento de investigaciones históricas), México, D. F.

Papeles de Nueva España, 1905, Francisco del Paso y Troncoso, ed. 2a. serie, Geografía y Estadística, 6 tomos, Sucesores de Rivadeneyra, Madrid.

Paradis, Louise Iseut, 1974, *The Tierra Caliente of Guerrero, México. An Archeological and Ecological Study*. Tesis para el doctorado, Yale University.

De la Peña, Guillermo, 1980, *Herederos de promesas*. Ediciones de la Casa Chata, núm. 11, México, D. F.

Relación de Iguala (1579), 1931, en Toussaint, Manuel. *Taxco*. Editorial Cultura, México, D. F.

Relación de las minas de Zumpango (1581), 1905, en Papeles de Nueva España, vol. 6.

Rodman, Selden, 1980, "Artists in Tune with their World", en *Marcial and his Aztec Family*. MIND Collections, Nueva York.

Saldívar, Antonio, 1978, *El ciclo mágico de los días*. FONAPAS, México, D. F.

Salomon, Frank, 1972, "Weavers of Otavalo" en Gross, Daniel, ed. *Peoples and Culture of Native South America*. Doubleday, Garden City.

Schmidt, Paul, 1976, *Archeological Excavations at La Cueva, Chilpancingo, Guerrero, México*. Tesis para el doctorado, Tulane University.

Stavenhagen, Rodolfo, *et al.*, 1968, *Neolatifundismo y explotación*. Editorial Nuestro Tiempo, México, D. F.

——, 1976, *Capitalismo y campesinado en México*. SEP-INAH, México, D. F.

Stromberg, Gobi, 1976, "Bark Paper Painting of Xalitla", en N. Graburn, *op. cit.*

——, 1982, "La pintura sobre amate" en el catálogo del Museo de las Culturas Populares, *El universo del amate,* SEP, México, D. F.

Suma de visitas de pueblos (mitad del siglo XVI), 1905, Anónimo, en Papeles de Nueva España, Madrid.

Vogt, Evan, 1970, *The Zinacantecos of Mexico. A Modern Maya Way of Life*. Holt, Rinehart y Winston, Nueva York.

Walter, Lynn, 1981, "Otavaleño Development, Ethnicity, and National Integration" en *América Indígena,* año XLI, vol. XLI, núm. 2, abril-junio, pp. 319-338.

Warman, Arturo, 1972, *Los campesinos, hijos predilectos del régimen*. Editorial Nuestro Tiempo, México, D. F.

——, 1976, *...Y venimos a contradecir*. Ediciones de la Casa Chata, núm. 2, México, D. F.

Wolf, Eric, 1959, *Sons of the Shaking Earth*. University of Chicago Press, Chicago.
——, 1966, *Peasants*. Foundations of Modern Anthropology Series, Prentice-Hall, Pub. Englewood Cliffs.
——, 1971, *Los campesinos*. Trad. J. E. Ciriot, Nueva Colección Labor, Barcelona, España.

ÍNDICE

TERCERA PARTE

ORGANIZACIÓN ECONÓMICA INTERNA DE AMEYALTEPEC

CUARTA PARTE

PERSPECTIVAS HISTÓRICAS COMPARADAS SOBRE AMEYALTEPEC Y LA REGIÓN CULTURAL

Este libro se terminó de imprimir y encuadernar en el mes de julio de 1988 en los talleres de Encuadernación Progreso, S. A., Municipio Libre 188; 03300 México, D. F. Se tiraron 3 000 ejemplares.